行政单位执行政府会计制度
实务操作指南

政府会计制度编审委员会　编著

人民邮电出版社

北京

图书在版编目（ＣＩＰ）数据

行政单位执行政府会计制度实务操作指南 / 政府会
计制度编审委员会编著. -- 北京 ：人民邮电出版社，
2023.6
ISBN 978-7-115-61270-0

Ⅰ．①行… Ⅱ．①政… Ⅲ．①行政事业单位－预算会
计－会计制度－中国－指南 Ⅳ．①F812.3-62

中国国家版本馆CIP数据核字(2023)第038293号

内 容 提 要

政府会计准则、政府会计制度是财政管理的重要基础，是现代财政制度的重要组成内容。随着各项新政策相继出台，行政事业单位应该怎样进行会计工作的转变,确保政府会计准则、制度有效实施，是社会各界普遍关注的一个热点问题。

本书全面系统地阐述了政府会计的基本理论与行政单位会计实务，以期能够帮助广大行政单位会计工作者做好相关知识更新和业务能力提升，理解并熟练掌握新政府会计准则、制度，解决实务应用中的重点和难点问题。

本书适合行政单位会计工作者学习使用，也可以作为行政单位会计专业教师、学生的参考用书。

◆ 编　　著　政府会计制度编审委员会
　　责任编辑　李士振
　　责任印制　周昇亮
◆ 人民邮电出版社出版发行　　北京市丰台区成寿寺路 11 号
　　邮编　100164　　电子邮件　315@ptpress.com.cn
　　网址　https://www.ptpress.com.cn
　　天津翔远印刷有限公司印刷
◆ 开本：700×1000　1/16
　　印张：21.5　　　　　　　　2023 年 6 月第 1 版
　　字数：388 千字　　　　　　2023 年 6 月天津第 1 次印刷

定价：128.00 元

读者服务热线：(010)81055296　印装质量热线：(010)81055316
反盗版热线：(010)81055315
广告经营许可证：京东市监广登字 20170147 号

前言
PREFACE

政府会计制度采用了"双功能、双基础、双报告"模式，将现行会计核算模式分离为政府预算会计与财务会计，兼具了决算报告与政府财务报告功能，既能给政府提供反映营运能力的财务信息，又能提供反映资金使用效率的预算执行信息，为行政事业单位开展绩效考核与监督、信用评级、资产的使用与管理、财政风险的预防提供了制度保障，有效地提高了行政事业单位运转效率，提升了财务管理水平。

政府会计制度自2019年1月1日起在我国各级各类行政事业单位全面实施。从现实情况来看，大多数行政事业单位针对该项实施工作采取了具体措施，但仍然有很多单位财务人员对此项工作感到迷茫。

本书能帮助各单位财务人员做好相关知识的更新和业务能力的提升，理解并熟练掌握新政府会计准则和政府会计制度，解决实务应用中的重点和难点问题。

本书主要内容可以分为两部分。

第一部分介绍了政府会计的基础理论知识，主要包括新政府会计准则和政府会计制度等内容，并在此基础上对行政单位会计的核算目标、假设、主客体、确认与计量、信息质量要求、要素、科目以及报告等内容进行梳理介绍，旨在使读者对行政单位会计理论与实务知识形成一定的认知框架。

第二部分以政府会计准则、政府会计制度为指南，以财务会计五大要素和预算会计三大要素为主线，按照会计要素和会计科目编排内容，由浅入深、循序渐进，系统论述了行政单位会计的主要内容与核算方法等，并结合案例分析讲授行政单位会计核算的重点、要点、难点，从而增强了本书的实务性和操作性。

阅读本书你将有以下收获。

第一，能迅速把握《政府会计制度》的重点、难点，全面提升业务实操能力。书中内容严格依据现行的《政府会计制度》，对其进行细致与深入的解读，展现政府会计改革的重点，目的在于使读者能够获取政府会计中财务会计与预算会计新的核算方法，进而提升业务实操能力。此外，本书将制度讲解和案例分析结合起来，体现了实务性。本书根据新的政府会计制度，在阐述行政单位财务会计、预算会计核算内容和方法时，配有相应的案例，具有非常强的综合性，可以帮助读者提升自主学习能力和实际业务操作能力。

第二，能快速搭建理论框架，准确理解政府会计制度。政府会计制度是一个严密的体系，包括政府会计基本准则、政府会计具体准则、政府会计准则解释等。本书对政府会计制度的解读注重整体性，对特定问题的论述，均基于《政府会计制度》的要求与规范，给予了全景式的列示。本书能帮读者搭建起政府会计制度的理论框架，以确保读者能对特定问题进行全面准确的理解与认识。

在编写本书的过程中，编者参考了相关的教材和资料以及相关专家的观点，在此谨向这些作者和专家致以诚挚的谢意！

由于编者水平有限，书中难免存在疏漏，恳切希望广大读者对本书提出宝贵的意见和建议。

目录
CONTENTS

第 1 章　政府会计总论

1.1　政府会计概述 1

　1.1.1　政府会计的概念与特征 1

　1.1.2　政府会计的组成体系 2

　1.1.3　政府会计准则、政府会计制度体系及财务报告制度 3

　1.1.4　政府会计核算新模式 5

1.2　行政单位会计的基本理论 7

　1.2.1　行政单位的概念 7

　1.2.2　政府会计核算的目标 8

　1.2.3　行政单位会计假设 12

　1.2.4　行政单位会计核算基础 13

　1.2.5　行政单位会计主体和会计客体 14

　1.2.6　会计确认与计量 15

1.3　行政单位会计信息质量要求 16

　1.3.1　可靠性 16

　1.3.2　及时性 16

　1.3.3　相关性 17

　1.3.4　全面性 17

　1.3.5　可比性 18

　1.3.6　可理解性 18

　1.3.7　实质重于形式 18

1.4　行政单位会计要素及其确认和计量原则 19

　1.4.1　财务会计要素及其确认和计量原则 20

　1.4.2　预算会计要素及其确认和计量原则 22

1.5　行政单位会计科目与账户设置 23

　1.5.1　行政单位会计科目的设置原则 23

　1.5.2　行政单位会计科目的分类 24

　1.5.3　设置具体科目及科目编号 25

  1.5.4 记账方法和记账凭证 ·· 29

1.6 行政单位决算报告和财务报告 ·· 30

  1.6.1 行政单位决算报告 ·· 30

  1.6.2 政府财务报告 ·· 31

第 2 章 资产

2.1 资产概述 ··· 32

  2.1.1 资产的定义 ·· 32

  2.1.2 资产的分类 ·· 32

  2.1.3 资产的计量 ·· 32

2.2 库存现金 ··· 33

  2.2.1 业务简介 ·· 33

  2.2.2 账务处理 ·· 34

  2.2.3 案例分析 ·· 37

2.3 银行存款 ··· 39

  2.3.1 业务简介 ·· 39

  2.3.2 银行存款的管理原则 ·· 40

  2.3.3 账务处理 ·· 41

  2.3.4 案例分析 ·· 43

2.4 其他货币资金 ··· 45

  2.4.1 业务简介 ·· 45

  2.4.2 账务处理 ·· 45

  2.4.3 案例分析 ·· 46

2.5 零余额账户用款额度 ··· 47

  2.5.1 业务简介 ·· 47

  2.5.2 账务处理 ·· 48

  2.5.3 案例分析 ·· 51

2.6 财政应返还额度 ··· 52

  2.6.1 业务简介 ·· 52

  2.6.2 账务处理 ·· 52

  2.6.3 案例分析 ·· 53

2.7 预付账款 ··· 54

  2.7.1 业务简介 ·· 54

2.7.2　账务处理 55

2.7.3　案例分析 57

2.8　其他应收款 58

2.8.1　业务简介 58

2.8.2　账务处理 58

2.8.3　案例分析 60

2.9　在途物品 60

2.9.1　业务简介 60

2.9.2　账务处理 60

2.9.3　案例分析 61

2.10　加工物品 61

2.10.1　业务简介 61

2.10.2　账务处理 62

2.10.3　案例分析 63

2.11　库存物品 65

2.11.1　业务简介 65

2.11.2　账务处理 65

2.11.3　案例分析 70

2.12　待摊费用 71

2.12.1　业务简介 71

2.12.2　账务处理 71

2.12.3　案例分析 72

2.13　固定资产 73

2.13.1　业务简介 73

2.13.2　固定资产的折旧 73

2.13.3　账务处理 75

2.13.4　案例分析 81

2.14　固定资产累计折旧 86

2.14.1　业务简介 86

2.14.2　账务处理 86

2.14.3　案例分析 86

2.15　工程物资 87

2.15.1　业务简介 87

2.15.2　账务处理 87

2.15.3 案例分析 ·······88

2.16 在建工程 ·······89
2.16.1 业务简介 ·······89
2.16.2 账务处理 ·······89
2.16.3 案例分析 ·······94

2.17 无形资产 ·······97
2.17.1 业务简介 ·······97
2.17.2 无形资产的特点与主要项目 ·······97
2.17.3 账务处理 ·······99
2.17.4 案例分析 ·······103

2.18 无形资产累计摊销 ·······107
2.18.1 业务简介 ·······107
2.18.2 账务处理 ·······107
2.18.3 案例分析 ·······108

2.19 研发支出 ·······108
2.19.1 业务简介 ·······108
2.19.2 账务处理 ·······108
2.19.3 案例分析 ·······110

2.20 公共基础设施及其累计折旧（摊销） ·······111
2.20.1 业务简介 ·······111
2.20.2 公共基础设施的分类与确认 ·······111
2.20.3 账务处理 ·······112
2.20.4 案例分析 ·······119

2.21 政府储备物资 ·······122
2.21.1 业务简介 ·······122
2.21.2 政府储备物资的确认与计量 ·······122
2.21.3 账务处理 ·······124
2.21.4 案例分析 ·······127

2.22 文物文化资产 ·······130
2.22.1 业务简介 ·······130
2.22.2 账务处理 ·······130
2.22.3 案例分析 ·······133

2.23 保障性住房及保障性住房累计折旧 ·······134
2.23.1 业务简介 ·······134

  2.23.2 账务处理 134

  2.23.3 案例分析 137

2.24 其他资产 138

  2.24.1 业务简介 138

  2.24.2 账务处理 139

  2.24.3 案例分析 144

第 3 章 负债

3.1 负债概述 148

  3.1.1 负债的概念与分类 148

  3.1.2 负债的计量 150

  3.1.3 负债的管理要求 151

3.2 流动负债的核算 151

  3.2.1 应交增值税 151

  3.2.2 其他应交税费 163

  3.2.3 应缴财政款 167

  3.2.4 应付职工薪酬 169

  3.2.5 应付账款 176

  3.2.6 应付政府补贴款 178

  3.2.7 其他应付款 180

  3.2.8 预提费用 185

3.3 非流动负债的核算 189

  3.3.1 长期应付款 189

  3.3.2 预计负债 191

  3.3.3 受托代理负债 194

第 4 章 收入与预算收入

4.1 收入与预算收入概述 196

  4.1.1 收入与预算收入的概念与分类 196

  4.1.2 收入与预算收入的确认 196

4.2 财政拨款收入与财政拨款预算收入的核算 197

  4.2.1 财政拨款收入与财政拨款预算收入 197

　　4.2.2　非同级财政拨款收入与非同级财政拨款预算收入 ·············· 202

4.3　业务收入与业务预算收入的核算 ························· 205

　　4.3.1　捐赠收入 ··· 205

　　4.3.2　利息收入 ··· 208

　　4.3.3　租金收入 ··· 209

　　4.3.4　其他收入和其他预算收入 ······························· 213

第 5 章　费用与预算支出

5.1　费用与预算支出概述 ······························· 219

　　5.1.1　费用与预算支出的概念 ································· 219

　　5.1.2　费用与预算支出的确认 ································· 219

5.2　业务活动费用与业务预算支出的核算 ··················· 220

　　5.2.1　为履职或开展业务活动的本单位人员以及外部人员计提并支付薪酬和
　　　　　劳务费 ·· 220

　　5.2.2　为履职或开展业务活动发生的预付款项 ··················· 222

　　5.2.3　为履职或开展业务活动购买资产或支付在建工程款等 ········· 225

　　5.2.4　为履职或开展业务活动领用库存物品 ····················· 226

　　5.2.5　为履职或开展业务活动计提的固定资产、无形资产、公共基础设施、保
　　　　　障性住房的折旧（摊销）····························· 227

　　5.2.6　为履职或开展业务活动发生应负担的税金及附加 ············· 228

　　5.2.7　购货退回等 ··· 229

　　5.2.8　为履职或开展业务活动发生其他各项费用 ················· 230

　　5.2.9　期末 / 年末结转 ······································ 231

第 6 章　净资产

6.1　净资产概述 ····································· 233

　　6.1.1　净资产概述 ··· 233

　　6.1.2　净资产的计量 ······································· 233

6.2　盈余及分配的核算 ······························· 233

　　6.2.1　累计盈余 ··· 233

　　6.2.2　本期盈余 ··· 237

　　6.2.3　本年盈余分配 ······································· 239

6.3 净资产调整的核算 ⋯⋯⋯⋯⋯⋯⋯⋯⋯⋯⋯⋯⋯⋯⋯⋯⋯⋯⋯⋯⋯⋯ 241

　　6.3.1 以前年度盈余调整 ⋯⋯⋯⋯⋯⋯⋯⋯⋯⋯⋯⋯⋯⋯⋯⋯⋯⋯⋯ 241

　　6.3.2 无偿调拨净资产 ⋯⋯⋯⋯⋯⋯⋯⋯⋯⋯⋯⋯⋯⋯⋯⋯⋯⋯⋯⋯ 244

第 7 章　预算结余

7.1 预算结余概述 ⋯⋯⋯⋯⋯⋯⋯⋯⋯⋯⋯⋯⋯⋯⋯⋯⋯⋯⋯⋯⋯⋯⋯ 249

　　7.1.1 预算结余的概念及分类 ⋯⋯⋯⋯⋯⋯⋯⋯⋯⋯⋯⋯⋯⋯⋯⋯ 249

　　7.1.2 预算结余的确认 ⋯⋯⋯⋯⋯⋯⋯⋯⋯⋯⋯⋯⋯⋯⋯⋯⋯⋯⋯⋯ 249

7.2 资金结存 ⋯⋯⋯⋯⋯⋯⋯⋯⋯⋯⋯⋯⋯⋯⋯⋯⋯⋯⋯⋯⋯⋯⋯⋯⋯ 249

　　7.2.1 核算内容 ⋯⋯⋯⋯⋯⋯⋯⋯⋯⋯⋯⋯⋯⋯⋯⋯⋯⋯⋯⋯⋯⋯⋯ 249

　　7.2.2 明细科目 ⋯⋯⋯⋯⋯⋯⋯⋯⋯⋯⋯⋯⋯⋯⋯⋯⋯⋯⋯⋯⋯⋯⋯ 249

　　7.2.3 主要账务处理 ⋯⋯⋯⋯⋯⋯⋯⋯⋯⋯⋯⋯⋯⋯⋯⋯⋯⋯⋯⋯⋯ 250

7.3 财政拨款结转与结余 ⋯⋯⋯⋯⋯⋯⋯⋯⋯⋯⋯⋯⋯⋯⋯⋯⋯⋯⋯⋯ 256

　　7.3.1 财政拨款结转 ⋯⋯⋯⋯⋯⋯⋯⋯⋯⋯⋯⋯⋯⋯⋯⋯⋯⋯⋯⋯⋯ 256

　　7.3.2 财政拨款结余 ⋯⋯⋯⋯⋯⋯⋯⋯⋯⋯⋯⋯⋯⋯⋯⋯⋯⋯⋯⋯⋯ 263

7.4 非财政拨款结转与结余 ⋯⋯⋯⋯⋯⋯⋯⋯⋯⋯⋯⋯⋯⋯⋯⋯⋯⋯⋯ 267

　　7.4.1 非财政拨款结转 ⋯⋯⋯⋯⋯⋯⋯⋯⋯⋯⋯⋯⋯⋯⋯⋯⋯⋯⋯⋯ 268

　　7.4.2 非财政拨款结余 ⋯⋯⋯⋯⋯⋯⋯⋯⋯⋯⋯⋯⋯⋯⋯⋯⋯⋯⋯⋯ 273

　　7.4.3 其他结余 ⋯⋯⋯⋯⋯⋯⋯⋯⋯⋯⋯⋯⋯⋯⋯⋯⋯⋯⋯⋯⋯⋯⋯ 277

第 8 章　政府财务报告和决算报告

8.1 年终清理结算和结账 ⋯⋯⋯⋯⋯⋯⋯⋯⋯⋯⋯⋯⋯⋯⋯⋯⋯⋯⋯⋯ 279

　　8.1.1 年终清理 ⋯⋯⋯⋯⋯⋯⋯⋯⋯⋯⋯⋯⋯⋯⋯⋯⋯⋯⋯⋯⋯⋯⋯ 279

　　8.1.2 年终结账 ⋯⋯⋯⋯⋯⋯⋯⋯⋯⋯⋯⋯⋯⋯⋯⋯⋯⋯⋯⋯⋯⋯⋯ 280

8.2 资产负债表 ⋯⋯⋯⋯⋯⋯⋯⋯⋯⋯⋯⋯⋯⋯⋯⋯⋯⋯⋯⋯⋯⋯⋯⋯ 281

　　8.2.1 资产负债表概述 ⋯⋯⋯⋯⋯⋯⋯⋯⋯⋯⋯⋯⋯⋯⋯⋯⋯⋯⋯⋯ 281

　　8.2.2 填列说明 ⋯⋯⋯⋯⋯⋯⋯⋯⋯⋯⋯⋯⋯⋯⋯⋯⋯⋯⋯⋯⋯⋯⋯ 282

　　8.2.3 案例分析 ⋯⋯⋯⋯⋯⋯⋯⋯⋯⋯⋯⋯⋯⋯⋯⋯⋯⋯⋯⋯⋯⋯⋯ 287

8.3 收入费用表 ⋯⋯⋯⋯⋯⋯⋯⋯⋯⋯⋯⋯⋯⋯⋯⋯⋯⋯⋯⋯⋯⋯⋯⋯ 290

　　8.3.1 收入费用表概述 ⋯⋯⋯⋯⋯⋯⋯⋯⋯⋯⋯⋯⋯⋯⋯⋯⋯⋯⋯⋯ 290

　　8.3.2 填列说明 ⋯⋯⋯⋯⋯⋯⋯⋯⋯⋯⋯⋯⋯⋯⋯⋯⋯⋯⋯⋯⋯⋯⋯ 291

　　8.3.3 案例分析 ⋯⋯⋯⋯⋯⋯⋯⋯⋯⋯⋯⋯⋯⋯⋯⋯⋯⋯⋯⋯⋯⋯⋯ 293

8.4 净资产变动表 ·· 294

    8.4.1 净资产变动表概述 ·· 294

    8.4.2 填列说明 ··· 295

    8.4.3 案例分析 ··· 296

8.5 现金流量表 ·· 297

    8.5.1 现金流量表概述 ·· 297

    8.5.2 填列说明 ··· 298

    8.5.3 案例分析 ··· 302

8.6 附注 ·· 305

    8.6.1 附注概述 ··· 305

    8.6.2 会计报表重要项目的说明 ·· 306

    8.6.3 本年盈余与预算结余的差异情况说明 ·· 316

    8.6.4 其他重要事项说明 ·· 317

8.7 预算收入支出表 ·· 318

    8.7.1 预算收入支出表概述 ·· 318

    8.7.2 填列说明 ··· 319

    8.7.3 案例分析 ··· 320

8.8 预算结转结余变动表 ·· 322

    8.8.1 预算结转结余变动表概述 ·· 322

    8.8.2 填列说明 ··· 323

    8.8.3 案例分析 ··· 325

8.9 财政拨款预算收入支出表 ·· 327

    8.9.1 财政拨款预算收入支出表概述 ·· 327

    8.9.2 填列说明 ··· 328

    8.9.3 案例分析 ··· 329

第 1 章　政府会计总论

新颁布的《政府会计制度——行政事业单位会计科目和报表》（以下简称《政府会计制度》）规定，自 2019 年 1 月 1 日起，行政事业单位应当严格按照政府会计准则和政府会计制度的规定进行会计核算、编制财务报表和预算会计报表。行政单位需要依据《政府会计制度》进行会计核算，同时在进行具体的明细会计科目设置和账务处理时又具有自身的特点。本章将介绍政府会计制度的基本理论，并针对各类行政单位的会计科目与账户设置及决算报告和财务报告等内容做出说明。

1.1　政府会计概述

1.1.1　政府会计的概念与特征

1. 政府会计概念

会计是以货币为主要计量单位，运用专门的方法，对企事业、机关单位或其他经济组织的经济活动进行连续、系统、全面的反映和监督的一项经济管理活动。社会组织按照是否以营利为目的分成营利性组织和非营利性组织两大类。其中，营利性组织运行的目的是取得利润并使利润最大化，比如为社会提供私人产品期望获取投资收益的企业或公司。非营利性组织不以营利为目的，不求经济回报地为社会提供公共物品或准公共物品，包括政府和非营利组织两类。由此，我国的会计就被划分为企业会计、政府会计和民间非营利组织会计。

政府会计，也称"公共部门会计"，是会计学的一般原理在政府及政府单位中的运用，是一项以货币作为主要计量单位对政府及政府单位的经济活动或会计事项进行记录、核算、反映和监督的管理活动。政府及政府单位包括但不限于：各级政府、与政府财政部门直接或间接发生预算拨款关系的国家机关、军队、政党组织、社会团体、事业单位和其他单位。

2. 政府会计特征

政府会计主要有以下三个特征。

一是政府单位执行统一规范的政府会计准则和会计制度。这就是说，政府的行政部门、非行政部门或其构成实体等，执行的准则和制度是统一的，不是分类的。另外，所有政府单位使用的政府性资金和管理的政府性资产，以及所有的政府活动形成的财政资源和财政责任，都要纳入政府会计核算和管理。

二是实行政府财务报告制度。政府财务报告制度全面、系统地反映财政预算执行和政府单位的财务活动及财务状况，综合披露政府及政府单位的资产、负债和净资产的真实信息。

三是提供科学有效的政府会计信息。政府会计全面、系统、准确地反映政府资产负债状况、政府预算执行情况及政府的各种经济活动状况，这些科学有效的信息有利于人民代表大会对政府进行监督，有利于强化政府的会计责任，有利于政府自身的科学民主决策，有利于推进宏观经济管理。

1.1.2　政府会计的组成体系

政府会计由财政总预算会计和行政事业单位会计组成。其中，按独立法人单位区分，行政事业单位会计分为行政单位会计和事业单位会计。在我国，财政总预算会计、行政事业单位会计分别执行相应的会计制度，成为单独的会计种类。财政总预算会计和行政事业单位会计还执行统一的政府会计准则，形成政府会计种类。政府会计制度体系如图 1-1 所示。

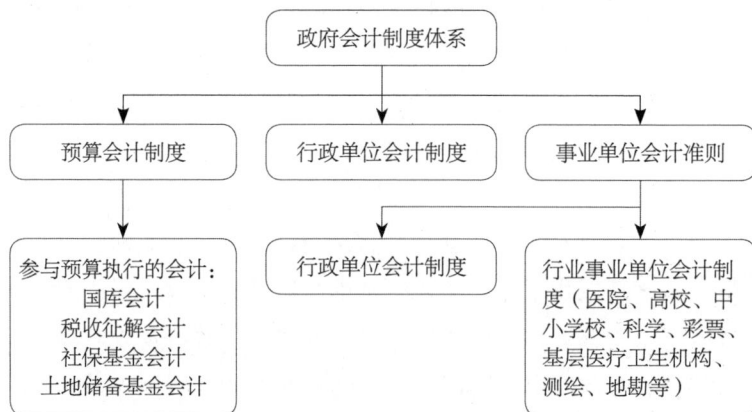

图 1-1　预算会计制度体系

按照我国《政府会计准则——基本准则》（以下简称《基本准则》）的规

定，政府会计由预算会计和财务会计构成。由此，在政府会计的组成体系中，还可以按照政府会计的特定功能将其分为政府预算会计和政府财务会计。其中，政府预算会计具体可以分为政府财政总预算会计和行政事业单位预算会计。政府财务会计主要是指行政事业单位财务会计。这样，行政事业单位会计具体还可以分为行政事业单位财务会计和行政事业单位预算会计。

在政府会计各组成部分中，财政总预算会计和行政事业单位预算会计之间存在密切的关系。例如，财政部门向行政事业单位拨款时，财政总预算会计形成预算支出，行政事业单位会计形成预算收入。财政总预算会计、行政事业单位预算会计共同构筑了政府预算会计信息系统。行政事业单位财务会计相对独立，但与行政事业单位预算会计又相互衔接，两者在信息反映上需要调节相符。

1.1.3　政府会计准则、政府会计制度体系及财务报告制度

政府会计包括三部分，概括起来可称为"一项制度，两个体系"，即政府会计准则体系、政府会计制度体系和政府财务报告制度。

1. 政府会计准则体系

政府会计准则体系主要包括政府会计基本准则、具体准则以及应用指南等。2015 年 10 月，财政部制定发布了《基本准则》。政府会计基本准则用于规范政府会计目标、政府会计主体、政府会计信息质量要求、政府会计核算基础，以及政府会计要素定义、确认和计量原则、列报要求等原则事项。《基本准则》指导具体准则和制度的制定，并为解决政府会计实务问题提供处理原则。2016 年以来，财政部相继出台了存货、投资、固定资产、无形资产、公共基础设施、政府储备物资、会计调整、负债、财务报表编制和列报、政府和社会资本合作项目合同等政府会计具体准则和固定资产准则等应用指南。政府会计具体准则依据《基本准则》制定，是用于规范政府发生的经济业务或事项的会计处理原则，详细规定了经济业务或事项引起的会计要素变动的确认、计量和报告。应用指南是对具体准则的实际应用做出的操作性规定。

《基本准则》由正文和附则组成，其中，正文包括五部分内容。

第一部分为总则，规定了立法目的和制定依据、适用范围、政府会计体系与核算基础、基本准则定位、报告目标和使用者、会计基本假设和记账方法（借贷记账法）等内容。

第二部分为政府会计信息质量要求，主要明确了政府会计信息应当满足的7个方面质量要求，即可靠性、全面性、相关性、及时性、可比性、可理解性和实质重于形式。

第三部分为政府预算会计要素，规定了预算收入、预算支出和预算结余3个预算会计要素的定义、确认和计量标准，以及列示要求。

第四部分是政府财务会计要素，规定了资产、负债、净资产、收入和费用5个财务会计要素的定义、确认标准、计量属性和列示要求。

第五部分为政府决算报告和财务报告，主要规定了决算报告、财务报告和财务报表的定义、主要内容。

附则规定了会计核算、预算会计、财务会计、收付实现制、权责发生制等的基本概念，明确了本准则的实施日期。

政府会计具体准则包括《政府会计准则第1号——存货》《政府会计准则第2号——投资》《政府会计准则第3号——固定资产》《政府会计准则第4号——无形资产》《政府会计准则第5号——公共基础设施》《政府会计准则第6号——政府储备物资》《政府会计准则第7号——会计调整》《政府会计准则第8号——负债》《政府会计准则第9号——财务报表编制和列报》《政府会计准则第10号——政府和社会资本合作项目合同》等准则，对这10类业务的财务处理规则做出了解释。应用指南是指《〈政府会计准则第3号——固定资产〉应用指南》和《〈政府会计准则第10号——政府和社会资本合作项目合同〉应用指南》。

2. 政府会计制度体系

2017年财政部依据《基本准则》制定并发布了《政府会计制度》，主要规定政府会计科目及账务处理、报表格式及编制说明等。按照政府会计主体不同，政府会计制度主要由政府财政会计制度和政府单位会计制度组成。2018年，财政部又印发了2项新旧制度衔接规定和9类特殊行业单位执行《政府会计制度》的补充规定，新旧制度衔接规定和补充规定也是政府会计制度的组成部分。

此外，为了及时回应和解决政府会计准则制度执行中的问题，财政部印发了5项《政府会计准则制度解释》，进一步补充和完善了政府会计标准体系。

政府会计主体应当根据政府会计准则（包括基本准则和具体准则）规定的原则和政府会计制度及解释的要求，对其发生的各项经济业务或事项进行会计核算。

《政府会计制度》由正文和附录组成，其中，正文包括五部分内容。

第一部分为总说明，主要规范《政府会计制度》的制定依据、适用范围、会计核算模式和会计要素、会计科目设置要求、报表编制要求、会计信息化工作要求和施行日期等内容。

第二部分为会计科目名称和编号，主要列出了财务会计和预算会计两类科目表，共计 103 个一级科目。其中包括：财务会计下的资产、负债、净资产、收入和费用 5 个要素，共 77 个一级科目；预算会计下的预算收入、预算支出、预算结余 3 个要素，共 26 个一级科目。

第三部分为会计科目使用说明，主要对 103 个一级会计科目的核算内容、明细核算要求、主要账务处理等进行详细规定。这是《政府会计制度》的核心内容。

第四部分是报表格式，主要规定财务报表和预算会计报表的格式。其中，财务报表包括资产负债表、收入费用表、净资产变动表、现金流量表及附注，预算会计报表包括预算收入支出表、预算结转结余变动表和财政拨款预算收入支出表。

第五部分为报表编制说明，主要包括第四部分列出的 7 张报表的编制说明，以及附注应披露的内容。

附录为主要业务和事项账务处理举例。本部分采用列表形式，以《政府会计制度》第三部分规定的会计科目使用说明为依据，按照会计科目顺序对单位通用业务或共性业务和事项的账务处理进行举例说明。

3．政府财务报告制度

政府财务报告制度是以财务报表为主要形式，全面、系统地反映政府财务状况、运行成果和受托责任履行情况的综合性报告。政府财务报告通常包括政府资产负债表、收入费用表、现金流量表等报表。建立政府财务报告制度，提高政府财政透明度，有利于社会公众更好地了解政府资产、负债、收入、费用情况，进一步加强和规范政府资产、债务和预算管理，合理配置政府资源，科学安排财政收支，实现经济社会的可持续发展。

1.1.4 政府会计核算新模式

在政府会计模式中，预算会计和财务会计是两个既相互联系又相互区别的子体系，有各自的核算要素与报表体系，应当适度分离，从而能够适度分离政府预算会计和财务会计功能、决算报告和财务报告功能；同时，通过"平行记账"的相互衔接与互相关联，决算报告和财务报告能够相互补充，共同反映政府会计主体的预算执行信息和财务信息。这种"双轨制"的核算模式是我国政府会计改革的主要特色、重大变化和创新发展所在。

1．适度分离的典型表现

（1）建立核算"双体系"。

政府会计由预算会计和财务会计构成。预算会计为政府预算管理服务，财务会计为政府财务管理服务。在完善预算会计功能的基础上，强化财务会计功能，可以更加完整地反映政府会计信息。

（2）确定核算"双基础"。

财务会计实行权责发生制，预算会计实行收付实现制。以权责发生制作为政府财务会计的核算基础，重新解释收入、费用等会计要素的定义、确认和计量标准，对于规范权责发生制政府财务报告的内容、口径和信息质量等起到重要的导向作用，为最终建立权责发生制的政府综合财务报告制度奠定可靠基础。考虑到目前预算管理的实际需要，在预算会计中仍然采用收付实现制有利于准确核算预算收支信息、加强预算管理和监督。

（3）核算结果"双报告"。

单位至少应当按照年度同时编制决算报告和财务报告。决算报告以收付实现制为基础，以单位预算会计核算生成的数据为准，侧重于预算资金层面，以政府当年预算资金的实际收支情况与当年预算数据的比较为报告重点。财务报告以权责发生制为基础，以单位财务会计核算生成的数据为准，以全部资金状况为报告内容，范围更广泛：不仅包括政府预算资金收支，而且包括非预算资金收支；不仅反映当年的资金运动，而且反映以往年度经济业务对当年资金运动的影响，甚至反映当前经济业务对未来资金运动的影响等。

（4）会计作用"双功能"。

对资产、负债、净资产、收入、费用五个要素的系统核算，形成财务管理基础，具备财务会计功能；对预算收入、预算支出和预算结余三个要素的系统核算，形成预算管理基础，具备预算会计功能；实现财务会计与预算会计既适度分离又相互衔接，从而全面、清晰地反映单位财务信息和预算执行信息。

2．平行记账的核算特征

为了在一个会计信息系统中同时满足权责发生制和收付实现制的核算需

要，单位应当平行记账，即对于纳入部门预算管理的现金收支业务，在采用财务会计核算的同时进行预算会计核算。

将平行记账处理经济业务的两种核算方法嵌入信息系统后，可以同时生成财务会计和预算会计两类信息，这种既适度分离又相互衔接的政府会计模式有助于使公共资金管理中的预算管理、财务管理和绩效管理相互联结、融合，并在融合业务、财务、信息的过程中体现"算为管用、算管结合"的管理会计思想。

综上所述，我国政府会计核算新模式的框架结构与主要特点如图 1-2 所示。"双轨制"政府会计改革引发了政府预算管理与财务管理理论和实践的重构，提高了"业财融合"中政府会计信息的透明度。

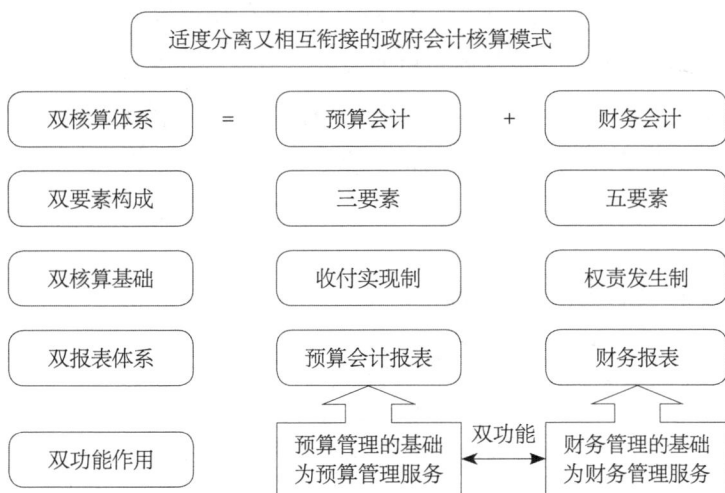

図 1-2　政府会计核算新模式

1.2　行政单位会计的基本理论

1.2.1　行政单位的概念

行政单位是指进行国家行政管理，组织经济建设和文化建设，维护社会公共秩序的单位，主要包括国家权力机关、行政机关、司法机关，以及实行预算管理的其他机关、政党组织等。行政单位与行政机关是有区别的，这里主要是财政上的概念。

　　行政事业单位会计分为行政单位会计与事业单位会计两大体系，是各级行政机关、事业单位和其他类似组织核算、反映和监督单位预算执行及各项业务活动的专业会计，是预算会计的组成部分。行政单位会计与事业单位会计虽然是两个不同的体系，但都是预算会计的组成部分，它们的会计要素分类和主要账务处理方法相同，会计报表种类及主要项目也相同。

　　行政单位和事业单位存在很大的不同，具体如下。

　　（1）内涵不同：行政单位是国家机关；而事业单位是实施政府某项公共服务的部门，是社会服务组织。

　　（2）担负的职责不同：行政单位负责对国家各项行政事务进行组织、管理和指挥；而事业单位出于社会公益目的从事教育、文化、卫生、科技等活动。

　　（3）编制和工资待遇的来源不同：行政单位使用行政编制，相关经费由国家行政经费负担；事业单位使用事业编制，相关经费由国家事业经费负担。事业单位经费有全额拨款的，有部分拨款的，还有进行企业化管理的。行政单位工作人员的工资按《中华人民共和国公务员法》的规定由国家负担，而事业单位则根据不同的管理模式对其工作人员实行不同的待遇。

1.2.2　政府会计核算的目标

　　政府会计目标是指政府会计所提供的会计信息期望达到的最终效果。政府会计目标在政府会计理论体系中占据重要位置，是建立政府会计规范体系的基点，是政府会计实务工作中的高层次指导思想。

　　关于政府会计目标主要有两大观点：受托责任观和决策有用观。政府会计目标主要涉及政府会计信息的使用者及其信息需求，以及政府会计应当提供哪些信息以满足信息使用者的信息需求等方面。

1．政府会计信息的使用者及其信息需求

　　政府会计信息的使用者包括人民代表大会、政府及其有关部门和其他使用者。在现代国家治理中，政府预算作为区别于企业预算的社会公共预算，是对一个国家公共财政收入、公共财政支出的全面预估、统筹和择优抉择，是受民众之托、代民众理财的公共选择行为，服务于社会公共需要。政府预算的最终目的是保障广大纳税人或人民大众财政利益的最大化。广大纳税人既是公共财政收入的来源者，也是公共财政支出的受益人。为确保政府预算最终目的的实现，人民大众需要对政府预算进行全方位的监督。

　　《中华人民共和国预算法》（以下简称《预算法》）规定：各部门预算由本部门及其所属各单位预算组成；各部门编制本部门预算、决算草案，组织和监督本部门预算的执行，定期向本级政府财政部门报告预算的执行情况；各单位编制本单位预算、决算草案，按照国家规定上缴预算收入、安排预算支出，并接受国家有关部门的监督。政府各部门如教育部门、卫生部门、文化部门、公安部门、工商行政管理部门、税务部门、住房和城乡建设部门、民政部门、农业部门、交通运输部门等。政府各单位如教育局及其所属的学校、卫生健康委员会及其所属的医院、文化局及其所属的文化馆等。部门预算执行情况需要向政府财政部门报告，并接受诸如政府审计部门等的监督。政府及其有关部门是政府或行政事业单位会计信息的重要使用者。

　　政府会计信息的其他使用者范围十分广泛，如政府债券的投资者、相关信用评级机构、政府公共产品的受益人、国际货币基金组织、世界银行、政府会计研究人员等。这些信息使用者从各自的角度需要使用政府会计信息。例如，政府债券的投资者需要使用政府债券发行与偿还的预算、决算信息，政府财务状况的信息等，以决定是否需要购买或持有政府债券；相关信用评级机构需要使用政府收入、支出的预决算信息，政府财务状况的信息等，以对政府债券信用进行评级或对其他相关信用情况做出评价；国际货币基金组织、世界银行等国际组织，需要使用政府会计信息对我国政府的绩效进行评价等。

2. 政府会计应当提供的信息

　　（1）政府预算执行情况的信息。

　　政府会计提供的信息应当以满足信息使用者的信息需求作为指导思想。由于政府会计信息的各使用者都需要政府预算执行情况的信息，因此，政府会计应当从各个角度提供有关政府预算执行情况的信息。

　　在一级政府层面，政府会计应当提供本级政府预算执行情况的信息，以及本级政府和所属下级政府汇总的预算执行情况的信息。其中，预算执行情况的信息包括收入预算执行情况的信息和支出预算执行情况的信息。由于一级政府的预算包括一般公共预算、政府性基金预算、国有资本经营预算和社会保险基金预算，而且各类预算应当保持完整、独立，因此，政府会计应当为各类政府预算提供预算执行情况的信息。又由于一般公共预算的支出既需要按照功能分类，分为一般公共服务支出、外交支出、公共安全支出、教育支出、文化体育支出、医疗卫生支出、环境保护支出等，又需要按照经济性质分类，分为工资福利支出、商品和服务支出、资本性支出等，因此，一般公共预算的支出预算执行情况还应当分别按照功能分类要求和经济性质分类要求进行反映。《预算法》规定，国家实行财政转移支付制度。财政转移支付包括中央对地方的转移支付和地方上级政府对下级政府的转移支付。因此，对一级地方政府而言，政府会计在提供收入预算执行情况的信息时，需要分别反映地方政府本级收入、上级政府对本级政府的转移支付收入。政府会计在提供支出预算执行情况的信息时，同样需要分别反映地方政府本级支出、本级政府对下级政府的转移支付支出。一级政府层面预算执行情况的信息应当按照《预算法》的要求，全面满足人民代表大会等信息使用者的信息需求。

在政府部门层面，政府会计应当提供部门本级预算执行情况的信息，以及部门本级与所属各预算单位汇总的部门预算执行情况的信息。政府部门层面与一级政府层面在收入的来源渠道上有所不同。政府部门层面的收入主要来源于财政拨款，一级政府层面的收入主要来源于税收。尽管如此，政府会计应当提供收入预算执行情况信息的要求是一样的。政府会计提供收入预算执行情况信息的基本方法，是提供收入预算实际执行结果的信息，以及收入预算实际执行结果与经批准的收入预算要求相比较的信息。预算实际执行结果与经批准的预算要求相比较的信息通常采用预算完成百分比表示，它是反映预算执行情况的简单而又重要的指标。政府部门层面的预算支出也需要同时按照功能和经济性质进行分类，尽管具体类别与一级政府层面略有不同，但政府会计提供支出预算执行情况信息的要求是一样的。《预算法》规定，地方各级一般公共预算包括本级各部门的预算和税收返还、转移支付预算。这是一级政府层面的一般公共预算与政府部门层面的部门预算之间的基本关系。

在政府单位层面，政府会计应当提供政府单位预算执行情况的信息，其中，政府单位包括行政单位和事业单位。政府单位是政府部门的组成单位。政府单位预算执行情况的信息是政府部门预算执行情况信息的基本来源，即政府部门预算执行情况的信息是通过汇总存在预算管理关系的政府单位预算执行情况的信息形成的。政府单位预算执行情况信息的具体内容如同政府部门预算执行情况信息的具体内容。

一级政府层面预算执行情况的信息与政府部门层面预算执行情况的信息，在信息的覆盖范围上并不完全相同。例如，一级政府对国有企业、民间非营利组织等的财政补助支出信息属于一级政府层面预算执行情况的信息，但可能并不属于相关行政事业单位（政府部门层面）预算执行情况的信息。除此之外，行政事业单位尤其是事业单位，还可能会有一些非财政拨款预算收支。这些预算收支的信息属于政府部门预算执行情况的信息，但并不属于一级政府层面预算执行情况的信息。

（2）政府运行成本和财务状况的信息。

政府会计除了应当全面提供政府预算执行情况的信息，还应当全面提供有关政府运行成本和财务状况的信息。《预算法》规定，各级政府财政部门应当按年度编制以权责发生制为基础的政府综合财务报告，报告政府整体财务状况、运行情况和财政中长期可持续性，报本级人民代表大会常务委员会备案。政府预算执行情况的信息、政府运行成本和财务状况的信息各有侧重点，可以实现各自的会计目标。其中，政府预算执行情况主要反映政府年度预算收支情况，政府运行成本和财务状况主要反映政府的运行效率和政府财政的中长期可持续性。

如同政府预算执行情况的信息可以区分为一级政府层面、政府部门层面和政府单位层面三个层面，政府运行成本和财务状况的信息也可以区分为一级政府层面、政府部门层面和政府单位层面三个层面。一级政府层面的运行成本和财务状况也可称为一级政府整体的运行成本和财务状况，如某省政府的运行成本和财务状况、某市政府的运行成本和财务状况。政府部门层面的运行成本和财务状况如某市政府教育部门的运行成本和财务状况、卫生部门的运行成本和财务状况。政府单位层面的运行成本和财务状况如某市政府教育局的行政运行成本和财务状况、教育局所属某公立学校的事业运行成本和财务状况等。政府的运行情况通常以收入费用来衡量，财务状况通常以资产、负债和净资产来衡量。其中，收入、费用、资产、负债和净资产都以权责发生制为基础进行确认和计量。

如同政府单位预算执行情况的信息是政府部门预算执行情况信息的基本来源，政府单位层面运行成本和财务状况的信息也是政府部门层面运行成本和财务状况信息的基本来源，同时，也是一级政府层面运行成本和财务状况信息的重要来源。

一般可以认为，一级政府提供的本级政府预算执行情况的信息，以及一级政府中各行政事业单位提供的单位预算执行情况的信息和单位运行成本和财务状况的信息，是政府会计中基本的信息来源。

（3）提供信息的目的。

我国政府会计目标融合了受托责任观和决策有用观。依照《基本准则》，政府会计主体应当实现以下相应的目标。

决算报告的目标是向决算报告使用者提供与政府预算执行情况有关的信息，综合反映政府会计主体预算收支的年度执行结果，有助于决算报告使用者进行监督和管理，并为编制后续年度预算提供参考和依据。

财务报告的目标是向财务报告使用者提供与政府的财务状况、运行情况（含运行成本）和现金流量等有关的信息，反映政府会计主体公共受托责任的履行情况，有助于财务报告使用者做出决策或者进行监督和管理。

1.2.3　行政单位会计假设

会计假设也称会计核算前提，是组织会计核算工作所必须具备的前提条件。行政单位会计核算的基本前提包括会计主体、持续运行、会计分期和货币计量，四者的作用分别是：会计主体确立了会计核算的空间范围，持续运行与会计分期确立了会计核算的时间长度，货币计量为会计核算提供了必要的手段。任何单位的会计核算首先要确立与划分会计主体，然后在考虑持续运行和进行会计分期的前提下，采用货币计量进行会计核算与监督。

（1）会计主体假设。

会计主体是指会计工作服务的特定单位，是会计确认、计量、记录和报告的空间范围。单位首先必须按照会计主体假设进行会计核算。会计主体一般是独立的经济实体，是独立于财产所有者的会计核算单位。行政单位会计核算应当全面记录和反映本单位发生的各项业务活动，不能遗漏、不能重复。

会计主体假设为会计人员在日常的会计核算中对各项交易或事项做出正确判断、对会计处理方法和会计处理程序做出正确选择提供了依据。

（2）持续运行假设。

持续运行是指在可以预见的将来，单位将会按当前的规模和状态继续运行下去，不会停业，也不会大规模削减业务。

政府会计核算以政府会计主体持续运行为前提，会计确认、计量、记录和报告也应当以持续正常的业务活动为前提，除非有充分的相反证明。

（3）会计分期假设。

会计分期是指将一个单位持续运行的业务活动划分为一个个连续的、长短相同的期间。划分会计期间能够将持续不断的业务活动划分为连续、相等的期间，据以结算盈亏或结余并按期编报，从而提供相关财务状况、业务成果和现金流量等信息。

政府会计核算应当划分会计期间，分期结算账目，按规定编制决算报告和财务报告。会计期间至少分为年度和月度。会计年度、月度等会计期间的起讫日期采用公历日期。

（4）货币计量假设。

货币计量是指会计主体在会计核算过程中采用货币作为计量单位，用以计量、记录和报告会计主体的业务活动。

政府会计核算应当以人民币作为记账本位币。发生外币业务时，应当将有关外币金额折算为人民币金额计量，同时登记外币金额。

记账本位币是指业务活动所处的主要经济环境中的货币。在会计核算过程中，选择货币作为计量单位，是由货币的属性决定的。货币是商品的一般等价物，是衡量一般商品价值的共同尺度，具有价值尺度、流通手段、贮藏手段和支付手段等职能。其他计量单位，如质量、长度、容积、台、件等，只能从一个侧面反映单位的生产经营情况，无法在量上进行汇总和比较，不便于实物管理和会计计量。所以，为全面反映业务收支等情况，会计核算选择了货币作为计量单位。

1.2.4　行政单位会计核算基础

行政单位会计核算基础是指政府会计主体在确认和处理一定会计期间的收入和费用时，选择的处理原则和标准，其目的是对收入和费用进行合理配比，进而作为确认当期损益的依据。政府会计核算基础有两种，即权责发生制和收付实现制。

我国实行适度分离的双体系政府会计，即财务会计采用权责发生制，预算会计采用收付实现制。

（1）权责发生制。

权责发生制是指以取得收取款项的权利或支付款项的义务作为标志来确定本期收入和费用的会计核算基础。凡是当期已经实现的收入和已经发生的或应当负担的费用，不论款项是否收付，都应当作为当期的收入或费用；凡是不属于当期的收入和费用，即使款项已在当期收付，也不应当作为当期的收入和费用。

（2）收付实现制。

收付实现制是指以现金的实际收付为标志来确定本期收入和支出的会计核算基础。凡在当期实际收到的现金和实际支付的现金，均作为当期的收入和支出；凡是不属于当期的现金收入和支出，均不应当作为当期的收入和支出。

根据收付实现制，货币资金的收支在其发生的期间全部计入收入和费用，而不考虑与现金收支行为相关联的经济业务活动是否发生。

1.2.5 行政单位会计主体和会计客体

1. 行政单位会计主体

会计主体是指会计工作为其服务的特定单位或组织，是会计人员进行会计核算时在空间范围上的界定。政府会计主体是政府会计核算和监督的特定单位或组织，是政府会计确认、计量和报告的空间范围的划分。明确界定会计主体是开展会计计量、核算和报告工作的重要前提，其目的是在空间上对进入一个会计系统的各种经济业务和事项做出界定。根据会计主体这项基本前提，会计实践只为这一主体服务，只核算和监督本会计主体的各项经济业务和活动事项。换句话说，作为一个会计主体应至少具备两个特征：一是经济上的独立性，即必须与其他主体或个人的经济关系区分开来，以核算和报告会计主体自身的经济活动；二是组织上的统一性，即必须具有统一的组织、目标和权责，以系统地核算和报告主体的业务活动。

根据《基本准则》的规定，政府会计主体包括各级政府、各部门、各单位。各部门、各单位是指与本级政府财政部门直接或间接发生预算拨款关系的国家机关、军队、政党组织、社会团体、事业单位和其他单位。已纳入企业财务管理体系的单位和执行《民间非营利组织会计制度》的社会团体，不适用这一准则。

2. 行政单位会计客体

会计客体是会计核算和监督的内容。政府会计客体是指政府会计主体实际发生的经济业务或事项。政府会计核算和监督的是预算资金的流动，包括资金的取得、使用和结算。政府会计应当以实际发生的经济业务或者事项为依据进行会计核算，如实反映各项会计要素的情况和结果，保证会计信息的真实性和可靠性。

1.2.6　会计确认与计量

会计确认是指会计数据进入会计系统时确定如何进行记录的过程，即将某一会计事项作为资产、负债、净资产、收入、费用、预算收入、预算支出、预算结余等会计要素正式加以记录和列入报表的过程。会计确认是要明确某一经济业务涉及哪些会计要素的问题。某一会计事项一旦被确认，就要同时以文字和数据加以记录，其金额包括在报表总计中。

会计计量是指在会计确认的基础上，根据一定的计量方法和计量单位，记录并在会计报告中确定已确认的会计要素的金额的过程，即量化确认的会计要素。

会计计量涉及计量单位和计量属性两个方面。计量单位是会计进行计量时所采用的尺度。《基本准则》规定行政单位会计应当以人民币作为记账本位币。计量属性是指被计量的对象所具有的某方面的特征或外在表现形式。一项经济业务或事项可以从多个方面用货币计量，因而具有不同的计量属性。计量属性主要有以下几种。

1．历史成本

在历史成本计量下，资产按购置时支付的现金或现金等价物的金额，或者资产按照购置时所付出的对价的公允价值计量；负债按照因承担现时义务而实际收到的款项或者资产的金额，或者按照承担现时义务的合同金额，或者按照日常活动中为偿还负债预期需要支付的现金或者现金等价物的金额计量。

历史成本是目前我国会计计量的基本方法，它贯穿财务会计的始终。

2．重置成本

在重置成本计量下，资产按照现在购买相同或者相似资产所需支付的现金或现金等价物的金额计量，负债按照现在偿还该项债务所需支付的现金或者现金等价物的金额计量。

重置成本一般在盘盈固定资产时使用。

3．现值

在现值计量下，资产按照预计从其持续使用和最终处置中所产生的未来现金净流入量折现的金额计量，负债按照预计期限内需要偿还的未来净现金流出量折现的金额计量。

4．公允价值

在公允价值计量下，市场参与者在计量日发生的有序交易中，按出售一项资产所能收到的金额或者转移一项负债所需支付的价格进行相关计量。

5. 名义金额

名义金额是指人民币 1 元。在与资产有关的政府补助中，在实际取得资产并办妥相关手续时，公允价值不能可靠计量的，按照名义金额（即 1 元人民币）计量。

1.3　行政单位会计信息质量要求

在行政单位会计实质中，会计信息质量要求是对行政单位会计核算所提供信息的基本要求，是处理具体会计业务的基本依据，是衡量会计信息质量的重要标准。《基本准则》规定，会计信息质量要求包括可靠性、及时性、相关性、全面性、可比性、可理解性、实质重于形式。

1.3.1　可靠性

在行政单位会计实质中，可靠性是指行政单位会计主体应当以实际发生的经济业务或者事项为依据进行会计核算，如实反映各项会计要素的情况和结果，保证会计信息真实、可靠。

行政单位会计不能扭曲经济业务的内容，对相应的经济业务做出不真实、不客观的记录和反映；也不能以尚未发生或可能发生的经济业务为依据，根据人为的估计进行会计核算；更不能故意编造经济业务的内容，并以此为依据进行会计记录和反映。有用的会计信息必须以可靠性为基础，才能帮助信息使用者做出正确的评价和决策。否则，这些会计信息不仅不能帮助信息使用者做出正确的评价和决策，还会导致信息使用者做出错误的评价和决策，从而影响社会公众的利益，甚至造成损失。对此，《中华人民共和国会计法》做出了禁止性规定："任何单位不得以虚假的经济业务事项或者资料进行会计核算。"以虚假的经济业务事项或资料为依据进行会计核算是严重的违法行为，将受到法律的严厉制裁。

1.3.2　及时性

及时性是指行政单位会计主体对已经发生的经济业务或者事项，应当及时进行会计核算，不得提前或者延后。

会计信息的价值在于帮助使用者做出决策，具有非常强的时效性。会计信息如果不能及时提供给信息使用者，就失去了时效性，对使用者的作用就会大大降低，甚至失去实际意义。

在行政单位会计确认、计量和报告过程中贯彻及时性，一是要求及时收集会计信息，即在经济交易或者事项发生后，及时收集整理各种原始单据或者凭证；二是要求及时处理会计信息，即按照会计准则的规定，及时对经济交易或者事项进行确认或者计量，并编制财务报告和决算报告；三是要求及时传递会计信息，即按照国家规定的有关时限，及时将编制的财务报告和决算报告传递给使用者，便于其及时使用和决策。

1.3.3　相关性

相关性是指行政单位会计主体提供的会计信息，应当与反映行政单位会计主体公共受托责任履行情况以及报告使用者决策或者监督、管理的需要相关，有助于报告使用者对行政单位会计主体过去、现在或者未来的情况做出评价或者预测。

会计信息是否有用、是否具有价值，关键是看其与使用者的决策需要是否相关，是否有助于决策。相关的会计信息应当有助于使用者评价行政单位过去的决策，证实或者修正过去的有关决策，因而具有反馈价值。相关的会计信息还应当有预测价值，有助于使用者预测行政单位未来的情况。

1.3.4　全面性

全面性是指行政单位会计主体应当将发生的各项经济业务或事项统一纳入会计核算，确保会计信息能够全面反映行政单位会计主体的预算执行情况和财务状况、运行情况、现金流量等。

行政单位会计信息的全面性可以分为横向和纵向两个方面的内容：从横向方面看，全面性体现为会计信息的宽度和广度，即行政单位会计主体公开的会计信息应该能够涵盖行政单位全部的经济业务或事项；从纵向方面看，全面性体现为信息的深度，即详细程度，粗略、笼统的会计信息会影响信息使用者对行政单位财务情况的全面了解。

1.3.5 可比性

行政单位会计主体提供的会计信息应当具有可比性，可比性是指会计核算应当按照规定的会计处理方法进行，会计指标应当口径一致、相互可比。

同一行政单位不同时期发生的相同或者相似的经济业务或者事项，应当采用一致的会计政策，不得随意变更；确需变更的，应当将变更的内容、理由及其影响在附注中予以说明。这就是纵向可比的基本要求。

不同行政单位发生的相同或者相似的经济业务或者事项，应当采用一致的会计政策，确保会计信息口径一致、相互可比。这就是横向可比的基本要求。

如果对于相同或者相似的交易或者事项，不同的行政单位或者同一行政单位在不同的会计期间采用不同的会计政策，将不利于财务报告使用者对会计信息的理解，不利于会计信息发挥作用。可比的行政单位会计信息有助于使用者评价和决策。

1.3.6 可理解性

可理解性是指行政单位会计主体提供的会计信息应当清晰明了，便于会计信息使用者理解和使用。

可理解性要求行政单位会计记录应当准确、清晰，填制会计凭证、登记会计账簿必须做到依据合法、账户对应关系清楚、文字摘要完整；在编制财务报告时，必须要做到项目勾稽关系清楚、项目完整、数据准确等。

如果会计核算的结果或编制的财务报告模糊不清或模棱两可，不便于理解和使用，就不符合会计信息质量的要求，就难以满足会计信息使用者的需求。

1.3.7 实质重于形式

实质重于形式是指行政单位会计主体应当按照经济业务或者事项的经济实质进行会计核算，不限于以经济业务或者事项的法律形式为依据。

实质重于形式中的"实质"强调的是经济业务的经济实质，而"形式"强调的是经济业务的法律形式。一般情况下，经济实质与法律形式是一致的。但在实际工作中，交易或事项的外在法律形式或人为形式并不总能完全反映其实质内容，所以，会计信息要想反映其所拟反映的交易或事项，就必须根据交易或事项的实质和经济现实，而不能仅仅根据它们的法律形式进行核算和反映。

　　实质重于形式的作用在于防止在对经济活动或事项进行会计确认时只停留在事物表面而不深入事物内部，即防止会计信息只反映经济活动或事项的现象而不反映经济活动或事项的本质，防止会计确认行为的非理性。因为会计确认如果仅仅按照交易或事项的法律形式或人为形式进行，一旦法律形式或人为形式没有反映其经济实质，则会计确认的结果将不仅不能帮助会计信息使用者做出最佳决策，甚至会误导其利用相关会计信息做出错误的决策。

　　实质重于形式是对权责发生制基础和可靠性要求的补充。权责发生制是会计核算的基础，但由于各行各业处在纷繁复杂的经济环境中，如何确切地"落实权责"与确认"是否发生或完成"需要以"实质"为依据进行"可靠性"的考量。

　　实质重于形式还是对一贯性的补充。一贯性要求采用的会计政策在前后各期保持一致，不得随意变更。但当某种会计政策更能反映经济实质，更能恰当地反映财务状况和业务成果时，可以恰当地变更，这正是实质重于形式的体现。例如，原先对固定资产不计提折旧，政府会计改革以后允许采用直线法计提折旧，随着科学技术的进步，也许采用加速折旧法更能反映业务成果等，这时就不必拘泥于一贯性的形式，而应看其经济实质。

　　归根结底，实施实质重于形式的初衷是为了防止会计人员会计核算时忽视某些实质很重要而形式却并未显示其重要性或看重某些形式很复杂而实质却不重要的经济活动。实质重于形式是对会计人员会计确认行为的引导与约束，强调了一种选择，是在形式与实质不统一时，偏重于实质进行修正的规范要求，指导会计人员进行会计信息处理时应确认"实质"，而不是确认"形式"，或者说指导会计人员在进行会计信息处理时对相应经济活动的确认方式、确认时间等。不仅如此，实质重于形式的本质在于保证会计信息能够如实反映经济活动或事项的本质，促使会计信息真实可靠。所以，实质重于形式应贯穿会计核算的全过程。

1.4　行政单位会计要素及其确认和计量原则

　　行政单位会计由财务会计和预算会计构成。行政单位会计主体应当具备财务会计与预算会计的双重功能，财务会计与预算会计适度分离又相互衔接，以便全面、清晰地反映单位的财务信息和预算执行信息。

《基本准则》规定，政府会计由预算会计和财务会计组成。政府预算会计要素包括预算收入、预算支出和预算结余；政府财务会计要素包括资产、负债、净资产、收入和费用。

行政单位会计适用上述规定。

1.4.1 财务会计要素及其确认和计量原则

财务会计是指以权责发生制为核算基础对政府会计主体发生的各项经济业务或事项进行会计核算，主要反映和监督政府会计主体财务状况、运行情况和现金流量等的会计。

财务会计主要是对政府会计主体的经济活动进行全面、系统、连续的反映和监督，向信息使用者提供政府会计主体的财务状况、运行状况、现金流量等有关信息，反映政府会计主体公共受托责任的履行情况，有助于会计信息使用者做出正确决策或者进行监督和管理。财务会计要素包括资产、负债、净资产、收入和费用。

1. 资产

（1）资产的概念。

在政府会计实务中，资产是指政府会计主体过去的经济业务或者事项形成的，由政府会计主体控制的，预期能够产生服务潜力或者带来经济利益流入的经济资源。服务潜力是指政府会计主体利用资产提供公共产品和服务以履行政府职能的潜在能力。经济利益流入表现为现金及现金等价物的流入，或者现金及现金等价物流出的减少。

政府会计主体的资产按照流动性，分为流动资产和非流动资产。

流动资产是指预计在1年内（含1年）耗用或者可以变现的资产，包括货币资金、预付账款、存货等。

非流动资产是指流动资产以外的资产，包括固定资产、在建工程、无形资产、公共基础设施、政府储备物资、文物文化资产、保障性住房和自然资源资产等。

（2）资产的确认与计量。

在政府会计实务中，符合上述资产定义的经济资源，在同时满足以下条件时确认为资产：一是与该经济资源相关的服务潜力很可能实现或者经济利益很可能流入政府会计主体；二是该经济资源的成本或者价值能够可靠地计量。

资产的计量属性主要包括历史成本、重置成本、现值、公允价值和名义金额。在历史成本计量下，资产按照取得时支付的现金金额或者支付对价的公允价值计量。在重置成本计量下，资产按照现在购买相同或者相似资产所需支付的现金金额计量。在现值计量下，资产按照预计从其持续使用和最终处置中所产生的未来净现金流入量的折现金额计量。在公允价值计量下，资产按照市场参与者在计量日发生的有序交易中，出售资产所能收到的价格计量。无法采用上述计量属性来计量的，采用名义金额（即人民币 1 元）计量。

政府会计主体在对资产进行计量时，一般应当采用历史成本。采用重置成本、现值、公允价值计量的，应当保证所确定的资产金额能够持续、可靠计量。

2．负债

（1）负债的概念。

在政府会计实务中，负债是指政府会计主体过去的经济业务或者事项形成的，预期会导致经济资源流出政府会计主体的现时义务。现时义务是指政府会计主体在现行条件下已承担的义务。未来发生的经济业务或者事项形成的义务不属于现时义务，不应确认为负债。

政府会计主体的负债按照流动性，分为流动负债和非流动负债。

流动负债是指预计在 1 年内（含 1 年）偿还的负债，包括应付及预收款项、应付职工薪酬、应缴款项等。

非流动负债是指流动负债以外的负债，包括长期应付款项、应付政府债券和政府依法担保形成的债务等。

（2）负债的确认与计量。

符合上述负债定义的义务，在同时满足以下条件时确认为负债：

一是履行该义务很可能导致含有服务潜力或者经济利益的经济资源流出政府会计主体；二是该义务的金额能够可靠地计量。

负债的计量属性包括历史成本、现值和公允价值。在历史成本计量下，负债按照因承担现时义务而实际收到的款项或者资产的金额，或者承担现时义务的合同金额，或者按照为偿还负债预期需要支付的现金计量。在现值计量下，负债按照预计期限内需要偿还的未来净现金流出量的折现金额计量。在公允价值计量下，负债按照市场参与者在计量日发生的有序交易中，转移负债所需支付的价格计量。

政府会计主体在对负债进行计量时，一般应当采用历史成本。采用现值、公允价值计量的，应当保证所确定的负债金额能够持续、可靠计量。

3. 净资产

（1）净资产的概念。

在政府会计实务中，净资产是指政府会计主体的资产扣除负债后的净额。

（2）净资产的确认。

净资产金额取决于资产和负债的计量。政府会计主体净资产增加时，其表现形式为资产增加或者负债减少；政府会计主体净资产减少时，其表现形式为资产减少或者负债增加。

4. 收入

（1）收入的概念。

在政府会计实务中，收入是指报告期内导致政府会计主体净资产增加的、含有服务潜力或者经济利益的经济资源的流入。

（2）收入的确认。

在政府会计实务中，收入的确认应当同时满足以下 3 个条件：一是与收入有关的含有服务潜力或者经济利益的经济资源很可能流入政府会计主体；二是含有服务潜力或者经济利益的经济资源流入会导致政府会计主体资产增加或者负债减少；三是流入金额能够可靠计量。

5. 费用

（1）费用的概念。

在政府会计实务中，费用是指报告期内导致政府会计主体净资产减少的、含有服务潜力或者经济利益的经济资源的流出。

（2）费用的确认。

在政府会计实务中，费用的确认应当同时满足以下 3 个条件：一是与费用有关的含有服务潜力或者经济利益的经济资源很可能流出政府会计主体；二是含有服务潜力或者经济利益的经济资源流出会导致政府会计主体资产减少或者负债增加；三是流出金额能够可靠计量。

1.4.2 预算会计要素及其确认和计量原则

在政府会计实务中，预算会计是指以收付实现制为基础对政府会计主体在预算执行过程中发生的全部收入和全部支出进行会计核算，主要反映和监督预算收支执行情况的会计。

在政府会计实务中，预算会计提供政府会计主体预算执行情况的有关信息。预算会计要素包括预算收入、预算支出和预算结余。

1．预算收入

在政府会计实务中，预算收入是指政府会计主体在预算年度内依法取得的并纳入预算管理的现金流入。

预算收入一般在实际收到时予以确认，以实际收到的金额计量。

2．预算支出

在政府会计实务中，预算支出是指政府会计主体在预算年度内依法发生并纳入预算管理的现金流出。

预算支出一般在实际支付时予以确认，以实际支付的金额计量。

3．预算结余

在政府会计实务中，预算结余是指政府会计主体预算年度内预算收入扣除预算支出后的资金余额，以及历年滚存的资金余额。

预算结余包括结余资金和结转资金。

结余资金是指年度预算执行终了，预算收入实际完成数扣除预算支出和结转资金后剩余的资金。

结转资金是指预算安排项目的支出年终尚未执行完毕或者因故未执行，且下年需要按原用途继续使用的资金。

1.5　行政单位会计科目与账户设置

行政单位会计科目的设置与记账规则适用《政府会计制度》。

1.5.1　行政单位会计科目的设置原则

行政单位会计科目是对会计对象按其经济内容或者用途所做的科学分类，是会计要素的具体内容和项目。会计科目是复式记账、填制记账凭证、编制会计报表的基础。设置行政单位会计科目，有助于将行政单位会计核算过程中的大量内容相同的业务归为一类，组织会计核算，取得相应的会计信息。

设置行政单位会计科目时，应遵循以下原则。

（1）统一性原则。

为满足行政单位财政管理和会计核算的需要，行政单位会计的会计科目设置及其核算内容必须由财政部统一制定，各类行政单位都要遵照执行，从而保证上级主管部门和各级财政部门对会计核算资料的汇总和分析利用。

（2）与政府收支分类科目衔接一致的原则。

政府收支分类科目，也称预算科目，是政府预算收支分类构成的基本分类，用于反映预算计划、预算执行和收支平衡的情况。行政单位会计科目和政府收支分类科目衔接一致，比如"一般公共预算本级收入""政府性基金预算本级收入""国有资本经营预算本级收入""一般公共预算本级支出""政府性预算本级支出""国有资本经营预算本级支出"等会计科目，都要根据政府收支分类科目设置明细账。

（3）全面、简明、实用原则。

行政单位会计科目的设置既要做到全面、系统地核算、反映和监督财政性资金活动的全过程，又要尽量简化核算事项，力求含义确切、通俗易懂、实用。

除上述原则要求以外，各类行政单位应当按照《政府会计制度》的规定设置和使用会计科目。在不影响会计处理和编制报表的前提下，行政单位可以根据实际情况自行增设或者减少某些会计科目。

行政单位应当执行《政府会计制度》统一规定的会计科目编号，以便于填制会计凭证、登记会计账簿、查阅账目，实行会计信息化管理。

同时，行政单位在填制会计凭证、登记会计账簿时，应当填列会计科目的名称，或者同时填列会计科目的名称和编号，不得只填列会计科目编号、不填列会计科目名称。

行政单位设置明细科目或进行明细核算，除遵循《政府会计制度》规定外，还应当满足权责发生制下行政单位财政部门财务报告和行政单位综合财务报告编制的其他需要。

1.5.2 行政单位会计科目的分类

行政单位会计科目按照不同的标准分为不同的种类。

行政单位财务会计的会计科目按经济内容分为资产类科目、负债类科目、净资产类科目、收入类科目、费用类科目；行政单位预算会计的会计科目分为预算收入类科目、预算支出类科目、预算结余类科目。为了统一口径，提高核算质量，资产类科目、负债类科目、净资产类科目、收入类科目、费用类科目、预算收入类科目、预算支出类科目和预算结余类科目均由财政部统一制定会计科目表加以规定。

　　行政单位会计科目按行政单位会计主体分为财政总原始科目、单位会计科目。行政单位会计科目按核算层次可分为总账科目和明细账科目两类。总账科目是对会计对象具体内容进行总括分类的科目。在财政总预算会计、单位会计的会计科目表中的会计科目基本上都是总账科目（一级科目），它是在会计要素下直接开设的，用于反映相应会计要素中有关的总括信息。明细账科目是对总账科目核算的具体内容进行详细分类的会计科目，它是在总账科目下开设的，用于反映总账科目的明细信息，对总账科目起到补充和分析作用。

1.5.3　设置具体科目及科目编号

　　各类行政单位在进行会计处理时，应当具备财务会计与预算会计的双重功能，所以需要设置财务会计科目和预算会计科目，每个会计科目都有对应的科目编号。同时，因为行政单位具有较多的部门，为了便于对各个部门分别进行账务处理，还应当设置部门编号。

　　部门编号可以分为业务部门码、管理部门码、后勤部门码、离退休部门码等。设置部门编号，有助于核算与区分各个部门发生的业务事项，可以直接从会计凭证上看出经济活动或事项发生的部门。部门编号一般由行政单位办公会议决定，一般三年不变。

　　行政单位财务会计科目编号即《政府会计制度》中的财务会计科目编号。对财务会计科目编号，可以更加方便地填制会计凭证、登记账簿、核算和查阅账目，实行财务会计信息化管理。

　　行政单位财务会计科目编号的具体编号规则：资产类会计科目编号以"1"开头，负债类会计科目编号以"2"开头，净资产类会计科目编号以"3"开头，收入类会计科目编号以"4"开头，费用类会计科目编号以"5"开头。

　　行政单位财务会计科目名称及编号如表 1-1 所示。

表 1-1　　　　　　　　　　行政单位财务会计科目名称及编号

序号	科目编号	科目名称
一、资产类		
1	1001	库存现金
2	1002	银行存款
3	1011	零余额账户用款额度
4	1021	其他货币资金
5	1201	财政应返还额度
6	1214	预付账款
7	1218	其他应收款
8	1301	在途物品
9	1302	库存物品
10	1303	加工物品
11	1401	待摊费用
12	1601	固定资产
13	1602	固定资产累计折旧
14	1611	工程物资
15	1613	在建工程
16	1701	无形资产
17	1702	无形资产累计摊销
18	1703	研发支出
19	1801	公共基础设施
20	1802	公共基础设施累计折旧（摊销）
21	1811	政府储备物资
22	1821	文物文化资产
23	1831	保障性住房
24	1832	保障性住房累计折旧
25	1891	受托代理资产
26	1901	长期待摊费用

续表

序号	科目编号	科目名称
27	1902	待处理财产损溢
二、负债类		
28	2101	应交增值税
29	2102	其他应交税费
30	2103	应缴财政款
31	2201	应付职工薪酬
32	2302	应付账款
33	2303	应付政府补贴款
34	2307	其他应付款
35	2401	预提费用
36	2502	长期应付款
37	2601	预计负债
38	2901	受托代理负债
三、净资产类		
39	3001	累计盈余
40	3301	本期盈余
41	3302	本年盈余分配
42	3401	无偿调拨净资产
43	3501	以前年度盈余调整
四、收入类		
44	4001	财政拨款收入
45	4601	非同级财政拨款收入
46	4603	捐赠收入
47	4604	利息收入
48	4605	租金收入
49	4609	其他收入

续表

序号	科目编号	科目名称
五、费用类		
50	5001	业务活动费用
51	5301	资产处置费用
52	5901	其他费用

行政单位预算会计科目编号即《政府会计制度》中的预算会计科目编号。通过对预算会计科目编号，可以更加方便地填制会计凭证、登记会计账簿、核算和查阅账目，实行财务会计信息化管理。

各类行政单位预算会计科目编号的具体编制规则为：预算收入类会计科目编号以"6"开头，预算支出类会计科目编号以"7"开头，预算结余类会计科目编号以"8"开头。行政单位预算会计科目名称及编号如表1-2所示。

表1-2　　　　　　　　　行政单位预算会计科目名称及编号

序号	科目编号	科目名称
一、预算收入类		
1	6001	财政拨款预算收入
2	6601	非同级财政拨款预算收入
3	6609	其他预算收入
二、预算支出类		
4	7101	行政支出
5	7901	其他支出
三、预算结余类		
6	8001	资金结存
7	8101	财政拨款结转
8	8102	财政拨款结余
9	8201	非财政拨款结转
10	8202	非财政拨款结余
11	8501	其他结余

1.5.4 记账方法和记账凭证

《基本准则》第十条规定："政府会计核算应当采用借贷记账法记账。"

借贷记账法指的是以会计等式作为记账原理，以"借""贷"作为记账符号，来反映经济业务的一种复式记账的方法。

原来仅限于记录债权、债务的"借""贷"二字已不能概括经济活动的全部内容。它们表示的内容应该包括全部经济活动资金变化的来龙去脉。随着时代的进步，它们逐渐失去了原来字面上的含义，而转为一种单纯的记账符号，只表明记账的方向，成了一种专用的会计术语。

在借贷记账法下，所有账户的结构都是左方为借方，右方为贷方，但借贷双方反映会计要素数量变化的增减性质是不固定的。不同性质的账户，借贷双方所登记的内容不同。

行政单位的记账凭证反映了行政单位进行行政管理业务事项内容，其记账凭证在设计时应当做到：

（1）同时体现财务会计和预算会计的功能，实现财务会计与预算会计适度分离并相互衔接，全面、清晰地反映行政单位的财务信息和预算信息；

（2）能够恰当反映每项业务活动或事项，以助于行政单位进行部门管理和预算管理；

（3）行政单位的记账凭证应当符合财政部制定的相关会计信息化工作规范和标准，确保利用现代信息技术手段开展会计核算，生成的会计信息符合《政府会计制度》的规定。

因此，在旧记账凭证的基础上，新记账凭证应当设财务会计和预算会计两个栏目，同时增设部门代码、财务会计科目编号和预算会计科目编号。

行政单位新记账凭证如表 1-3 所示。

表 1-3   行政单位新记账凭证

记账凭证   字 第 号
年 月 日   附 单 据 张

摘要	部门代码	财务会计				预算会计			
		科目编号	科目名称	借方金额	贷方金额	科目编号	科目名称	借方金额	贷方金额
	合计								

财务主管: 记账: 出纳: 审核: 制单:

1.6　行政单位决算报告和财务报告

《基本准则》第五条规定:"政府会计主体应当编制决算报告和财务报告。"决算报告和财务报告相互补充,共同反映政府会计主体的预算执行信息和财务信息。

1.6.1　行政单位决算报告

行政单位决算报告,是综合反映行政单位会计主体年度预算收支执行结果的文件,应当包括决算报告和其他应当在决算报告中反映的相关信息和资料。政府决算报告的编制主要以收付实现制为核算基础,以预算会计核算生成的数据为准。

政府决算报告主要包括预算收入支出表、预算结转结余变动表和财政拨款预算收入支出表。

编制政府决算报告的目的是向决算报告使用者提供与政府预算执行情况有关的信息,综合反映政府会计主体预算收支的年度执行结果,帮助决算报告使用者进行监督和管理,并为编制后续年度预算提供参考和依据。政府决算报告使用者包括各级人民代表大会及其常务委员会、各级政府及其有关部门、政府会计主体本身、社会公众及其他利益相关者。政府决算报告的目标以决策有用为主。

1.6.2 政府财务报告

政府财务报告，是反映政府会计主体某一特定日期的财务状况和某一会计期间的运行情况及现金流量等信息的文件。政府财务报告的编制主要以权责发生制为核算基础，以财务会计核算生成的数据为准。

政府财务报告包括政府综合财务报告和政府部门财务报告。

政府综合财务报告是指由政府财政部门编制的，反映各级政府整体财务状况、运行情况和财政中长期可持续情况的报告。

政府部门财务报告是指政府各部门、各单位按规定编制的财务报表。

编制政府财务报告的目的是向财务报告使用者提供与政府的财务状况、运行情况（含运行成本）和现金流量等有关的信息，反映政府会计主体公共受托责任履行情况，帮助财务报告使用者做出决策或者进行监督和管理。政府财务报告使用者包括各级人民代表大会及其常务委员会、债权人、各级政府及其有关部门、政府会计主体本身、社会公众及其他利益相关者。政府财务报告的目标兼顾受托责任和决策有用。

第2章 资产

2.1 资产概述

2.1.1 资产的定义

资产是指政府会计主体过去的经济业务或者事项形成的，由政府会计主体控制的，预期能够产生服务潜力或者带来经济利益流入的经济资源。服务潜力是指政府会计主体利用资产提供公共产品和服务以履行政府职能的潜在能力。经济利益流入表现为现金及现金等价物的流入，或者现金及现金等价物流出的减少。

符合《政府会计准则》第二十七条规定的资产定义的经济资源，在同时满足以下条件时，确认为资产：

（1）与该经济资源相关的服务潜力很可能实现或者经济利益很可能流入政府会计主体；

（2）该经济资源的成本或者价值能够可靠地计量。

2.1.2 资产的分类

政府会计主体的资产按照流动性，分为流动资产和非流动资产。

流动资产是指预计在1年内（含1年）耗用或者可以变现的资产，包括货币资金、预付账款、存货等。

非流动资产是指流动资产以外的资产，包括固定资产、在建工程、无形资产、公共基础设施、政府储备物资、文物文化资产、保障性住房和自然资源资产等。

2.1.3 资产的计量

资产的计量属性主要包括历史成本、重置成本、现值、公允价值和名义金额。

在历史成本计量下，资产按照取得时支付的现金金额或者支付对价的公允价值计量。

在重置成本计量下，资产按照现在购买相同或者相似资产所需支付的现金金额计量。

在现值计量下，资产按照预计从其持续使用和最终处置中所产生的未来净现金流入量的折现金额计量。

在公允价值计量下，资产按照市场参与者在计量日发生的有序交易中，出售资产所能收到的价格计量。

无法采用上述计量属性的，采用名义金额（即人民币 1 元）计量。

政府会计主体在对资产进行计量时，一般应当采用历史成本。采用重置成本、现值、公允价值计量的，应当保证所确定的资产金额能够持续、可靠计量。

2.2　库存现金

2.2.1　业务简介

行政单位应当严格按照国家有关现金管理的规定收支现金，并按照《政府会计制度》的规定核算现金的各项收支业务。

1．提现和存现

行政单位的库存现金，是指存于单位内部用于日常零星开支的货币资金。行政单位为了应付日常的零星开支，需经常保持一定数量的库存现金。当库存现金超出限额时，需要将其存入银行；当备用金不足时，需要从银行提取补足。

2．差旅费

职工出差时，可能需要事先按照一定标准借出一定数量的库存现金，等其出差回来后，按照实际报销金额计入费用，剩余的现金需要退回，或者超出事先借款额度的职工垫付资金，合理部分应当补足。

3．其他涉及现金收支的业务

《现金管理暂行条例》规定的现金使用范围为：支付职工工资、工资性津贴；支付个人劳务报酬，包括稿费、讲课费及其他专门工作报酬；支付给个人的奖金，包括根据国家规定颁发给个人的各种科学技术、文化艺术、体育等各种奖金；各种劳保、福利费用以及国家规定的对个人的其他支出；向个人收购农副产品和其他物资支付的价款；出差人员必须随身携带的差旅费；现金支付的结算起点以下的零星支出；中国人民银行确定需要支付现金的其他支出。目前行政单位的职工工资和各种津贴、奖金、福利费用等可以采用财政直接支付或授权支付方式支付，因此，行政单位使用现金的范围越来越小。

4. 受托代理、代管现金

受托代理资产是在受托代理交易或事项中形成的，由受托方从委托方取得的，代为转交委托方或第三方的资产。受托方并不拥有受托代理资产的所有权和处分权，而仅仅充当代为储存保管或代为转交的中介角色。具体来说，受托代理资产包括受托转赠物资、受托储存保管物资和受托收取并上缴罚没物资等。

5. 现金余缺

在行政单位的所有资产中，现金的流动性最强，因此，加强现金的管理对保护资产安全完整、防止意外或损失有着极为重要的意义。为了及时准确地反映库存现金的余额，加强监督，保护现金的安全，出纳人员每日应对现金进行清点。除此之外，行政单位内部审计人员还应当进行定期或不定期的检查，以确保现金的账实相符。现金清查的主要手段是实地盘点。清查小组盘点现金时，出纳人员应当在场，盘点后将实存数与账存数核对，并编制"库存现金盘点报告表"，列明实存、账存和余缺金额。如有现金余缺，应查明原因，并及时请领导审批。

2.2.2　账务处理

（1）从银行等金融机构提取现金，按照实际提取的金额，借记本科目，贷记"银行存款"科目；将现金存入银行等金融机构，按照实际存入金额，借记"银行存款"科目，贷记本科目。根据规定从单位零余额账户提取现金，按照实际提取的金额，借记本科目，贷记"零余额账户用款额度"科目。将现金退回单位零余额账户，按照实际退回的金额，借记"零余额账户用款额度"科目，贷记本科目。

（2）因内部职工出差等原因借出现金，按照实际借出的现金金额，借记"其他应收款"科目，贷记本科目。出差人员报销差旅费时，按照实际报销的金额，财务会计处理为借记"业务活动费用"等科目，按照实际借出的现金金额，贷记"其他应收款"科目，按照其差额，借记或贷记本科目；预算会计处理为借记"行政支出"等科目，贷记"资金结存——货币资金"科目。

（3）因提供服务、物品或者其他事项收到现金，按照实际收到的金额，财务会计借记本科目，贷记"其他收入"等相关科目。财务会计涉及增值税业务的，相关账务处理参见"应交增值税"科目。因购买服务、物品或者其他事项支付现金，按照实际支付的金额，财务会计上借记"业务活动费用""库存物品"等相关科目，贷记本科目；预算会计上借记"行政支出""其他支出"等科目，贷记"资金结存——货币资金"科目。涉及增值税业务的，相关账务处理参见"应交增值税"科目。以库存现金对外捐赠，按照实际捐出的金额，财务会计借记"其他费用"科目，贷记本科目；预算会计借记"其他支出"科目，贷记"资金结存——货币资金"科目。

（4）收到受托代理、代管的现金时，按照实际收到的金额，借记本科目（受托代理资产），贷记"受托代理负债"科目；支付受托代理、代管的现金，按照实际支付的金额，借记"受托代理负债"科目，贷记本科目（受托代理资产）。

（5）每日账款核对中发现有待查明原因的现金短缺或溢余的，应当通过"待处理财产损溢"科目核算。属于现金溢余，应当按照实际溢余的金额，财务会计处理为借记本科目，贷记"待处理财产损溢"科目，预算会计处理为借记"资金结存——货币资金"科目，贷记"其他预算收入"科目；属于现金短缺，应当按照实际短缺的金额，财务会计上借记"待处理财产损溢"科目，贷记本科目，预算会计上借记"其他支出"科目，贷记"资金结存——货币资金"科目。如为现金溢余，属于应支付给有关人员或单位的，财务会计借记"其他应付款"，贷记"库存现金"科目，预算会计借记"其他预算收入"科目，贷记"资金结存——货币资金"科目；属于无法查明原因的，报经批准后，借记待处理财产损溢，贷记"其他收入"科目。如为现金短缺，属于应由责任人赔偿或向有关人员追回的，财务会计借记"其他应收款"科目，贷记待处理财产损溢，借记"库存现金"科目，贷记"其他应收款"科目，预算会计借记"资金结存——货币资金"科目，贷记"其他支出"科目；属于无法查明原因的，报经批准核销时，借记"资产处置费用"科目，贷记待处理财产损溢。

库存现金的主要账务处理如表 2-1 所示。

表 2-1 　　　　　　　　　　　**库存现金的主要账务处理**

序号	业务		财务会计处理	预算会计处理
（1）	提现		借：库存现金 　　贷：银行存款等	—
	存现		借：银行存款等 　　贷：库存现金	—
（2）	差旅费	职工出差等借出现金	借：其他应收款 　　贷：库存现金	—
		出差人员报销差旅费	借：业务活动费用等[实际报销金额] 　　库存现金[实际报销金额小于借款金额的差额] 　　贷：其他应收款 或： 借：业务活动费用等[实际报销金额] 　　贷：其他应收款 　　　　库存现金[实际报销金额大于借款金额的差额]	借：行政支出等[实际报销金额] 　　贷：资金结存——货币资金
（3）	其他涉及现金的业务	因开展业务等其他事项收到现金	借：库存现金 　　贷：其他收入等	借：资金结存——货币资金 　　贷：其他预算收入
		因购买服务、商品或其他事项支出现金	借：业务活动费用/其他费用/应付账款等 　　贷：库存现金	借：行政支出/其他支出等 　　贷：资金结存——货币资金
		对外捐赠现金资产	借：其他费用 　　贷：库存现金	借：其他支出 　　贷：资金结存——货币资金
（4）	受托代理、代管现金	收到	借：库存现金——受托代理资产 　　贷：受托代理负债	—
		支付	借：受托代理负债 　　贷：库存现金——受托代理资产	—

续表

序号	业务		财务会计处理	预算会计处理
（5）	现金溢余	按照溢余金额转入待处理财产损溢	借：库存现金 　　贷：待处理财产损溢	借：资金结存——货币资金 　　贷：其他预算收入
		属于应支付给有关人员或单位的部分	确认时： 借：待处理财产损溢 　　贷：其他应付款	—
			支付时： 借：其他应付款 　　贷：库存现金	借：其他预算收入 　　贷：资金结存——货币资金
		属于无法查明原因的部分，报经批准后	借：待处理财产损溢 　　贷：其他收入	—
（6）	现金短缺	按照短缺金额转入待处理财产损溢	借：待处理财产损溢 　　贷：库存现金	借：其他支出 　　贷：资金结存——货币资金
		属于应由责任人赔偿或向有关人员追回的部分	借：其他应收款 　　贷：待处理财产损溢 借：库存现金 　　贷：其他应收款	借：资金结存——货币资金 　　贷：其他支出
		属于无法查明原因的部分，报经批准后	借：资产处置费用 　　贷：待处理财产损溢	—

2.2.3　案例分析

【例 2-1】某行政单位于 2×19 年 12 月 20 日从甲银行账户提取现金 500 元。该款项被作为备用金。该单位的账务处理如下。

财务会计：

借：库存现金　　　　　　　　　　　　　　　　　　　　　500

　　贷：银行存款　　　　　　　　　　　　　　　　　　　　500

无预算会计分录。

【例 2-2】2×19 年 6 月 20 日，某行政单位收到代管现金 200 元；6 月 22 日，支付代管现金 200 元。该单位的账务处理如下。

财务会计：

（1）6月20日收到代管现金。

借：库存现金——受托代理资产　　　　　　　　　　　　　200

　　贷：受托代理负债　　　　　　　　　　　　　　　　　　　200

（2）6月22日支付代管现金。

借：受托代理负债　　　　　　　　　　　　　　　　　　　200

　　贷：库存现金——受托代理资产　　　　　　　　　　　　　200

【例2-3】某行政单位的出纳人员在当日结账时发现1 200元的现金溢余，经调查发现其中1 000元是属于应支付给内部职员李四的（已支付），剩余金额无法查明原因，报经批准后计入其他收入。该单位的账务处理如下。

（1）发现现金溢余时。

财务会计：

借：库存现金　　　　　　　　　　　　　　　　　　　　1 200

　　贷：待处理财产损溢　　　　　　　　　　　　　　　　　1 200

预算会计：

借：资金结存——货币资金　　　　　　　　　　　　　　1 200

　　贷：其他预算收入　　　　　　　　　　　　　　　　　　1 200

（2）报经批准后。

财务会计：

借：待处理财产损溢　　　　　　　　　　　　　　　　　1 200

　　贷：其他应付款——李四　　　　　　　　　　　　　　　1 000

　　　　其他收入　　　　　　　　　　　　　　　　　　　　200

借：其他应付款——李四　　　　　　　　　　　　　　　1 000

　　贷：库存现金　　　　　　　　　　　　　　　　　　　1 000

预算会计：

借：其他预算收入　　　　　　　　　　　　　　　　　　1 000

　　贷：资金结存——货币资金　　　　　　　　　　　　　1 000

2.3　银行存款

2.3.1　业务简介

银行存款是指行政单位存入银行或其他金融机构账户上的货币，包括人民币存款和外币存款两种。

1. 将款项存入银行或其他金融机构

行政单位的资金来源包括财政拨款以及其他来源。具体而言，其他来源可能包括罚没收入、行政性收费、政府性基金、国有资产处置和出租出借收入、其他收入等。随着信息化的发展程度越来越高，现在这些业务中的绝大部分往来款项会通过银行账户进行划拨，而涉及现金收付的越来越少。当银行账户存款增加时，行政单位应当根据相关银行账户回单进行会计业务处理。

2. 提现

行政单位的库存现金，是指存于单位内部用于日常零星开支的货币资金。行政单位为了应付日常的零星开支，需经常保持一定数量的库存现金。当库存现金不足时，行政单位需要从银行提取补足。

3. 支付款项

行政单位为了维持正常的运作，需要购买在生产或提供劳务的过程中耗用的材料和物料以及固定资产等，同时也需要支付单位活动产生的各种费用。行政单位需要向出售方支付银行存款，从而导致行政单位的银行存款减少。

4. 银行存款账户

大部分银行对于对公账户会收取一定的维护费用，包括开户费、账户管理费等，并根据账户开通的不同项目具体收费，还可能包括网银服务费、短信通知费、U盾费用、支票密码器费用、回单箱费用、决算卡费用等。但是收费标准因不同的银行而有所差别。各单位可以结合业务需求，经过综合权衡选择开户银行和服务项目。另外，如果涉及跨行转账业务等，银行会根据转账金额收取一定的手续费。由于这类费用金额不大，行政单位一般可以在收到银行回单的时候，将其计入财务费用。

传统的存款种类包括活期存款和定期存款等，随着银行业务的发展，单位还可以选择协议存款或通知存款等灵活的存款类别。协议存款是指银行与大额存款客户就存款利率进行协商，根据客户存款规模的情况，给予不同的存款利率的存款方式。在该存款方式下，行政单位需要与银行签订存款协议书。一般来说，行政单位存款规模越大，议价能力就越强，能获得的存款利率也越高。通知存款是短期存款的一种，根据存期的不同，分为一天通知存款与七天通知存款。以七天通知存款为例，行政单位可以随时提取七天通知存款，满七天的部分按照七天通知存款利率计息，不满部分按照活期计息。银行存款的利息一般按季度发放。原则上单位应当按月计提利息，但实务中，由于利息计算存在误差，根据重要性原则，利息金额不大的单位，也可在发放时直接冲减财务费用。

5. 受托代理、代管银行存款

受托代理资产是在受托代理交易或事项中形成的，由受托方从委托方取得的，代为转交委托方或第三方的资产。受托方并不拥有受托代理资产的所有权和处分权，仅仅充当代为储存保管或代为转交的中介角色。受托代理资产具体来说包括受托转赠物资、受托储存保管物资和受托收取并上缴罚没物资等。

6. 外币业务

行政单位可能会涉及外币业务，包括外币收入和外币付款或者是外币债权、债务等。涉及外币业务的行政单位，应当设置外币银行存款科目，将收到款项、支付款项以及发生债权债务时的外币金额，按照即期的汇率折算为本位币，计入相关科目。在期末，将各外币账户按照期末的即期汇率调整后的人民币余额与原账面人民币余额的差额，计入汇兑损益。

2.3.2 银行存款的管理原则

各开户单位应加强对银行存款账户的管理，通过银行存款账户办理资金收付业务时，必须切实遵守下述规定。

（1）认真贯彻执行国家的政策、法令，严格遵守国家银行的各项结算制度和现金管理制度，接受银行监督。

（2）银行存款账户只供本单位使用，不准出租、出借、套用或转让给其他单位或者个人使用。

（3）银行存款账户必须有足够的资金保证支付，加强支票管理，不准签发空头支票和其他远期支付的凭证。

（4）各种收支款项的凭证，必须如实填明款项的来源或用途，不得巧立名目、弄虚作假、套取现金、套购物资，严禁利用账户搞非法活动。

（5）重视与银行的对账工作，认真及时地核对银行寄送的对账单，保证账账相符、账证相符。如果银行存款日记账余额与银行对账单的余额不符，要及时与银行核对清楚，查明原因。

（6）中国人民银行总行发布的《支付结算办法》规定，现行结算方式包括：支票、银行汇票、银行本票、商业汇票、汇兑、委托收款、托收承付。行政单位发生的大量资金收付业务，可根据《支付结算办法》的规定，通过上述7种结算方式进行结算。

2.3.3　账务处理

（1）将款项存入银行或其他金融机构时，按照实际存入的金额，借记"银行存款"科目，贷记"库存现金""应收账款""其他收入"等相关科目。涉及增值税业务的，相关账务处理参见"应交增值税"科目。收到银行存款利息时，按照实际收到的金额，借记"银行存款"科目，贷记"利息收入"科目。

（2）从银行等金融机构提取现金时，按照实际提取的金额，借记"库存现金"科目，贷记"银行存款"科目。

（3）以银行存款支付相关费用时，按照实际支付的金额，借记"业务活动费用""其他费用"等相关科目，贷记"银行存款"科目。涉及增值税业务的，相关账务处理参见"应交增值税"科目。以银行存款对外捐赠时，按照实际捐出的金额，借记"其他费用"科目，贷记"银行存款"科目。

（4）支付银行手续费等时，按照实际支付的金额，借记"业务活动费用""其他费用"等相关科目，贷记"银行存款"科目。

（5）收到受托代理、代管的银行存款时，按照实际收到的金额，借记"银行存款"科目（受托代理资产），贷记"受托代理负债"科目；支付受托代理、代管的银行存款时，按照实际支付的金额，借记"受托代理负债"科目，贷记"银行存款"科目（受托代理资产）。

（6）单位发生外币业务的，应当按照业务发生当日的即期汇率，将外币金额折算为人民币金额记账，并登记外币金额和汇率。期末，各种外币账户的期末余额，应当按照期末的即期汇率折算为人民币，作为外币账户期末人民币余额。调整后的各种外币账户人民币余额与原账面余额的差额，作为汇兑损益计入当期费用。

①以外币购买物资、劳务等时，按照购入当日的即期汇率将支付的外币或

应支付的外币折算为人民币金额，借记"库存物品"等科目，贷记外币账户的"银行存款""应付账款"等科目。涉及增值税业务的，相关账务处理参见"应交增值税"科目。

②销售物品、提供服务以外币收取相关款项等时，按照收入确认当日的即期汇率将收取的外币或应收取的外币折算为人民币金额，借记外币账户的"银行存款""应收账款"等科目，贷记收入类相关科目。

③期末，根据各外币银行存款账户按照期末汇率调整后的人民币余额与原账面人民币余额的差额，作为汇兑损益，借记或贷记"银行存款"科目，贷记或借记"业务活动费用"等科目。"应收账款""应付账款"等科目有关外币账户期末汇率调整业务的账务处理参照"银行存款"科目。

银行存款的主要账务处理如表2-2所示。

表2-2　　　　　　　　　　　银行存款的主要账务处理

序号	业务		财务会计处理	预算会计处理
（1）	将款项存入银行或其他金融机构		借：银行存款 贷：库存现金/其他收入等	借：资金结存——货币资金 贷：其他预算收入等
（2）	提现		借：库存现金 贷：银行存款	—
（3）	支付款项		借：业务活动费用/其他费用等 贷：银行存款	借：行政支出/其他支出等 贷：资金结存——货币资金
（4）	银行存款账户	收到银行存款利息	借：银行存款 贷：利息收入	借：资金结存——货币资金 贷：其他预算收入
		支付银行手续费等	借：业务活动费用等 贷：银行存款	借：行政支出等 贷：资金结存——货币资金
（5）	对外捐赠银行存款		借：其他费用 贷：银行存款	借：其他支出 贷：资金结存——货币资金
（6）	受托代理、代管银行存款	收到	借：银行存款——受托代理资产 贷：受托代理负债	—
		支付	借：受托代理负债 贷：银行存款——受托代理资产	—

续表

序号	业务		财务会计处理	预算会计处理
（7）	外币业务	以外币购买物资、劳务等	借：在途物品 / 库存物品等 　贷：银行存款 [外币账户]/ 　　应付账款等 [外币账户]	借：行政支出等 　贷：资金结存——货币资金
		以外币收取相关款项等	借：银行存款 [外币账户]/ 应收账款等 [外币账户] 　贷：其他收入等	借：资金结存——货币资金 　贷：其他预算收入等
		期末，根据各外币银行存款账户按照期末汇率调整后的人民币余额与原账面人民币余额的差额，作为汇兑损益	借：银行存款 / 应收账款 / 应付账款等 　贷：业务活动费用等 [汇兑收益] 借：业务活动费用等 [汇兑损失] 　贷：银行存款 / 应收账款 / 应付账款等	借：资金结存——货币资金 　贷：行政支出等 [汇兑收益] 借：行政支出等 [汇兑损失] 　贷：资金结存——货币资金

2.3.4　案例分析

【例 2-4】某行政单位于 2×19 年 12 月 20 日收到银行存款利息 4 000 元，其账务处理如下。

财务会计：

借：银行存款　　　　　　　　　　　　　　　　　　　4 000

　　贷：利息收入　　　　　　　　　　　　　　　　　　4 000

预算会计：

借：资金结存——货币资金　　　　　　　　　　　　　4 000

　　贷：其他预算收入　　　　　　　　　　　　　　　　4 000

【例 2-5】某行政单位以银行转账方式支付业务培训费，共计 3 000 元，其账务处理如下。

财务会计：

借：业务活动费用　　　　　　　　　　　　　　　　　3 000

　　贷：银行存款　　　　　　　　　　　　　　　　　　3 000

预算会计：

借：行政支出　　　　　　　　　　　　　　　　　　　3 000

      贷：资金结存——货币资金   3 000

【例2-6】某行政单位受托代理海外校友基金会货币捐赠100万元，用于建立一专项科研资助基金，其账务处理如下。

    借：银行存款——受托代理资产   1 000 000

      贷：受托代理负债   1 000 000

转出受托代理资产时的账务处理如下。

    借：受托代理负债   1 000 000

      贷：银行存款——受托代理资产   1 000 000

【例2-7】2×19年11月1日，某行政单位的美元银行存款账户余额500 000美元，共折合人民币3 300 000元；11月6日，该单位以200 000美元的价格从国外购进一批固定资产，当日的汇率为1美元=6.53元人民币，11月30日的汇率为1美元=6.50元人民币。该单位的账务处理如下。

（1）购进固定资产时。

财务会计：

    借：固定资产   1 306 000

      贷：银行存款——美元户   1 306 000

预算会计：

    借：行政支出   1 306 000

      贷：资金结存——货币资金   1 306 000

（2）月底计算汇兑损益时。

计算汇兑损益前"银行存款——美元户"科目的余额=3 300 000−1 306 000=1 994 000（元）。

月末美元账户余额折合人民币金额=（500 000−200 000）×6.50=1 950 000（元）。

11月汇兑损失=1 994 000−1 950 000=44 000（元）。

财务会计：

    借：业务活动费用——汇兑损失   44 000

      贷：银行存款   44 000

预算会计：

    借：行政支出——汇兑损失   44 000

      贷：资金结存——货币资金   44 000

2.4　其他货币资金

2.4.1　业务简介

"其他货币资金"科目用于核算行政单位的外埠存款、银行本票存款、银行汇票存款、信用卡存款等各种其他货币资金。

1. 形成其他货币资金

"其他货币资金"科目应当设置"外埠存款""银行本票存款""银行汇票存款""信用卡存款"等明细科目，进行明细核算。

2. 发生支付

发生支付指使用银行本票、银行汇票、信用卡存款购买物品或固定资产等。

3. 余款退回

余款退回指因银行本票、银行汇票、信用卡存款超过付款期等而退回款项。

2.4.2　账务处理

（1）单位按照有关规定需要在异地开立银行账户的，将款项委托本地银行汇往异地开立账户时，借记"其他货币资金"科目，贷记"银行存款"科目。收到采购员交来的供应单位的发票账单等报销凭证时，借记"库存物品"等科目，贷记"其他货币资金"科目。将多余的外埠存款转回本地银行时，根据银行的收账通知，借记"银行存款"科目，贷记"其他货币资金"科目。

（2）将款项交存银行取得银行本票、银行汇票时，按照取得的银行本票、银行汇票的金额，借记"其他货币资金"科目，贷记"银行存款"科目。使用银行本票、银行汇票购买库存物品等资产时，按照实际支付的金额，借记"库存物品"等科目，贷记"其他货币资金"科目。如有余款或因本票、汇票超过付款期等而退回款项，则按照退款金额，借记"银行存款"科目，贷记"其他货币资金"科目。

（3）将款项交存银行取得信用卡时，按照交存的金额，借记"其他货币资金"科目，贷记"银行存款"科目。用信用卡购物或支付有关费用时，按照实际支付的金额，借记"库存物品"等科目，贷记"其他货币资金"科目。在使用单位信用卡过程中，需向其账户续存资金的，按照续存的金额，借记"其他货币资金"科目，贷记"银行存款"科目。

（4）单位应当加强对其他货币资金的管理，及时办理结算，对于逾期尚未办理结算的银行汇票、银行本票等，应当按照规定及时转回，并按照上述规定进行相应账务处理。

其他货币资金的主要账务处理如表2-3所示。

表2-3 其他货币资金的主要账务处理

序号	业务	财务会计处理	预算会计处理
（1）	形成其他货币资金	取得银行本票、银行汇票、信用卡时	借：其他货币资金 ——银行本票存款 ——银行汇票存款 ——信用卡存款 贷：银行存款	—
（2）	发生支付	用银行本票、银行汇票、信用卡支付时	借：在途物品/库存物品等 贷：其他货币资金 ——银行本票存款 ——银行汇票存款 ——信用卡存款	借：行政支出等[实际支付金额] 贷：资金结存——货币资金
（3）	余款退回时	银行本票、银行汇票、信用卡的余款退回时	借：银行存款 贷：其他货币资金 ——银行本票存款 ——银行汇票存款 ——信用卡存款	—

2.4.3 案例分析

【例2-8】某行政单位于2×19年3月20日将50 000元交存银行，取得银行本票一张。3月25日，该单位业务部门的采购人员使用该银行本票购买开展业务活动所需的物品A材料（价值40 000元），月底，剩余10 000元退回。该单位的账务处理如下。

（1）3月20日取得银行本票。

财务会计：

借：其他货币资金——银行本票存款　　　　　　　　　　　　50 000

　　贷：银行存款——基本账户存款　　　　　　　　　　　　　　50 000

（2）3 月 25 日购买 A 材料。

财务会计：

借：库存物品——A 材料　　　　　　　　　　　　40 000

　　贷：其他货币资金——银行本票存款　　　　　　　　　40 000

预算会计：

借：行政支出　　　　　　　　　　　　　　　　　40 000

　　贷：资金结存——货币资金　　　　　　　　　　　　40 000

（3）3 月 31 日余款退回。

财务会计：

借：银行存款——基本账户存款　　　　　　　　　10 000

　　贷：其他货币资金——银行本票存款　　　　　　　　10 000

预算会计：

不做账务处理。

2.5　零余额账户用款额度

零余额账户是指财政部门为行政单位在商业银行开设的账户，用于财政直接支付和财政授权支付及清算。

2.5.1　业务简介

"零余额账户用款额度"科目用于核算实行国库集中支付的单位根据财政部门批复的用款计划收到和支用的零余额账户用款额度。实行国库集中支付制度的财政性资金按发出支付令的主体不同分为两种支付方式：一种是由财政部门发出支付令，称为财政直接支付方式；另一种是由预算单位经财政部门授权自行发出支付令，称为财政授权支付方式。

1．收到额度

财政部门按照年初核定的预算指标，先给单位下达财政授权支付额度，单位根据"财政授权支付到账通知书"进行账务处理。

2．按照规定支用额度

国库集中支付制度包括财政直接支付和财政授权支付。财政授权支付是指预算单位按照财政部门的授权，自行向代理银行签发支付指令，代理银行根据支付指令，在财政部门批准的预算单位的用款额度内，通过零余额账户将资金支付到收款人账户。

3．提现

行政单位的库存现金，是指存于单位内部用于日常零星开支的货币资金。行政单位为了应付日常的零星开支，需经常保持一定数量的库存现金。当库存现金不足时，需要从零余额账户中提取补足。

4．因购货退回等发生国库授权支付额度退回

日常差旅费报销等退回现金或是购货等发生款项退回时，在不超过规定的库存现金余额的情况下，可暂由单位财务部门保管，待下次支付；若超过规定的库存现金余额，要按支用时的预算科目，填写财政授权支付更正（退回）通知书，与需要退回的现金或支票一起送交代理银行，由代理银行恢复预算单位相应科目用款额度。

5．年末注销额度

当年单位实际支出数小于已下达的零余额账户用款额度或者本年度财政授权支付预算指标数大于零余额账户额度下达数的，需要将未用完的零余额账户用款额度和未下达的财政授权支付预算指标注销。

6．下年初恢复额度

上年单位实际支出数小于已下达的零余额账户用款额度的，下年初，根据代理银行提供的额度恢复到账通知书恢复。上年度财政授权支付预算指标数大于零余额账户额度的，本年初下达数的财政对于单位上年未使用的额度，在年初要重新下达指标，并且不占用单位下年指标财政授权支付额度，在收到财政部门批复的上年末未下达零余额账户用款额度时进行相应的账务处理。

2.5.2　账务处理

（1）单位收到"财政授权支付到账通知书"时，根据通知书所列金额，借记"零余额账户用款额度"科目，贷记"财政拨款收入"科目。

（2）支用额度。

①支付日常活动费用时，按照支付的金额，借记"业务活动费用"等科目，贷记"零余额账户用款额度"科目。

②购买库存物品或购建固定资产时，按照实际发生的成本，借记"库存物品""固定资产""在建工程"等科目，按照实际支付或应付的金额，贷记

"零余额账户用款额度""应付账款"等科目。涉及增值税业务的，相关账务处理参见"应交增值税"科目。

③从零余额账户提取现金时，按照实际提取的金额，借记"库存现金"科目，贷记"零余额账户用款额度"科目。

（3）因购货退回等发生财政授权支付额度退回的，按照退回的金额，借记"零余额账户用款额度"科目，贷记"库存物品"等科目。

（4）年末，根据代理银行提供的对账单做注销额度的相关账务处理，借记"财政应返还额度——财政授权支付"科目，贷记"零余额账户用款额度"科目。年末，单位本年度财政授权支付预算指标数大于零余额账户用款额度下达数的，根据未下达的用款额度，借记"财政应返还额度——财政授权支付"科目，贷记"财政拨款收入"科目。

（5）下年年初，单位根据代理银行提供的上年度注销额度恢复到账通知书做恢复额度的相关账务处理，借记"零余额账户用款额度"科目，贷记"财政应返还额度——财政授权支付"科目。单位收到财政部门批复的上年未下达零余额账户用款额度，借记"零余额账户用款额度"科目，贷记"财政应返还额度——财政授权支付"科目。

零余额账户用款额度的主要账务处理如表2-4所示。

表2-4 零余额账户用款额度的主要账务处理

序号	业务		财务会计处理	预算会计处理
（1）	收到额度	收到"财政授权支付到账通知书"	借：零余额账户用款额度 贷：财政拨款收入	借：资金结存——零余额账户用款额度 贷：财政拨款预算收入
（2）	按照规定支用额度	支付日常活动费用	借：业务活动费用等 贷：零余额账户用款额度	借：行政支出等 贷：资金结存——零余额账户用款额度
		购买库存物品或购建固定资产等	借：库存物品/固定资产/在建工程等 贷：零余额账户用款额度	借：行政支出等 贷：资金结存——零余额账户用款额度
（3）	提现	从零余额账户提取现金	借：库存现金 贷：零余额账户用款额度	借：资金结存——货币资金 贷：资金结存——零余额账户用款额度

序号	业务		财务会计处理	预算会计处理
（3）	提现	将现金退回单位零余额账户	借：零余额账户用款额度 贷：库存现金	借：资金结存——零余额账户用款额度 贷：资金结存——货币资金
（4）	因购货退回等发生财政授权支付额度退回	本年度授权支付的款项	借：零余额账户用款额度 贷：库存物品等	借：资金结存——零余额账户用款额度 贷：行政支出等
		以前年度授权支付的款项	借：零余额账户用款额度 贷：库存物品/以前年度盈余调整等	借：资金结存——零余额账户用款额度 贷：财政拨款结转——年初余额调整/财政拨款结余——年初余额调整
（5）	年末，注销额度	根据代理银行提供的对账单注销财政授权支付额度	借：财政应返还额度——财政授权支付 贷：零余额账户用款额度	借：资金结存——财政应返还额度 贷：资金结存——零余额账户用款额度
		本年度财政授权支付预算指标数大于零余额账户用款额度下达数的，根据未下达的用款额度	借：财政应返还额度——财政授权支付 贷：财政拨款收入	借：资金结存——财政应返还额度 贷：财政拨款预算收入
（6）	下年初，恢复额度	根据代理银行提供的额度恢复到账通知书恢复财政授权支付额度	借：零余额账户用款额度 贷：财政应返还额度——财政授权支付	借：资金结存——零余额账户用款额度 贷：资金结存——财政应返还额度
		收到财政部门批复的上年未下达零余额账户用款额度	借：零余额账户用款额度 贷：财政应返还额度——财政授权支付	借：资金结存——零余额账户用款额度 贷：资金结存——财政应返还额度

2.5.3 案例分析

【例 2-9】某行政单位已经纳入财政国库集中支付制度改革。2×19 年 1 月 10 日，该单位收到财政授权支付到账通知书，确定本月公用经费授权支付额度为 200 000 元，与财政部门批准的分月用款计划核对一致，其账务处理如下。

财务会计：

借：零余额账户用款额度——基本支出用款额度　　　　　　　　200 000

　　贷：财政拨款收入——基本支出　　　　　　　　　　　　　　　　200 000

预算会计：

借：资金结存——零余额账户用款额度　　　　　　　　　　　　200 000

　　贷：财政拨款预算收入　　　　　　　　　　　　　　　　　　　　200 000

【例 2-10】接【例 2-9】。1 月 15 日，该单位填写财政资金授权支付凭证，授权支付金额为 8 000 元，用于购买开展业务所需要的材料。该单位的账务处理如下。

财务会计：

借：库存物品　　　　　　　　　　　　　　　　　　　　　　　8 000

　　贷：零余额账户用款额度　　　　　　　　　　　　　　　　　　　8 000

预算会计：

借：行政支出　　　　　　　　　　　　　　　　　　　　　　　8 000

　　贷：资金结存——零余额账户用款额度　　　　　　　　　　　　　8 000

【例 2-11】接【例 2-10】。1 月 25 日，该单位发现 1 月 15 日购买的材料质量有问题，全部退回，其账务处理如下。

财务会计：

借：零余额账户用款额度　　　　　　　　　　　　　　　　　　8 000

　　贷：库存物品　　　　　　　　　　　　　　　　　　　　　　　　8 000

预算会计：

借：资金结存——零余额账户用款额度　　　　　　　　　　　　8 000

　　贷：行政支出　　　　　　　　　　　　　　　　　　　　　　　　8 000

2.6 财政应返还额度

2.6.1 业务简介

"财政应返还额度"科目用来核算实行国库集中支付的行政单位应收财政返还的资金额度。"财政应返还额度"科目下应当设置"财政直接支付""财政授权支付"两个明细科目，以进行明细核算。

2.6.2 账务处理

1. 财政直接支付

年末，单位根据本年度财政直接支付预算指标数大于当年财政直接支付实际发生数的差额，借记"财政应返还额度"科目（财政直接支付），贷记"财政拨款收入"科目。单位使用以前年度财政直接支付额度支付款项时，借记"业务活动费用"等科目，贷记"财政应返还额度"科目（财政直接支付）。

2. 财政授权支付

年末，根据代理银行提供的对账单做注销额度的相关账务处理，借记"财政应返还额度"科目（财政授权支付），贷记"零余额账户用款额度"科目。年末，单位本年度财政授权支付预算指标数大于零余额账户用款额度下达数的，根据未下达的用款额度，借记"财政应返还额度"科目（财政授权支付），贷记"财政拨款收入"科目。下年年初，单位根据代理银行提供的上年度注销额度恢复到账通知书做恢复额度的相关账务处理，借记"零余额账户用款额度"科目，贷记"财政应返还额度"科目（财政授权支付）。单位收到财政部门批复的上年未下达零余额账户用款额度时，借记"零余额账户用款额度"科目，贷记"财政应返还额度"科目（财政授权支付）。

财政应返还额度的主要账务处理如表 2-5 所示。

表 2-5　　　　　　　　　　　　**财政应返还额度的主要账务处理**

序号	业务		财务会计处理	预算会计处理
（1）	财政直接支付方式下，确认财政应返还额度	年末本年度预算指标数与当年实际支付数的差额	借：财政应返还额度——财政直接支付 贷：财政拨款收入	借：资金结存——财政应返还额度 贷：财政拨款预算收入
		下年度使用以前年度财政直接支付额度支付款项时	借：业务活动费用/库存物品等 贷：财政应返还额度——财政直接支付	借：行政支出等 贷：资金结存——财政应返还额度
（2）	财政授权支付方式下，确认财政应返还额度	年末，本年度预算指标数大于额度下达数的，根据未下达的用款额度	借：财政应返还额度——财政授权支付 贷：财政拨款收入	借：资金结存——财政应返还额度 贷：财政拨款预算收入
		年末，根据代理银行提供的对账单做注销额度处理	借：财政应返还额度——财政授权支付 贷：零余额账户用款额度	借：资金结存——财政应返还额度 贷：资金结存——零余额账户用款额度
		下年初额度恢复和下年初收到财政部门批复的上年末未下达零余额账户用款额度	借：零余额账户用款额度 贷：财政应返还额度——财政授权支付	借：资金结存——零余额账户用款额度 贷：资金结存——财政应返还额度

2.6.3　案例分析

【例 2-12】某行政单位发生如下业务。

（1）至 2×19 年 12 月 31 日，本年度财政直接支付预算指标数为 200 000 元，当年财政直接支付实际支出数为 180 000 元。相关账务处理如下。

财务会计：

借：财政应返还额度——财政直接支付　　　　　　　　　　　20 000

　　贷：财政拨款收入　　　　　　　　　　　　　　　　　　　　20 000

预算会计：

借：资金结存——财政应返还额度   20 000

  贷：财政拨款预算收入   20 000

（2）2×20 年 3 月，以财政直接支付方式支付 10 000 元。相关账务处理如下。

财务会计：

借：业务活动费用   10 000

  贷：财政应返还额度——财政直接支付   10 000

预算会计：

借：行政支出   10 000

  贷：资金结存——财政应返还额度   10 000

2.7 预付账款

预付账款是行政单位按照购货、劳务合同规定预付给供应单位（或个人）的款项，以及按照合同规定向承包工程的施工企业预付的备料款和工程款。

2.7.1 业务简介

预付账款与应收账款虽然都是行政单位的流动资产，都属于应收及预付款项，但两者性质不同。应收账款是行政单位应收客户的账款，预付账款是行政单位预付给商品供应单位的账款，所以，应分别设置账户进行核算。

"预付账款"科目应当按照供应单位（或个人）进行明细核算。行政单位应当通过明细核算或辅助登记方式，登记预付账款的资金性质（区分财政补助资金、非财政专项资金和其他资金）。

1. 发生预付账款时

对于建造周期较长或价值较高的商品或劳务，供应单位（或个人）可能要求一定金额的预付款或者定金。合同或协议存在预付款条款的，行政单位需要按照合同要求给付相应金额的货币资金。在收到购买的货物或服务后，核销预付账款。

2. 收到所购物资或劳务

收到所购物资或劳务时，按照购入物资或劳务的成本，借记"库存物品""固定资产""无形资产""业务活动费用"等相关科目；按照相关预付账款的账面余额，贷记"预付账款"科目；按照实际补付的金额，贷记"财政拨款收入""零余额账户用款额度""银行存款"等科目。涉及增值税业务的，相关账务处理参见"应交增值税"科目。

根据工程进度结算工程价款及备料款时，按照结算的金额，借记"在建工程"科目；按照相关预付账款的账面余额，贷记"预付账款"科目；按照实际补付的金额，贷记"财政拨款收入""零余额账户用款额度""银行存款"等科目。

3．预付账款退回

如果在供应合同执行前或执行过程中出现问题，导致原合同无法按照计划执行，则在双方协商一致的基础上，供应单位（或个人）应当将预付账款退回。

4．逾期无法收回的预付账款转为其他应收款

如果供应单位（或个人）由于经营困难，无法执行原供应合同，并且也无法将预付账款退回，则需进行核销。单位应当于每年年末，对预付账款进行全面检查。如果有确凿证据表明预付账款不再符合预付款项性质，或者因供应单位破产、撤销等可能无法收到所购货物、服务的，应当先将其转入其他应收款，再按照规定进行处理。

2.7.2　账务处理

（1）根据购货、服务合同或协议规定预付款项时，按照预付的金额，借记"预付账款"科目，贷记"财政拨款收入""零余额账户用款额度""银行存款"等科目。

（2）收到所购物资或劳务时，按照购入物资或劳务的成本，借记"库存物品""固定资产""无形资产""业务活动费用"等相关科目；按照相关预付账款的账面余额，贷记"预付账款"科目；按照实际补付的金额，贷记"财政拨款收入""零余额账户用款额度""银行存款"等科目。涉及增值税业务的，相关账务处理参见"应交增值税"科目。

（3）根据工程进度结算工程价款及备料款时，按照结算的金额，借记"在建工程"科目；按照相关预付账款的账面余额，贷记"预付账款"科目；按照实际补付的金额，贷记"财政拨款收入""零余额账户用款额度""银行存款"等科目。

（4）发生预付账款退回的，按照实际退回的金额，借记"财政拨款收入"[本年直接支付]、"财政应返还额度"[以前年度直接支付]、"零余额账户用款额度"、"银行存款"等科目，贷记"预付账款"科目。

预付账款的主要账务处理如表2-6所示。

表2-6 预付账款的主要账务处理

序号	业务		财务会计处理	预算会计处理
（1）	发生预付账款时		借：预付账款 　贷：财政拨款收入/零余额账户用款额度/银行存款等	借：行政支出等 　贷：财政拨款预算收入/资金结存
（2）	收到所购物资或劳务时		借：业务活动费用/库存物品/固定资产/无形资产等 　贷：预付账款 　　零余额账户用款额度/财政拨款收入/银行存款等[补付款项]	借：行政支出等[补付款项] 　贷：财政拨款预算收入/资金结存
（3）	根据工程进度结算工程价款及备料款时		借：在建工程 　贷：预付账款 　　零余额账户用款额度/财政拨款收入/银行存款等[补付款项]	借：行政支出等[补付款项] 　贷：财政拨款预算收入/资金结存
（4）	预付账款退回	当年预付账款退回	借：财政拨款收入/零余额账户用款额度/银行存款等 　贷：预付账款	借：财政拨款预算收入/资金结存 　贷：行政支出等
		以前年度预付账款退回	借：财政应返还额度/零余额账户用款额度/银行存款等 　贷：预付账款	借：资金结存 　贷：财政拨款结余——年初余额调整/财政拨款结转——年初余额调整等
（5）	逾期无法收回的预付账款转为其他应收款		借：其他应收款 　贷：预付账款	—

2.7.3　案例分析

【例2-13】2×19年1月10日，某行政单位与A公司签订购买合同。合同约定，该单位向A公司购买3台设备，价款共500 000元。该行政单位先用银行存款预付30%的款项，其账务处理如下。

财务会计：

借：预付账款——A公司　　　　　　　　　　　　　150 000

　　贷：银行存款　　　　　　　　　　　　　　　　　　150 000

预算会计：

借：行政支出　　　　　　　　　　　　　　　　　150 000

　　贷：资金结存——货币资金　　　　　　　　　　　　150 000

【例2-14】接【例2-13】。2×19年1月12日，A公司收到预付款后发货。1月15日，该行政单位验货后用银行存款支付剩余70%的价款，其账务处理如下。

财务会计：

借：固定资产　　　　　　　　　　　　　　　　　500 000

　　贷：预付账款　　　　　　　　　　　　　　　　　　150 000

　　　　银行存款　　　　　　　　　　　　　　　　　　350 000

预算会计：

借：行政支出　　　　　　　　　　　　　　　　　350 000

　　贷：资金结存——货币资金　　　　　　　　　　　　350 000

【例2-15】接【例2-13】。2×19年1月12日，A公司收到预付款后发货。1月15日，该行政单位发现设备质量不符合要求，将设备退回，并解除购货合同。1月20日，A公司将预付款退回。该单位的账务处理如下。

财务会计：

借：银行存款　　　　　　　　　　　　　　　　　150 000

　　贷：预付账款——A公司　　　　　　　　　　　　　150 000

预算会计：

借：资金结存——货币资金　　　　　　　　　　　150 000

　　贷：行政支出　　　　　　　　　　　　　　　　　　150 000

2.8 其他应收款

2.8.1 业务简介

其他应收款，是指除财政应返还额度、应收账款、预付账款以外的其他各项应收及暂付款项，如职工预借的差旅费、已经偿还银行尚未报销的本单位公务卡欠款、拨付给内部有关部门的备用金、应向职工收取的各种垫付款项、支付的可以收回的订金或押金等。

2.8.2 账务处理

（1）发生其他各种应收及暂付款项时，按照实际发生的金额，借记"其他应收款"科目，贷记"零余额账户用款额度""银行存款""库存现金"等科目。涉及增值税业务的，相关账务处理参见"应交增值税"科目。

（2）收回其他各种应收及暂付款项时，按照收回的金额，借记"库存现金""银行存款"等科目，贷记"其他应收款"科目。

（3）单位内部实行备用金制度的，有关部门使用备用金以后应当及时到财务部门报销并补足备用金。

财务部门核定并发放备用金时，按照实际发放的金额，借记"其他应收款"科目，贷记"库存现金"等科目。

根据报销金额用现金补足备用金定额时，借记"业务活动费用"等科目，贷记"库存现金"等科目。报销数和拨补数都不再通过"其他应收款"科目核算。

（4）偿还尚未报销的本单位公务卡欠款时，按照偿还的款项，借记"其他应收款"科目，贷记"零余额账户用款额度""银行存款"等科目；持卡人报销时，按照报销的金额，借记"业务活动费用"等科目，贷记"其他应收款"科目。

（5）将预付账款账面余额转入其他应收款时，借记"其他应收款"科目，贷记"预付账款"科目。具体说明参见"预付账款"科目。

（6）行政单位应当于每年年末，对其他应收款进行全面检查。行政单位对于超过规定年限、确认无法收回的其他应收款，应当按照有关规定报经批准后予以核销。核销的其他应收款应在备查簿中保留登记。

①经批准核销其他应收款时，按照核销的金额，借记"资产处置费用"科目，贷记"其他应收款"科目。

②已核销的其他应收款在以后期间收回的，按照收回的金额，借记"银行存款"等科目，贷记"其他收入"科目。

其他应收款的主要账务处理如表 2-7 所示。

表 2-7　　　　　　　　　　　其他应收款的主要账务处理

序号	业务		财务会计处理	预算会计处理
（1）	发生其他各种应收及暂付款项	发生其他各种应收及暂付款项时	借：其他应收款 　　贷：银行存款 / 库存现金 / 零余额账户用款额度等	—
		收回其他各种应收及暂付款项时	借：库存现金 / 银行存款等 　　贷：其他应收款	—
（2）	拨付给内部有关部门的备用金	财务部门核定并发放备用金时	借：其他应收款 　　贷：库存现金等	—
		根据报销金额用现金补足备用金定额时	借：业务活动费用等 　　贷：库存现金等	借：行政支出等 　　贷：资金结存——货币资金
（3）	偿还未报销的公务卡款项	偿还尚未报销的本单位公务卡欠款	借：其他应收款 　　贷：银行存款 / 零余额账户用款额度等	—
		持卡人报销时	借：业务活动费用等 [实际报销金额] 　　贷：其他应收款	借：行政支出等 [实际报销金额] 　　贷：资金结存——货币资金
（4）	将预付账款的账面余额转入其他应收款时		借：其他应收款 　　贷：预付账款	—
（5）	逾期无法收回的其他应收款	对于账龄超过规定年限、确认无法收回的其他应收款	借：资产处置费用 　　贷：其他应收款	—
		已核销的其他应收款在以后期间收回	借：银行存款等 　　贷：其他收入	借：资金结存——货币资金 　　贷：其他预算收入

2.8.3 案例分析

【例 2-16】某行政单位预计 1 000 元的其他应收款无法收回，3 月 15 日经批准核销，其账务处理如下。

财务会计：

借：资产处置费用　　　　　　　　　　　　　　　　　　1 000

　　贷：其他应收款　　　　　　　　　　　　　　　　　　1 000

4 月 15 日，该笔应收款全额收回，其账务处理如下。

财务会计：

借：银行存款　　　　　　　　　　　　　　　　　　　　1 000

　　贷：其他收入　　　　　　　　　　　　　　　　　　　1 000

预算会计：

借：资金结存——货币资金　　　　　　　　　　　　　　1 000

　　贷：其他预算收入　　　　　　　　　　　　　　　　　1 000

2.9　在途物品

2.9.1　业务简介

"在途物品"科目用于核算单位采购材料等物资时货款已付或已开出商业汇票但尚未验收入库的在途物品的采购成本。

2.9.2　账务处理

（1）单位购入材料等物品时，按照确定的物品采购成本的金额，借记"在途物品"科目；按照实际支付的金额，贷记"财政拨款收入""零余额账户用款额度""银行存款"等科目。涉及增值税业务的，相关账务处理参见"应交增值税"科目。

（2）所购材料等物品到达验收入库时，按照确定的库存物品成本金额，借记"库存物品"科目；按照物品采购的成本金额，贷记"在途物品"科目；按照使得入库物品达到目前场所和状态所发生的其他支出金额，贷记"银行存款"等科目。

在途物品的主要账务处理如表 2-8 所示。

表 2-8　　　　　　　　　　在途物品的主要账务处理

序号	业务	财务会计处理	预算会计处理
（1）	购入材料等物资，结算凭证收到货未到，款已付或已开出商业汇票	借：在途物品 　　贷：财政拨款收入 / 零余额账户用款额度 / 银行存款等	借：行政支出等 　　贷：财政拨款预算收入 / 资金结存
（2）	所购材料等物资到达验收入库	借：库存物品 　　贷：在途物品	—

2.9.3　案例分析

【例 2-17】某行政单位于 2×19 年 1 月 1 日购入物资，用银行存款支付价款 30 000 元，结算凭证已收到，货仍在运输途中，其账务处理如下。

　　财务会计：

　　借：在途物品　　　　　　　　　　　　　　　　　　　30 000

　　　　贷：银行存款　　　　　　　　　　　　　　　　　　30 000

　　预算会计：

　　借：行政支出　　　　　　　　　　　　　　　　　　　30 000

　　　　贷：资金结存——货币资金　　　　　　　　　　　　30 000

【例 2-18】接【例 2-17】。2×19 年 1 月 30 日，该行政单位所购物资验收入库，其账务处理如下。

　　财务会计：

　　借：库存物品　　　　　　　　　　　　　　　　　　　30 000

　　　　贷：在途物品　　　　　　　　　　　　　　　　　　30 000

2.10　加工物品

2.10.1　业务简介

　　"加工物品"科目用于核算单位自制或委托外单位加工的各种物品的实际

成本。未完成的测绘、地质勘探、设计成果的实际成本，也通过"加工物品"科目核算。

2.10.2 账务处理

1. 自制物品

（1）为自制物品而领用材料等，按照材料的成本，借记"加工物品"科目（自制物品——直接材料），贷记"库存物品"科目。

（2）确认应向专门从事物品制造的人员支付的薪酬时，按照实际发生的金额，借记"加工物品"科目（自制物品——直接人工），贷记"应付职工薪酬"科目。

（3）为自制物品而发生其他直接费用时，按照实际发生的金额，借记"加工物品"科目（自制物品——其他直接费用），贷记"财政拨款收入""零余额账户用款额度""银行存款"等科目。

（4）为自制物品而发生间接费用时，按照实际发生的金额，借记"加工物品"科目（自制物品——间接费用），贷记"财政拨款收入""零余额账户用款额度""银行存款""应付职工薪酬""固定资产累计折旧""无形资产累计摊销"等科目。

间接费用一般按照生产人员工资、生产人员工时、机器工时、耗用材料的数量或成本、直接费用（直接材料和直接人工）或产品产量等进行分配。单位可根据具体情况自行选择间接费用的分配方法。分配方法一经确定，不得随意变更。

（5）已经制造完成并验收入库的物品，按照所发生的实际成本（包括耗用的直接材料费用、直接人工费用、其他直接费用和分配的间接费用），借记"库存物品"科目，贷记"加工物品"科目（自制物品——直接材料、直接人工、其他直接费用、间接费用）。

2. 委托加工物品

（1）发给外单位加工的材料等，按照其实际成本，借记"加工物品"科目（委托加工物品），贷记"库存物品"科目。

（2）支付加工费、运输费等费用时，按照实际支付的金额，借记"加工物品"科目（委托加工物品），贷记"财政拨款收入""零余额账户用款额度""银行存款"等科目。涉及增值税业务的，相关账务处理参见"应交增值税"科目。

（3）委托加工完成的材料验收入库时，按照加工前发出材料的成本和加工、运输成本等，借记"库存物品"科目，贷记"加工物品"科目（委托加工物品）。

加工物品的主要账务处理如表 2-9 所示。

表 2-9　　　　　　　　加工物品的主要账务处理

序号	业务		财务会计处理	预算会计处理
（1）	自制物品	为自制物品领用材料等时	借：加工物品——自制物品（直接材料） 贷：库存物品（相关明细科目）	—
		确认应向专门从事物品制造的人员支付的薪酬	借：加工物品——自制物品（直接人工） 贷：应付职工薪酬	—
		为自制物品而发生其他直接费用和间接费用	借：加工物品——自制物品（其他直接费用、间接费用） 贷：财政拨款收入/零余额账户用款额度/银行存款等	借：行政支出等[实际支付金额] 贷：财政拨款预算收入/资金结存
		自制加工完成、验收入库	借：库存物品（相关明细科目） 贷：加工物品——自制物品（直接材料、直接人工、其他直接费用、间接费用）	—
（2）	委托加工物品	发给外单位加工的材料	借：加工物品——委托加工物品 贷：库存物品（相关明细科目）	—
		支付加工费用	借：加工物品——委托加工物品 贷：财政拨款收入/零余额账户用款额度/银行存款等	借：行政支出等 贷：财政拨款预算收入/资金结存
		委托加工完成的物品验收入库	借：库存物品（相关明细科目） 贷：加工物品——委托加工物品	—

2.10.3　案例分析

【例 2-19】2×19 年 6 月 1 日，某行政单位自行加工甲材料。该批甲材料价值200 000 元，由该单位自内部领用。7 月 1 日，发生的直接人工费用共计 100 000 元，为自制物品的发生其他费用 50 000 元，以银行存款支付。7 月 10 日，甲材料加工完毕为乙材料，并验收入库。该单位的账务处理如下。

（1）2×19 年 6 月 1 日，领用甲材料。

财务会计：

借：加工物品——自制物品 200 000

　　贷：库存物品——甲材料 200 000

（2）2×19 年 7 月 1 日，发生相关费用。

财务会计：

借：加工物品——自制物品 100 000

　　贷：应付职工薪酬 100 000

借：加工物品——自制物品 50 000

　　贷：银行存款 50 000

预算会计：

借：行政支出 50 000

　　贷：资金结存——货币资金 50 000

（3）2×19 年 7 月 10 日，加工完成，验收入库。

借：库存物品——乙材料 350 000

　　贷：加工物品——自制物品 350 000

【例 2-20】2×19 年 1 月 5 日，某行政单位委托 C 公司加工甲材料。该单位发出的甲材料价值 200 000 元。1 月 7 日，该行政单位用零余额账户支付加工费用和相关运输费用共计 100 000 元。3 月 10 日，材料加工完毕为乙材料，并验收入库。该单位的账务处理如下。

（1）1 月 5 日，发出材料时。

财务会计：

借：加工物品——委托加工物品 200 000

　　贷：库存物品——甲材料 200 000

（2）1 月 7 日，支付加工费用和相关运输费用时。

财务会计：

借：加工物品——委托加工物品 100 000

　　贷：零余额账户用款额度 100 000

预算会计：

借：行政支出　　　　　　　　　　　　　　　　　　100 000

　　贷：资金结存——零余额账户用款额度　　　　　　100 000

（3）3月10日，材料加工完毕验收入库时。

借：库存物品——乙材料　　　　　　　　　　　　　300 000

　　贷：加工物品——委托加工物品　　　　　　　　　300 000

2.11　库存物品

2.11.1　业务简介

　　"库存物品"科目用于核算单位在开展业务活动及其他活动中为耗用或出售而储存的各种材料、产品、包装物、低值易耗品，以及达不到固定资产标准的用具、装具、动植物等的成本。

　　已完成的测绘、地质勘察、设计成果等的成本，也通过"库存物品"科目核算。

　　政府储备物资，不通过"库存物品"科目核算。

　　单位随买随用的零星办公用品，可以在购买时直接列作费用，不通过"库存物品"科目核算。

　　单位受托存储保管的物资和受托转赠的物资，应通过"受托代理资产"科目核算。

　　单位为在建工程购买使用的材料物资，应该通过"工程物资"科目核算。

2.11.2　账务处理

1. 取得库存物品

（1）外购的库存物品验收入库时，按照确定的成本，借记"库存物品"科目，贷记"财政拨款收入""零余额账户用款额度""银行存款""应付账款""在途物品"等科目。涉及增值税业务的，相关账务处理参见"应交增值税"科目。

（2）自制的库存物品加工完成并验收入库时，按照确定的成本，借记"库存物品"科目，贷记"加工物品——自制物品"科目。

（3）委托外单位加工收回的库存物品验收入库时，按照确定的成本，借记"库存物品"科目，贷记"加工物品——委托加工物品"等科目。

（4）接受捐赠的库存物品验收入库时，按照确定的成本，借记"库存物品"科目；按照发生的相关税费、运输费等，贷记"银行存款"等科目；按照其差额，贷记"捐赠收入"科目。

接受捐赠的库存物品按照名义金额入账的，按照名义金额，借记"库存物品"科目，贷记"捐赠收入"科目；同时，按照发生的相关税费、运输费等，借记"其他费用"科目，贷记"银行存款"等科目。

（5）无偿调入的库存物品验收入库时，按照确定的成本，借记"库存物品"科目，按照发生的相关税费、运输费等，贷记"银行存款"等科目，按照其差额，贷记"无偿调拨净资产"科目。

（6）置换换入的库存物品验收入库时，按照确定的成本，借记"库存物品"科目；按照换出资产的账面余额，贷记相关资产科目（换出资产为固定资产、无形资产的，还应当借记"固定资产累计折旧""无形资产累计摊销"科目）；按照置换过程中发生的其他相关支出，贷记"银行存款"等科目；按照借贷方差额，借记"资产处置费用"科目或贷记"其他收入"科目。涉及补价的，分别以下情况处理。

①支付补价的，按照确定的成本，借记"库存物品"科目；按照换出资产的账面余额，贷记相关资产科目（换出资产为固定资产、无形资产的，还应当借记"固定资产累计折旧""无形资产累计摊销"科目）；按照支付的补价和置换过程中发生的其他相关支出，贷记"银行存款"等科目；按照借贷方差额，借记"资产处置费用"科目或贷记"其他收入"科目。

②收到补价的，按照确定的成本，借记"库存物品"科目；按照收到的补价，借记"银行存款"等科目；按照换出资产的账面余额，贷记相关资产科目（换出资产为固定资产、无形资产的，还应当借记"固定资产累计折旧""无形资产累计摊销"科目）；按照置换过程中发生的其他相关支出，贷记"银行存款"等科目；按照补价扣减其他相关支出后的净收入，贷记"应缴财政款"科目；按照借贷方差额，借记"资产处置费用"科目或贷记"其他收入"科目。

2. 发出库存物品

（1）单位开展业务活动等领用、按照规定自主出售发出或加工发出库存物品时，按照领用、出售等发出物品的实际成本，借记"业务活动费用""加工物品"等科目，贷记"库存物品"科目。

采用一次转销法摊销低值易耗品、包装物的，在首次领用时将其账面余额一次性摊销计入有关成本费用，借记有关科目，贷记"库存物品"科目。

采用五五摊销法摊销低值易耗品、包装物的，首次领用时，将其账面余额的 50% 摊销计入有关成本费用，借记有关科目，贷记"库存物品"科目；使用完时，将剩余的账面余额转销计入有关成本费用，借记有关科目，贷记"库存物品"科目。

（2）经批准对外出售的库存物品（不含可自主出售的库存物品）发出时，按照库存物品的账面余额，借记"资产处置费用"科目，贷记"库存物品"科目；同时，按照收到的价款，借记"银行存款"等科目，按照处置过程中发生的相关费用，贷记"银行存款"等科目，按照其差额，贷记"应缴财政款"科目。

（3）经批准对外捐赠的库存物品发出时，按照库存物品的账面余额和对外捐赠过程中发生的归属于捐出方的相关费用合计数，借记"资产处置费用"科目；按照库存物品账面余额，贷记"库存物品"科目；按照对外捐赠过程中发生的归属于捐出方的相关费用，贷记"银行存款"等科目。

（4）经批准无偿调出的库存物品发出时，按照库存物品的账面余额，借记"无偿调拨净资产"科目，贷记"库存物品"科目；同时，按照无偿调出过程中发生的归属于调出方的相关费用，借记"资产处置费用"科目，贷记"银行存款"等科目。

（5）经批准置换换出的库存物品，参照"库存物品"科目有关置换换入库存物品的规定进行账务处理。

3. 库存物品的定期盘点及毁损、报废

单位应当定期对库存物品进行清查盘点，每年至少盘点一次。发生的库存物品盘盈、盘亏或者报废、毁损，应当先记入"待处理财产损溢"科目，按照规定报经批准后及时进行后续账务处理。

（1）盘盈的库存物品，其成本按照有关凭据注明的金额确定；没有相关凭据，但按照规定经过资产评估的，其成本按照评估价值确定；没有相关凭据也未经过评估的，其成本按照重置成本确定。如无法采用上述方法确定盘盈的库存物品成本的，按照名义金额入账。盘盈的库存物品，按照确定的入账成本，借记"库存物品"科目，贷记"待处理财产损溢"科目。

（2）盘亏或者毁损、报废的库存物品，按照待处理库存物品的账面余额，借记"待处理财产损溢"科目，贷记"库存物品"科目。属于增值税一般纳税人的单位，若因非正常原因库存物品盘亏或毁损，还应当将与该库存物品相关的增值税进项税额转出，按照其增值税进项税额，借记"待处理财产损溢"科目，贷记"应交增值税——应交税金（进项税额转出）"科目。

库存物品的主要账务处理如表 2-10 所示。

表 2-10   **库存物品的主要账务处理**

序号	业务		财务会计处理	预算会计处理
（1）	取得库存物品	外购的库存物品验收入库	借：库存物品 　贷：财政拨款收入 / 财政应返还额度 / 零余额账户用款额度 / 银行存款 / 应付账款等	借：行政支出等 　贷：财政拨款预算收入 / 资金结存
		自制的库存物品加工完成、验收入库	借：库存物品（相关明细科目） 　贷：加工物品——自制物品	—
		委托外单位加工收回的库存物品验收入库	借：库存物品（相关明细科目） 　贷：加工物品——委托加工物品等	—
		置换换入的库存物品验收入库	借：库存物品 [换出资产评估价值 + 其他相关支出] 　　固定资产累计折旧 / 无形资产累计摊销 　　资产处置费用 [借差] 　贷：库存物品 / 固定资产 / 无形资产等 [账面余额] 　　银行存款等 [其他相关支出] 　　其他收入 [贷差]	借：其他支出 [实际支付的其他相关支出] 　贷：资金结存
		涉及补价的： ①支付补价的	借：库存物品 [换出资产评估价值 + 其他相关支出 + 补价] 　　固定资产累计折旧 / 无形资产累计摊销 　　资产处置费用 [借差] 　贷：库存物品 / 固定资产 / 无形资产等 [账面余额] 　　银行存款等 [其他相关支出 + 补价] 　　其他收入 [贷差]	借：其他支出 [实际支付的补价和其他相关支出] 　贷：资金结存

续表

序号	业务		财务会计处理	预算会计处理
（1）	取得库存物品	②收到补价的	借：库存物品 [换出资产评估价值 + 其他相关支出 – 补价] 银行存款等 [补价] 固定资产累计折旧 / 无形资产累计摊销 资产处置费用 [借差] 贷：库存物品 / 固定资产 / 无形资产等 [账面余额] 银行存款等 [其他相关支出] 应缴财政款 [补价 – 其他相关支出] 其他收入 [贷差]	借：其他支出 [其他相关支出大于收到的补价的差额] 贷：资金结存
	接受捐赠的库存物品	按照确定的成本入账	借：库存物品 [按照确定的成本] 贷：银行存款等 [相关税费、运输费] 捐赠收入	借：其他支出 [实际支付的相关税费] 贷：资金结存
		按照名义金额入账	借：库存物品 [名义金额] 贷：捐赠收入 借：其他费用 [相关税费、运输费] 贷：银行存款等	—
	无偿调入的库存物品验收入库时		借：库存物品 [按照确定的成本] 贷：银行存款等 [相关税费、运输费] 无偿调拨净资产	借：其他支出 [实际支付的相关税费] 贷：资金结存
（2）	发出库存物品	开展业务活动、按照规定自主出售或加工物品等领用、发出库存物品时	借：业务活动费用 / 加工物品等 贷：库存物品 [按照领用、发出成本]	—
		经批准对外出售（自主出售除外）的库存物品发出	借：资产处置费用 贷：库存物品 [账面余额] 借：银行存款等 [收到的价款] 贷：银行存款等 [发生的相关税费] 应缴财政款	—
		经批准对外捐赠的库存物品发出时	借：资产处置费用 贷：库存物品 [账面余额] 银行存款等 [归属于捐方的相关费用]	借：其他支出 [实际支付的相关费用] 贷：资金结存
		经批准无偿调出的库存物品发出时	借：无偿调拨净资产 贷：库存物品 [账面余额] 借：资产处置费用 贷：银行存款等 [归属于调出方的相关费用]	借：其他支出 [实际支付的相关费用] 贷：资金结存
		经批准置换换出库存物品	参照置换换入库存物品的处理	

序号	业务		财务会计处理	预算会计处理
（3）	库存物品定期盘点及毁损、报废	盘盈的库存物品	借：库存物品 　　贷：待处理财产损溢	—
		盘亏或者毁损、报废的库存物品转入待处理资产	借：待处理财产损溢 　　贷：库存物品[账面余额]	—
		增值税一般纳税人购进的非自用材料发生盘亏或者毁损、报废的	借：待处理财产损溢 　　贷：应交增值税——应交税金（进项税额转出）	—

2.11.3　案例分析

【例2-21】某行政单位使用财政授权支付方式支付材料款80 000元，当日收到材料并验收合格入库，其账务处理如下。

财务会计：

借：库存物品　　　　　　　　　　　　　　　　　　　　　80 000

　　贷：零余额账户用款额度　　　　　　　　　　　　　　80 000

预算会计：

借：行政支出　　　　　　　　　　　　　　　　　　　　　80 000

　　贷：资金结存——零余额账户用款额度　　　　　　　　80 000

【例2-22】某行政单位无偿调入库存物品一批，发票上注明该批库存物品价款为100 000元，另用银行存款支付运杂费2 000元，其账务处理如下。

财务会计：

借：库存物品　　　　　　　　　　　　　　　　　　　　　102 000

　　贷：银行存款　　　　　　　　　　　　　　　　　　　2 000

　　　　无偿调拨净资产　　　　　　　　　　　　　　　　100 000

预算会计：

借：其他支出　　　　　　　　　　　　　　　　　　　　　2 000

　　贷：资金结存——货币资金　　　　　　　　　　　　　2 000

【例2-23】某行政单位经批准将一批材料出售（非自主出售），材料成本为50 000元，售价为60 000元，其账务处理如下。

财务会计：

借：资产处置费用　　　　　　　　　　　　　　　　　50 000

　　贷：库存物品　　　　　　　　　　　　　　　　　　50 000

借：银行存款　　　　　　　　　　　　　　　　　　　60 000

　　贷：应缴财政款　　　　　　　　　　　　　　　　　60 000

2.12　待摊费用

2.12.1　业务简介

　　"待摊费用"科目用于核算单位已经支付，但应当由本期和以后各期分别负担的分摊期在 1 年以内（含 1 年）的各项费用，如预付航空保险费、预付租金、供暖费等。待摊费用的特点是：虽然在某月支付或发生，但是受益期是以后的几个月甚至全年。为了正确计算各个会计期间的业务成果，必须严格划分费用的归属期，并摊入各月成本费用。待摊费用应当在其相应期限内分期平均摊销，如预付航空保险费应在保险期的有效期内平均摊销、预付租金应在租赁期内分期平均摊销，计入当期费用。

　　摊销期限在 1 年以上的租入固定资产改良支出和其他费用，应当通过"长期待摊费用"科目核算，不通过本科目核算。

　　实务中，有些费用受益期限虽然超过一个月，但费用金额较小，为了简化核算工作，也可以不将其作为待摊费用处理，而直接将其计入当期费用。

2.12.2　账务处理

　　（1）发生待摊费用时，按照实际预付的金额，借记"待摊费用"科目，贷记"财政拨款收入""零余额账户用款额度""银行存款"等科目。

　　（2）按照受益期限分期平均摊销时，按照每期摊销的金额，借记"业务活动费用"等科目，贷记"待摊费用"科目。

　　（3）如果某项待摊费用已经不能使单位受益，应当将其摊余金额一次全部转入当期费用。按照全部未摊销的金额，借记"业务活动费用"等科目，贷记"待摊费用"科目。

待摊费用的主要账务处理如表2-11所示。

表2-11   **待摊费用的主要账务处理**

序号	业务	财务会计处理	预算会计处理
（1）	发生待摊费用时	借：待摊费用 贷：财政拨款收入／零余额账 户用款额度／银行存款等	借：行政支出等 贷：财政拨款预算收入／ 资金结存
（2）	按照相应期限分期平均摊销时	借：业务活动费用等 贷：待摊费用 [每期摊销金额]	—
（3）	将摊余金额一次全部转入当期费用时	借：业务活动费用等 贷：待摊费用 [全部未摊销金额]	—

2.12.3　案例分析

【例2-24】某行政单位于2×19年3月1日向A公司租赁一间房屋作为仓库，当日用银行存款支付了1年的房租12 000元。该单位的账务处理如下。

  财务会计：

  借：待摊费用   12 000

    贷：银行存款   12 000

  预算会计：

  借：行政支出   12 000

    贷：资金结存——货币资金   12 000

【例2-25】接【例2-24】。该行政单位以后每月按照受益期限分期平均摊销，其每月的账务处理如下。

  财务会计：

  借：业务活动费用   1 000

    贷：待摊费用   1 000

【例2-26】接【例2-25】。2×19年8月31日，该行政单位因情况发生变化不再需要使用该房屋，其账务处理如下。

  财务会计：

  借：业务活动费用   6 000

    贷：待摊费用   6 000

2.13　固定资产

固定资产是指单位价值在规定标准以上、使用期限在 1 年以上（不含 1 年），并在使用过程中基本保持原来物质形态的资产。

2.13.1　业务简介

1．固定资产的分类

行政单位的固定资产一般分为 6 类：房屋及构筑物；专用设备；通用设备；文物和陈列品；图书、档案；家具、用具、装具及动植物。

房屋及构筑物，是指单位自有的各种办公用房屋、生活用房屋、围墙、水塔、仓库以及与此相联系的不可分割的附属设备等。专用设备包括各种仪器和机器设备、医疗器械、交通运输工具、文体行政单位的文体设备等。通用设备包括办公与事务用的设备等。文物和陈列品包括博物馆、展览馆、陈列馆和文化馆等的文物及陈列品。图书包括专业图书馆的图书和行政单位的技术图书等。其他固定资产指不包括在以上各类，但又符合固定资产标准的其他各项资产。

2．固定资产的计价

为了正确反映固定资产价值的增减变动，应按一定标准对固定资产进行计价。固定资产的计价标准有以下 3 种。

（1）原始价值。原始价值又称原价，是指行政单位在购建某项全新的固定资产时支出的货币总额。固定资产原价一经确定，没有特殊原因不得任意变动。

（2）重置完全价值。重置完全价值又称重置价值，是指行政单位在当前情况下，重新购建同样的全新固定资产所需要的全部支出。固定资产重置价值确定以后，将其视同固定资产原价进行核算。

（3）折余价值。折余价值又称净值，是指固定资产原价减去已提折旧额后的余额。会计制度没有要求行政单位核算固定资产折旧，但有些行政单位为了加强内部管理，设置了"累计折旧"科目。这就出现了固定资产的折余价值。

2.13.2　固定资产的折旧

固定资产折旧的计提应当遵循以下原则。

第一，折旧是指在固定资产的预计使用年限内，按照确定的方法对应计的折旧额进行系统分摊。固定资产应计提的折旧额为其成本，计提折旧不考虑预计净残值。

第二，不计提折旧的固定资产包括：①文物和陈列品；②动植物；③图书、档案；④单独计价入账的土地；⑤以名义金额计量的固定资产。另外，已提足折旧的固定资产和提前报废的固定资产，也不再计提折旧。

第三，暂估入账的固定资产计提折旧，实际成本确定后不需调整原已计提的折旧额。因改、扩建或修缮等而延长其使用年限的，应当按照重新确定的固定资产的成本以及重新确定的折旧年限计算折旧额。

第四，一般应当采用年限平均法或者工作量法计提固定资产折旧。

（1）年限平均法也称为直线法，是指将固定资产的应折旧金额按均等的数额在其预计使用期内分配于每一会计期间的一种方法。采用该方法计提折旧，固定资产的折旧费可以被均衡地摊配于其使用年限内的各个期间。年限平均法是会计实务中常见的折旧计算方法。相关计算公式为：

$$固定资产年折旧额 = 应折旧金额（成本）÷ 预计使用年限$$

$$固定资产月折旧额 = 固定资产年折旧额 ÷ 12$$

（2）工作量法是按照固定资产实际完成的工作总量计算折旧的一种方法。采用这种方法，每期计提的折旧随当期固定资产提供工作量的多少而变动，例如，按照车辆行驶的里程数来分摊车辆在使用年限内的折旧数额。采用工作量法计提折旧，应先以固定资产在使用年限内预计总工作量（如总工作时数或总产量）去除应计提折旧总额，算出每一工作量应分摊的折旧，然后乘以当期的实际工作量，求出当期应计提的折旧额。相关计算公式为：

$$单位折旧额 = 固定资产原值 ÷ 预计总工作量$$

$$当期折旧额 = 当期工作量 \times 单位折旧额$$

第五，应当根据相关规定以及固定资产的性质和使用情况，合理确定固定资产的使用年限。行政单位会计主体在确定固定资产使用年限时，应当考虑下列因素：

（1）预计实现服务潜力或提供经济利益的期限；

（2）预计有形损耗和无形损耗；

（3）法律或类似规定对资产使用的限制。

行政单位在遵循规定的固定资产折旧年限的情况下，可以根据实际需要进一步细化本行业固定资产的类别，具体确定各类固定资产的折旧年限，并报财政部审核批准。

第六，折旧年限和折旧方法，一经确定，不得随意变更。

折旧计提时点：当月增加的固定资产，当月开始计提折旧；当月减少的固定资产，当月不再计提折旧。

第七，单位计提融资租入固定资产折旧时，应当采用与自有固定资产相一致的折旧政策。能够合理确定租赁期届满时将会取得租入固定资产所有权的，应当在租入固定资产尚可使用年限内计提折旧；无法合理确定租赁期届满时能够取得租入固定资产所有权的，应当在租赁期与租入固定资产尚可使用年限两者中较短的期间内计提折旧。

2.13.3　账务处理

1. 取得固定资产

（1）购入的不需安装的固定资产验收合格时，按照确定的固定资产成本，借记"固定资产"科目，贷记"财政拨款收入""零余额账户用款额度""应付账款""银行存款"等科目。

购入需要安装的固定资产时，在安装完毕交付使用前通过"在建工程"科目核算，安装完毕交付使用时再将"在建工程"科目转入"固定资产"科目。

购入固定资产扣留质量保证金的，应当在取得固定资产时，按照确定的固定资产成本，借记"固定资产"科目[不需安装]或"在建工程"科目[需要安装]；按照实际支付或应付的金额，贷记"财政拨款收入"、"零余额账户用款额度"、"应付账款"[不含质量保证金]、"银行存款"等科目；按照扣留的质量保证金数额，贷记"其他应付款"科目[扣留期在1年以内（含1年）]或"长期应付款"科目[扣留期超过1年]。

质保期满支付质量保证金时，借记"其他应付款""长期应付款"科目，贷记"财政拨款收入""零余额账户用款额度""银行存款"等科目。

（2）自行建造的固定资产交付使用时，按照在建工程成本，借记"固定资产"科目，贷记"在建工程"科目。

已交付使用但尚未办理竣工决算手续的固定资产，按照估计价值入账，待办理竣工决算后再按照实际成本调整原来的暂估价值。

（3）融资租赁取得的固定资产，其成本按照租赁协议或者合同确定的租赁价款、相关税费以及固定资产交付使用前所发生的可归属于该项资产的运输费、途中保险费、安装调试费等确定。

融资租入的固定资产，按照确定的成本，借记"固定资产"科目[不需安装]或"在建工程"科目[需安装]；按照租赁协议或者合同确定的租赁付款额，贷记"长期应付款"科目；按照支付的运输费、途中保险费、安装调试费等金额，贷记"财政拨款收入""零余额账户用款额度""银行存款"等科目。

定期支付租金时，按照实际支付的金额，借记"长期应付款"科目，贷记"财政拨款收入""零余额账户用款额度""银行存款"等科目。

（4）按照规定跨年度分期付款购入固定资产的账务处理，参照融资租入固定资产的账务处理。

（5）接受捐赠的固定资产，按照确定的固定资产成本，借记"固定资产"科目[不需安装]或"在建工程"科目[需安装]；按照发生的相关税费、运输费等，贷记"零余额账户用款额度""银行存款"等科目；按照其差额，贷记"捐赠收入"科目。

接受捐赠的固定资产按照名义金额入账的，按照名义金额，借记"固定资产"科目，贷记"捐赠收入"科目；按照发生的相关税费、运输费等，借记"其他费用"科目，贷记"零余额账户用款额度""银行存款"等科目。

（6）无偿调入固定资产时，按照确定的固定资产成本，借记"固定资产"科目[不需安装]或"在建工程"科目[需安装]，按照发生的相关税费、运输费等，贷记"零余额账户用款额度""银行存款"等科目，按照其差额，贷记"无偿调拨净资产"科目。

（7）置换取得固定资产时，参照"库存物品"科目中置换取得库存物品的相关规定进行账务处理。固定资产取得时涉及增值税业务的，相关账务处理参见"应交增值税"科目。

2. 与固定资产有关的后续支出

（1）符合固定资产确认条件的后续支出。

通常情况下，将固定资产转入改建、扩建时，按照固定资产的账面价值，借记"在建工程"科目；按照固定资产已计提的折旧额，借记"固定资产累计折旧"科目；按照固定资产的账面余额，贷记"固定资产"科目。

对于为增加固定资产使用效能或延长其使用年限而发生的改建、扩建等后续支出，借记"在建工程"科目，贷记"财政拨款收入""零余额账户用款额度""应付账款""银行存款"等科目。

固定资产改建、扩建等完成并交付使用时，按照在建工程的成本，借记"固定资产"科目，贷记"在建工程"科目。

（2）不符合固定资产确认条件的后续支出。

对于为保证固定资产正常使用发生的日常维修等支出，借记"业务活动费用"等科目，贷记"财政拨款收入""零余额账户用款额度""银行存款"等科目。

3．按照规定报经批准处置固定资产

（1）报经批准出售、转让固定资产时，按照被出售、转让固定资产的账面价值，借记"资产处置费用"科目，按照固定资产已计提的折旧额，借记"固定资产累计折旧"科目，按照固定资产的账面余额，贷记"固定资产"科目；同时，按照收到的价款，借记"银行存款"等科目，按照处置过程中发生的相关费用，贷记"银行存款"等科目，按照其差额，贷记"应缴财政款"科目。

（2）报经批准对外捐赠固定资产时，按照固定资产已计提的折旧额，借记"固定资产累计折旧"科目，按照被处置的固定资产的账面余额，贷记"固定资产"科目，按照捐赠过程中发生的归属于捐出方的相关费用，贷记"银行存款"等科目，按照其差额，借记"资产处置费用"科目。

（3）报经批准无偿调出固定资产时，按照固定资产已计提的折旧额，借记"固定资产累计折旧"科目，按照被处置的固定资产的账面余额，贷记"固定资产"科目，按照其差额，借记"无偿调拨净资产"科目；同时，按照无偿调出过程中发生的归属于调出方的相关费用，借记"资产处置费用"科目，贷记"银行存款"等科目。

（4）报经批准置换换出固定资产时，参照"库存物品"科目中置换换入库存物品的规定进行账务处理。固定资产处置时涉及增值税业务的，相关账务处理参见"应交增值税"科目。

4．固定资产的定期盘点清查

单位应当定期对固定资产进行盘点清查，每年至少盘点一次。单位对发生的固定资产盘盈、盘亏或毁损、报废，应当先记入"待处理财产损溢"科目，按照规定报经批准后及时进行后续账务处理。

（1）盘盈的固定资产，其成本按照有关凭据注明的金额确定；没有相关凭据但按照规定经过资产评估的，其成本按照评估价值确定；没有相关凭据也未经过评估的，其成本按照重置成本确定。如无法采用上述方法确定盘盈固定资

产成本的，按照名义金额（即人民币 1 元）入账。

盘盈固定资产时，按照确定的入账成本，借记"固定资产"科目，贷记"待处理财产损溢"科目。

（2）盘亏、毁损或报废固定资产时，按照待处理固定资产的账面价值，借记"待处理财产损溢"科目，按照已计提的折旧额，借记"固定资产累计折旧"科目，按照固定资产的账面余额，贷记"固定资产"科目。

固定资产的主要账务处理如表 2-12 所示。

表 2-12　　　　　　　　　　　固定资产的主要账务处理

序号	业务		财务会计处理	预算会计处理
（1）	固定资产取得	外购不需要安装的固定资产	借：固定资产 　　贷：财政拨款收入 / 零余额账户用款额度 / 应付账款 / 银行存款等	借：行政支出等 　　贷：财政拨款预算收入 / 资金结存
		外购需要安装的固定资产，先通过"在建工程"科目核算	借：在建工程 　　贷：财政拨款收入 / 零余额账户用款额度 / 应付账款 / 银行存款等	借：行政支出等 　　贷：财政拨款预算收入 / 资金结存
		安装完工交付使用时	借：固定资产 　　贷：在建工程	—
		购入固定资产扣留质量保证金的	借：固定资产 [不需安装]/ 在建工程 [需要安装] 　　贷：财政拨款收入 / 零余额账户用款额度 / 应付账款 / 银行存款等 　　　其他应付款 [扣留期在 1 年以内（含 1 年）]/ 长期应付款 [扣留期超过 1 年]	借：行政支出等 [购买固定资产实际支付的金额] 　　贷：财政拨款预算收入 / 资金结存
		质保期满支付质量保证金时	借：其他应付款 / 长期应付款 　　贷：财政拨款收入 / 零余额账户用款额度 / 银行存款等	借：行政支出等 　　贷：财政拨款预算收入 / 资金结存
		自行建造的固定资产，工程完工交付使用时	借：固定资产 　　贷：在建工程	—

序号	业务		财务会计处理	预算会计处理
（1）	固定资产取得	融资租入（或跨年度分期付款购入）的固定资产	借：固定资产 [不需安装]/ 在建工程 [需安装] 　　贷：长期应付款 [协议或合同确定的租赁价款] 　　　　财政拨款收入 / 零余额账户用款额度 / 银行存款等 [实际支付的相关税费、运输费等]	借：行政支出等 [实际支付的相关税费、运输费等] 　　贷：财政拨款预算收入 / 资金结存
		定期支付融资租入固定资产的租金（或分期付款）时	借：长期应付款 　　贷：财政拨款收入 / 零余额账户用款额度 / 银行存款等	借：行政支出等 　　贷：财政拨款预算收入 / 资金结存
		接受捐赠的固定资产	借：固定资产 [不需安装]/ 在建工程 [需安装] 　　贷：银行存款 / 零余额账户用款额度等 [发生的相关税费、运输费等] 　　　　捐赠收入 [差额]	借：其他支出 [支付的相关税费、运输费等] 　　贷：资金结存
		接受捐赠的固定资产按照名义金额入账的	借：固定资产 [名义金额] 　　贷：捐赠收入 借：其他费用 　　贷：银行存款 / 零余额账户用款额度等 [发生的相关税费、运输费等]	借：其他支出 [支付的相关税费、运输费等] 　　贷：资金结存
		无偿调入的固定资产	借：固定资产 [不需安装]/ 在建工程 [需安装] 　　贷：银行存款 / 零余额账户用款额度等 [发生的相关税费、运输费等] 　　　　无偿调拨净资产 [差额]	借：其他支出 [支付的相关税费、运输费等] 　　贷：资金结存
		置换取得的固定资产	参照"库存物品"科目中置换取得库存物品的账务处理	

续表

序号	业务		财务会计处理	预算会计处理
（2）	与固定资产有关的后续支出	符合固定资产确认条件的（增加固定资产使用效能或延长其使用年限而发生的改建、扩建等后续支出）	借：在建工程 [固定资产账面价值] 　　固定资产累计折旧 　　贷：固定资产 [账面余额]	—
			借：在建工程 　　贷：财政拨款收入 / 零余额账户用款额度 / 应付账款 / 银行存款等	借：行政支出等 　　贷：财政拨款预算收入 / 资金结存
		不符合固定资产确认条件的	借：业务活动费用等 　　贷：财政拨款收入 / 零余额账户用款额度 / 银行存款等	借：行政支出等 　　贷：财政拨款预算收入 / 资金结存
（3）	固定资产处置	出售、转让固定资产	借：资产处置费用 　　固定资产累计折旧 　　贷：固定资产 [账面余额]	—
			借：银行存款等 [处置固定资产收到的价款] 　　贷：应缴财政款 　　　　银行存款等 [发生的相关费用]	—
		对外捐赠固定资产	借：资产处置费用 　　固定资产累计折旧 　　贷：固定资产 [账面余额] 　　　　银行存款等 [归属于捐出方的相关费用]	按照对外捐赠过程中发生的归属于捐出方的相关费用 借：其他支出 　　贷：资金结存
		无偿调出固定资产	借：无偿调拨净资产 　　固定资产累计折旧 　　贷：固定资产 [账面余额]	—
			借：资产处置费用 　　贷：银行存款等 [归属于调出方的相关费用]	借：其他支出 　　贷：资金结存
		置换换出固定资产	参照"库存物品"科目中置换取得库存物品的规定进行账务处理	

续表

序号	业务	财务会计处理	预算会计处理
（4）固定资产定期盘点清查	盘盈的固定资产	借：固定资产 　　贷：待处理财产损溢	—
	盘亏、毁损或报废的固定资产	借：待处理财产损溢 [账面价值] 　　固定资产累计折旧 　　贷：固定资产 [账面余额]	—

2.13.4　案例分析

1. 外购不需要安装的固定资产

【例 2-27】某行政单位用行政经费购入一项不需要安装的新设备，买价为 10 000 元，运杂费为 1 000 元，有关款项均已通过银行支付。该项固定资产安装完毕交付使用。该单位的账务处理如下。

财务会计：

借：固定资产　　　　　　　　　　　　　　　　11 000

　　贷：银行存款　　　　　　　　　　　　　　　　11 000

预算会计：

借：行政支出　　　　　　　　　　　　　　　　11 000

　　贷：资金结存——货币资金　　　　　　　　　　11 000

2. 外购需要安装的固定资产

【例 2-28】某行政单位用行政经费购入一项需要安装的新设备，买价为 10 000 元，运杂费为 300 元，安装费为 700 元，有关款项均已通过银行支付。该项固定资产安装完毕交付使用。该单位的账务处理如下。

（1）购入设备时。

财务会计：

借：在建工程　　　　　　　　　　　　　　　　10 300

　　贷：银行存款　　　　　　　　　　　　　　　　10 300

预算会计：

借：行政支出　　　　　　　　　　　　　　　　10 300

　　贷：资金结存——货币资金　　　　　　　　　　10 300

（2）安装时。

财务会计：

借：在建工程 700

　　贷：银行存款 700

预算会计：

借：行政支出 700

　　贷：资金结存——货币资金 700

（3）安装完工交付使用时。

财务会计：

借：固定资产 11 000

　　贷：在建工程 11 000

3. 自行建造固定资产

【例2-29】某行政单位自行建造固定资产，在前期投入工程价款 2 000 000 元，其账务处理如下。

财务会计：

借：在建工程 2 000 000

　　贷：银行存款 2 000 000

预算会计：

借：行政支出 2 000 000

　　贷：资金结存——货币资金 2 000 000

工程中期发现原材料不足，故投入 400 000 元购买原材料以满足完工需要。该单位的账务处理如下。

财务会计：

借：在建工程 400 000

　　贷：银行存款 400 000

预算会计：

借：行政支出 400 000

　　贷：资金结存——货币资金 400 000

工程交付使用时的账务处理如下。

财务会计：

借：固定资产 2 400 000

贷：在建工程　　　　　　　　　　　　　　　　　　　　　　2 400 000

4．融资租入固定资产

【例2-30】某行政单位融资租入固定资产，价值400 000元，支付运输费等2 000元。租赁协议规定，该行政单位需要支付租赁价款400 000元，每个月支付10 000元，分40个月支付。该单位的账务处理如下。

（1）租入时。

财务会计：

借：固定资产　　　　　　　　　　　　　　　　　　　　　　402 000

　　贷：长期应付款　　　　　　　　　　　　　　　　　　　　400 000

　　　　银行存款　　　　　　　　　　　　　　　　　　　　　　2 000

预算会计：

借：行政支出　　　　　　　　　　　　　　　　　　　　　　　2 000

　　贷：资金结存——货币资金　　　　　　　　　　　　　　　　2 000

（2）该行政单位每月支付租金时。

财务会计：

借：长期应付款　　　　　　　　　　　　　　　　　　　　　10 000

　　贷：银行存款　　　　　　　　　　　　　　　　　　　　　10 000

预算会计：

借：行政支出　　　　　　　　　　　　　　　　　　　　　　10 000

　　贷：资金结存——货币资金　　　　　　　　　　　　　　　10 000

5．接受捐赠的固定资产

【例2-31】某行政单位接受社会捐赠的固定资产，价值为50 000元，其间发生的运输费为800元。该单位的账务处理如下。

财务会计：

借：固定资产　　　　　　　　　　　　　　　　　　　　　　50 800

　　贷：捐赠收入　　　　　　　　　　　　　　　　　　　　　50 000

　　　　银行存款　　　　　　　　　　　　　　　　　　　　　　800

预算会计：

借：其他支出　　　　　　　　　　　　　　　　　　　　　　　800

　　贷：资金结存——货币资金　　　　　　　　　　　　　　　　800

6. 无偿调入固定资产

【例2-32】某行政单位接受无偿调入价值70 000元的不需安装的固定资产，其间发生的运输费为900元。该单位的账务处理如下。

财务会计：

借：固定资产		70 900
贷：无偿调拨净资产		70 000
银行存款		900

预算会计：

借：其他支出		900
贷：资金结存——货币资金		900

7. 固定资产后续支出

【例2-33】某行政单位决定对固定资产进行扩建。该固定资产的账面余额为500 000元，已提折旧100 000元。扩建过程中，该单位支付工程款200 000元。该单位的账务处理如下。

（1）扩建。

财务会计：

借：在建工程		400 000
固定资产累计折旧		100 000
贷：固定资产		500 000
借：在建工程		200 000
贷：银行存款		200 000

预算会计：

借：行政支出		200 000
贷：资金结存——货币资金		200 000

（2）工程完工，交付使用时。

财务会计：

借：固定资产		600 000
贷：在建工程		600 000

8. 固定资产处置

【例2-34】某行政单位出售固定资产一批。该批固定资产的账面余额为72 000

元，已计提折旧60 000元。该单位因出售固定资产而收到价款20 000元，其账务处理如下。

借：资产处置费用		12 000
固定资产累计折旧		60 000
贷：固定资产		72 000
借：银行存款		20 000
贷：应缴财政款		20 000

【例2-35】某行政单位对外捐赠固定资产。该固定资产的账面余额为100 000元，已计提折旧30 000元。另外，该行政单位支付运输费3 000元。该单位的账务处理如下。

财务会计：

借：资产处置费用	73 000
固定资产累计折旧	30 000
贷：固定资产	100 000
银行存款	3 000

预算会计：

借：其他支出	3 000
贷：资金结存——货币资金	3 000

9. 固定资产盘点

【例2-36】某行政单位于2×19年年底对单位的固定资产进行盘点，发生如下业务。

（1）盘盈固定资产A，价值为5 000元。该单位的账务处理如下。

借：固定资产——A	5 000
贷：待处理财产损溢	5 000

（2）盘点过程中，发现固定资产B毁损，B的账面价值为3 000元，已计提折旧2 000元。该单位的账务处理如下。

借：待处理财产损溢	1 000
固定资产累计折旧	2 000
贷：固定资产——B	3 000

2.14 固定资产累计折旧

2.14.1 业务简介

"固定资产累计折旧"科目用于核算单位计提的固定资产累计折旧。

公共基础设施和保障性住房计提的累计折旧，应当分别通过"公共基础设施累计折旧（摊销）"科目和"保障性住房累计折旧"科目核算，不通过本科目核算。

2.14.2 账务处理

（1）按月计提固定资产折旧时，按照应计提折旧的金额，借记"业务活动费用""加工物品""在建工程"等科目，贷记"固定资产累计折旧"科目。

（2）经批准处置或处理固定资产时，按照所处置或处理固定资产的账面价值，借记"资产处置费用""无偿调拨净资产""待处理财产损溢"等科目；按照已计提的折旧额，借记"固定资产累计折旧"科目；按照固定资产的账面余额，贷记"固定资产"科目。

固定资产累计折旧的主要账务处理如表 2-13 所示。

表 2-13 固定资产累计折旧的主要账务处理

序号	业务	财务会计处理	预算会计处理
（1）	按月计提固定资产折旧时	借：业务活动费用/加工物品/在建工程等 　　贷：固定资产累计折旧	—
（2）	处置固定资产时	借：待处理财产损溢/无偿调拨净资产/资产处置费用等 　　　固定资产累计折旧 　　贷：固定资产[账面余额]	涉及资金支付的，参照"固定资产"科目相关账务处理

2.14.3 案例分析

【例 2-37】某行政单位新购进固定资产一批，价值 72 000 元，计划使用 6 年，每月计提折旧 1 000 元，其账务处理如下。

（1）购进时。

财务会计：

借：固定资产 72 000

　　贷：银行存款 72 000

预算会计：

借：行政支出 72 000

　　贷：资金结存——货币资金 72 000

（2）按月计提固定资产折旧时。

借：业务活动费用 1 000

　　贷：固定资产累计折旧 1 000

假设第 5 年末对固定资产进行报废处置，其账务处理如下。

借：待处理财产损溢 12 000

　　固定资产累计折旧 60 000

　　贷：固定资产 72 000

2.15　工程物资

2.15.1　业务简介

"工程物资"科目用于核算单位为在建工程准备的各种物资的成本，包括工程用材料、设备等。

2.15.2　账务处理

（1）购入为工程准备的物资时，按照确定的物资成本，借记"工程物资"科目，贷记"财政拨款收入""零余额账户用款额度""银行存款""应付账款""其他应付款"等科目。

（2）领用工程物资时，按照物资成本，借记"在建工程"科目，贷记"工程物资"科目。工程完工后将领用的剩余物资退库时做相反的会计分录。

（3）工程完工后将剩余的工程物资转作本单位存货等的，按照物资成本，借记"库存物品"等科目，贷记"工程物资"科目。

涉及增值税业务的，相关账务处理参见"应交增值税"科目。

工程物资的主要账务处理如表 2-14 所示。

表 2-14　　　　　　　　　　　工程物资的主要账务处理

序号	业务	财务会计处理	预算会计处理
（1）	购入工程物资	借：工程物资 　贷：财政拨款收入 / 零余额账户用款额度 / 银行存款 / 应付账款 / 其他应付款等	借：行政支出等 [实际支付的款项] 　贷：财政拨款预算收入 / 资金结存
（2）	领用工程物资	借：在建工程 　贷：工程物资	—
（3）	剩余工程物资转为存货等	借：库存物品等 　贷：工程物资	—

2.15.3　案例分析

【例 2-38】2×19 年 1 月 1 日，某行政单位购入一批工程物资，用银行存款支付 8 000 元，其账务处理如下。

财务会计：

借：工程物资　　　　　　　　　　　　　　　　　　　　8 000

　　贷：银行存款　　　　　　　　　　　　　　　　　　　　8 000

预算会计：

借：行政支出　　　　　　　　　　　　　　　　　　　　8 000

　　贷：资金结存——货币资金　　　　　　　　　　　　　　8 000

【例 2-39】接【例 2-38】。2×19 年 1 月 31 日，该行政单位因建造需要领用该批工程物资的 80%，其账务处理如下。

财务会计：

借：在建工程　　　　　　　　　　　　　　　　　　　　6 400

　　贷：工程物资　　　　　　　　　　　　　　　　　　　　6 400

【例 2-40】接【例 2-39】。2×19 年 10 月 31 日，该行政单位将剩余 20% 的工程物资转为存货，其账务处理如下。

财务会计：

借：库存物品　　　　　　　　　　　　　　　　　　1 600

　　贷：工程物资　　　　　　　　　　　　　　　　　　　　1 600

2.16　在建工程

"在建工程"科目用于核算行政单位已经发生必要支出，但尚未完工交付使用的各种建筑（包括新建、改建、扩建、修缮等）和设备安装工程的实际成本。

2.16.1　业务简介

行政单位的基本建设投资应当按照国家有关规定单独建账、单独核算，同时至少按月并入本科目及其他相关科目反映。

行政单位应当在本科目下设置"基建工程"明细科目，以核算由基建账套并入的在建工程成本。有关基建并账的具体账务处理此处不做详述。

2.16.2　账务处理

1. 建筑安装工程投资

（1）将固定资产等资产转入改建、扩建等时，按照固定资产等资产的账面价值，借记"在建工程"科目（建筑安装工程投资）；按照已计提的折旧或摊销额，借记"固定资产累计折旧"等科目；按照固定资产等资产的原值，贷记"固定资产"等科目。

固定资产等资产改建、扩建过程中涉及替换（或拆除）原资产的某些组成部分的，按照被替换（或拆除）部分的账面价值，借记"待处理财产损溢"科目，贷记"在建工程"科目（建筑安装工程投资）。

（2）对于发包建筑安装工程，单位根据建筑安装工程价款结算账单与施工企业结算工程价款时，按照应承付的工程价款，借记"在建工程"科目（建筑安装工程投资）；按照预付工程款的余额，贷记"预付账款"科目（预付工程款）；按照其差额，贷记"财政拨款收入""零余额账户用款额度""银行存款""应付账款"等科目。

（3）对于单位自行施工的小型建筑安装工程，按照发生的各项支出金额，借记"在建工程"科目（建筑安装工程投资），贷记"工程物资""零余额账户用款额度""银行存款""应付职工薪酬"等科目。

（4）工程竣工，办妥竣工验收交接手续交付使用时，按照建筑安装工程成本（含应分摊的待摊投资），借记"固定资产"等科目，贷记"在建工程"科目（建筑安装工程投资）。

2. 设备投资

（1）购入设备时，按照购入成本，借记"在建工程"科目（设备投资），贷记"财政拨款收入""零余额账户用款额度""应付账款""银行存款"等科目；采用预付款方式购入设备的，有关预付款的账务处理参照"在建工程"科目"建筑安装工程投资"明细科目的规定。

（2）设备安装完毕，办妥竣工验收交接手续交付使用时，按照设备投资成本（含设备安装工程成本和分摊的待摊投资），借记"固定资产"等科目，贷记"在建工程"科目（设备投资、建筑安装工程投资——安装工程）。

将不需要安装的设备和达不到固定资产标准的工具、器具交付使用时，按照相关设备、工具、器具的实际成本，借记"固定资产""库存物品"科目，贷记"在建工程"科目（设备投资）。

3. 待摊投资

建设工程发生的构成建设项目实际支出的、按照规定应当分摊计入有关工程成本和设备成本的各项间接费用和税费支出，先在本明细科目中归集；建设工程办妥竣工验收手续交付使用时，按照合理的分配方法，摊入相关工程成本、在安装设备成本等。

（1）发生构成待摊投资的各类费用时，按照实际发生的金额，借记"在建工程"科目（待摊投资），贷记"财政拨款收入""零余额账户用款额度""银行存款""其他应交税费""固定资产累计折旧""无形资产累计摊销"等科目。

（2）对于建设过程中试生产、设备调试等产生的收入，按照取得的收入金额，借记"银行存款"等科目，按照有关规定应当冲减建设工程成本的部分，贷记"在建工程"科目（待摊投资），按照其差额贷记"应缴财政款"或"其他收入"科目。

（3）由于自然灾害、管理不善等造成的单项工程或单位工程报废或毁损，扣除残料价值和过失人或保险公司等赔款后的净损失，报经批准后计入继续施工的工程成本的，按照工程成本扣除残料价值和过失人或保险公司等赔款后的净损失，借记"在建工程"科目（待摊投资）；按照残料变价收入、过失人或保险公司赔款等，借记"银行存款""其他应收款"等科目；按照报废或毁损的工程成本，贷记"在建工程"科目（建筑安装工程投资）。

（4）工程交付使用时，按照合理的分配方法分配待摊投资，借记"在建工程"科目（建筑安装工程投资、设备投资），贷记"在建工程"科目（待摊投资）。

待摊投资的分配方法，可按照下列公式计算。

①按照实际分配率分配：适用于建设工期较短、整个项目的所有单项工程一次竣工的建设项目。

实际分配率 = 待摊投资明细科目余额 ÷（建筑工程明细科目余额 + 安装工程明细科目余额 + 设备投资明细科目余额）× 100%

②按照概算分配率分配：适用于建设工期长、单项工程分期分批建成投入使用的建设项目。

概算分配率 =（概算中各待摊投资项目的合计数 - 其中可直接分配部分）÷ 概算中建筑工程、安装工程和设备投资合计 × 100%

③某项固定资产应分配的待摊投资 = 该项固定资产的建筑工程成本或该项固定资产的采购成本和安装成本合计 × 实际 ÷ 概算分配率

4. 其他投资

（1）对于单位为建设工程发生的房屋购置支出，基本畜禽、林木等的购置、饲养、培育支出，办公生活用家具、器具购置支出，软件研发和不能计入设备投资的软件购置等支出，按照实际发生的金额，借记"在建工程"科目（其他投资），贷记"财政拨款收入""零余额账户用款额度""银行存款"等科目。

（2）工程完成并将形成的房屋、基本畜禽、林木等各种财产以及无形资产交付使用时，按照其实际成本，借记"固定资产""无形资产"等科目，贷记"在建工程"科目（其他投资）。

5. 待核销基建支出

（1）对于建设项目发生的江河清障、航道清淤、飞播造林、补助群众造林、水土保持、城市绿化等不能形成资产的各类待核销基建支出，按照实际发生的金额，借记"在建工程"科目（待核销基建支出），贷记"财政拨款收入""零余额账户用款额度""银行存款"等科目。

（2）对于取消的建设项目发生的可行性研究费，按照实际发生的金额，借记"在建工程"科目（待核销基建支出），贷记"在建工程"科目（待摊投资）。

（3）由于自然灾害等发生的建设项目整体报废所形成的净损失，报经批准后转入待核销基建支出的，按照项目整体报废所形成的净损失，借记"在建工程"科目（待核销基建支出）；按照报废工程回收的残料变价收入、保险公司赔款等，借记"银行存款""其他应收款"等科目；按照报废的工程成本，贷记"在建工程"科目（建筑安装工程投资等）。

（4）建设项目竣工验收交付使用时，对发生的待核销基建支出进行冲销，借记"资产处置费用"科目，贷记"在建工程"科目（待核销基建支出）。

6. 基建转出投资

为与建设项目配套而建成的、产权不归属本单位的专用设施，在项目竣工验收交付使用时，按照转出的专用设施的成本，借记"在建工程"科目（基建转出投资），贷记"在建工程"科目（建筑安装工程投资）；同时，借记"无偿调拨净资产"科目，贷记"在建工程"科目（基建转出投资）。

在建工程的主要账务处理如表 2-15 所示。

表 2-15　　　　　　　　　在建工程的主要账务处理

序号	业务		财务会计处理	预算会计处理
（1）	建筑安装工程投资	将固定资产等转入改建、扩建时	借：在建工程——建筑安装工程投资 　　固定资产累计折旧等 　贷：固定资产等	—
		发包工程预付工程款时	借：预付账款——预付工程款 　贷：财政拨款收入/零余额账户用款额度/银行存款等	借：行政支出等 　贷：财政拨款预算收入/资金结存
		按照进度结算工程款时	借：在建工程——建筑安装工程投资 　贷：预付账款——预付工程款 　　财政拨款收入/零余额账户用款额度/银行存款/应付账款等	借：行政支出等 [补付款项] 　贷：财政拨款预算收入/资金结存
		自行施工小型建筑安装工程发生支出时	借：在建工程——建筑安装工程投资 　贷：工程物资/零余额账户用款额度/银行存款/应付职工薪酬等	借：行政支出等 [实际支付的款项] 　贷：资金结存等

续表

序号	业务		财务会计处理	预算会计处理
（1）	建筑安装工程投资	改扩建过程中替换（拆除）原资产某些组成部分的	借：待处理财产损溢 　贷：在建工程——建筑安装工程投资	—
		工程竣工，验收交付使用时	借：固定资产等 　贷：在建工程——建筑安装工程投资	—
（2）	设备投资	购入设备时	借：在建工程——设备投资 　贷：财政拨款收入/零余额账户用款额度/应付账款/银行存款等	借：行政支出等[实际支付的款项] 　贷：财政拨款预算收入/资金结存
		安装完毕，交付使用时	借：固定资产等 　贷：在建工程——设备投资 　　　——建筑安装工程投资 　　　——安装工程	—
		将不需要安装设备和达不到固定资产标准的工具、器具交付使用时	借：固定资产/库存物品 　贷：在建工程——设备投资	—
（3）	待摊投资	发生构成待摊投资的各类费用时	借：在建工程——待摊投资 　贷：财政拨款收入/零余额账户用款额度/银行存款/其他应交税费等	借：行政支出等[实际支付的款项] 　贷：财政拨款预算收入/资金结存
		对于建设过程中试生产、设备调试等产生的收入	借：银行存款等 　贷：在建工程——待摊投资[按规定冲减工程成本的部分] 　应缴财政款/其他收入[差额]	借：资金结存 　贷：其他预算收入
		经批准将单项工程或单位工程报废或毁损净损失计入继续施工的工程成本的	借：在建工程——待摊投资 　银行存款/其他应收款等[残料变价收入、赔款等] 　贷：在建工程——建筑安装工程投资[毁损或报废的工程成本]	—

序号	业务		财务会计处理	预算会计处理
（3）	待摊投资	工程交付使用时，按照一定的分配方法进行待摊投资分配	借：在建工程——建筑安装工程投资 ——设备投资 贷：在建工程——待摊投资	—
（4）	其他投资	发生其他投资支出时	借：在建工程——其他投资 贷：财政拨款收入/零余额账户用款额度/银行存款等	借：行政支出等[实际支付的款项] 贷：财政拨款预算收入/资金结存
		资产交付使用时	借：固定资产/无形资产等 贷：在建工程——其他投资	—
（5）	基建转出投资	建造的产权不归属本单位的专用设施转出时	借：在建工程——基建转出投资 贷：在建工程——建筑安装工程投资	—
		冲销转出的在建工程时	借：无偿调拨净资产 贷：在建工程——基建转出投资	—
（6）	待核销基建支出	发生各类待核销基建支出时	借：在建工程——待核销基建支出 贷：财政拨款收入/零余额账户用款额度/银行存款等	借：行政支出[实际支付的款项] 贷：财政拨款预算收入/资金结存
		取消的建设项目发生的可行性研究费	借：在建工程——待核销基建支出 贷：在建工程——待摊投资	—
		由于自然灾害等发生的建设项目整体报废所形成的净损失	借：在建工程——待核销基建支出 银行存款/其他应收款等[残料变价收入、保险赔款等] 贷：在建工程——建筑安装工程投资等	—
		经批准冲销待核销基建支出时	借：资产处置费用 贷：在建工程——待核销基建支出	—

2.16.3 案例分析

【例2-41】某行政单位一办公楼因多年使用需要改建，原值为 8 000 000 元，已计提折旧 5 000 000 元。改建过程中，拆除部分建筑，账面价值为 500 000 元，并获得残值收入 200 000 元。改建过程中，发生改建支出 3 000 000 元。该单位用零余额账户用款额度支付相应款项。改建完工后，验收合格，办公楼投入使用。该单位的账务处理如下。

（1）办公楼转入在建工程时。

借：在建工程——建筑安装工程投资　　　　　　　　　　　　3 000 000

　　固定资产累计折旧　　　　　　　　　　　　　　　　　　5 000 000

　　贷：固定资产——办公楼　　　　　　　　　　　　　　　　　　8 000 000

（2）拆除部分建筑时。

借：待处理财产损溢　　　　　　　　　　　　　　　　　　　　500 000

　　贷：在建工程——建筑安装工程投资　　　　　　　　　　　　　500 000

（3）获得残值收入时。

借：银行存款　　　　　　　　　　　　　　　　　　　　　　　200 000

　　贷：应缴财政款　　　　　　　　　　　　　　　　　　　　　　200 000

（4）发生改建支出时。

财务会计：

借：在建工程——建筑安装工程投资　　　　　　　　　　　　3 000 000

　　贷：零余额账户用款额度　　　　　　　　　　　　　　　　3 000 000

预算会计：

借：行政支出　　　　　　　　　　　　　　　　　　　　　　3 000 000

　　贷：资金结存——零余额账户用款额度　　　　　　　　　　3 000 000

（5）完工验收时。

借：固定资产——办公楼　　　　　　　　　　　　　　　　　5 500 000

　　贷：在建工程——建筑安装工程投资　　　　　　　　　　　5 500 000

【例 2-42】某行政单位于 2×19 年 1 月 1 日购入一台机器设备，用银行存款支付价款 800 000 元。因该设备需要安装，故该单位于 2×19 年 2 月 1 日用银行存款支付安装费 200 000 元。2×19 年 5 月 1 日，该设备安装完毕后交付使用。该单位的账务处理如下。

（1）2×19 年 1 月 1 日，购入机器设备时。

财务会计：

借：在建工程——设备投资　　　　　　　　　　　　　　　　　800 000

　　贷：银行存款　　　　　　　　　　　　　　　　　　　　　　800 000

预算会计：

借：行政支出   800 000

    贷：资金结存——货币资金   800 000

（2）2×19年2月1日，支付安装费时。

财务会计：

借：在建工程——建筑安装工程投资   200 000

    贷：银行存款   200 000

预算会计：

借：行政支出   200 000

    贷：资金结存——货币资金   200 000

（3）2×19年5月1日，支付使用时。

借：固定资产   1 000 000

    贷：在建工程——设备投资   800 000

    在建工程——建筑安装工程投资——安装工程   200 000

【例2-43】2×19年2月1日，某行政单位在建造某一设备时，以银行存款支付可行性研究费用15 000元，其账务处理如下。

财务会计：

借：在建工程——待摊投资   15 000

    贷：银行存款   15 000

预算会计：

借：行政支出   15 000

    贷：资金结存——货币资金   15 000

2×19年3月1日，该行政单位在设备调试过程中产生的收入为2 000元，分配的待摊投资为1 000元，其账务处理如下。

财务会计：

借：银行存款   2 000

    贷：在建工程——待摊投资   1 000

    其他收入   1 000

预算会计：

借：资金结存——货币资金   1 000

    贷：其他预算收入   1 000

2×19 年 10 月 1 日，该设备完工交付使用。该单位的账务处理如下。

借：在建工程——设备投资　　　　　　　　　　14 000

　　贷：在建工程——待摊投资　　　　　　　　　　　14 000

【例 2-44】某行政单位新建一栋办公楼，已投资 200 000 元，现由于自然灾害项目整体报废，经批准冲销该基建支出。该单位的账务处理如下。

（1）报废时。

借：在建工程——待核销基建支出　　　　　　　200 000

　　贷：在建工程——建筑安装工程投资　　　　　　　200 000

（2）经批准冲销时。

借：资产处置费用　　　　　　　　　　　　　　200 000

　　贷：在建工程——待核销基建支出　　　　　　　　200 000

2.17　无形资产

2.17.1　业务简介

无形资产是指行政单位持有的没有实物形态的可辨认非货币性资产，包括专利权、商标权、著作权、土地使用权、非专利技术等。

行政单位购入的不构成相关硬件不可缺少组成部分的应用软件，应当作为无形资产核算。"无形资产"科目应当按照无形资产的类别、项目等进行明细核算。

2.17.2　无形资产的特点与主要项目

1. 无形资产的特点

无形资产是一种特殊的资产，一般具有以下特点。

（1）无形资产没有物质实体。无形资产没有特定的物质实体，通常表现为行政单位拥有的一种特殊权利。

（2）无形资产能带来超额收益。无论是自创的还是购入的无形资产，都能使行政单位在一定时期内获得超额收益。

（3）无形资产可在较长时期内发挥作用。无形资产一经取得或形成，就可为行政单位长期拥有，可在较长时间内发挥作用，为行政单位带来超额收益。

2. 无形资产的主要项目

（1）专利权。

专利权是指政府对行政单位在某一产品的造型、配方、结构、制造工艺或程序的发明上给予其制造使用和出售等方面的专门权利。行政单位不应将其所拥有的一切专利权都予以资本化，即不能作为无形资产核算。只有那些能够给行政单位带来较大经济价值的，并且行政单位为此支出过的专利，才能作为行政单位的无形资产进行核算。专利权如果是购买的，其记账成本除买价外，还包括支付给有关部门的相关费用；如果是自行开发的，其成本应包括创造该项专利的试验费用、申请专利登记费用以及聘请律师费用等。

（2）商标权。

商标权是指在某类指定的商品或产品上使用特定的名称或图案的权利。商标经过注册登记，就获得了法律上的保护。单位自创的商标，其注册登记费用不大，不一定作为无形资产来核算。受让商标，一次性支出费用较大的，可以将其资本化，可作为无形资产入账核算。商标权的记账价值包括买价、支付的手续费以及其他因受让商标权而发生的费用等。

（3）土地使用权。

土地使用权，是指行政单位依法取得的国有土地在一定期间内享有开发、利用、经营等活动的权利。行政单位拥有的并未入账的土地使用权，不能作为无形资产核算；对于花费较大取得的土地使用权，应予以资本化，将取得时所发生的一切支出，作为土地使用权成本，记入"无形资产"科目。这里有两种情况：一是行政单位向土地管理部门申请土地使用权时，支付的出让金要作为无形资产入账；二是行政单位原先通过行政划拨获得土地使用权，没有入账的，在将土地使用权有偿转让、出租、抵押、作价入股和投资时，要按规定补缴土地出让金，补缴的出让金，要作为无形资产入账。

（4）非专利技术。

非专利技术是指运用的先进的、未公开的、未申请专利的，可以带来经济效益的技术或者资料，又称"专有技术""技术秘密""技术诀窍"。行政单位的非专利技术，一般是指在组织收入过程中取得的有关生产、经营和管理方面未获得专利权的知识、经验和技巧。非专利技术虽不受《中华人民共和国专利法》的保护，但是一种事实上的专利权，它可以进行转让和投资。

（5）著作权。

著作权又称版权，是指文学、艺术和科学作品等的著作人依法对其作品所拥有的专门权利。著作权一般包括发表权、署名权、修改权、保护作品完整权、使用权和获得报酬权。著作权受国家法律保护。

2.17.3　账务处理

1. 取得无形资产

（1）对于外购的无形资产，按照确定的成本，借记"无形资产"科目，贷记"财政拨款收入""零余额账户用款额度""应付账款""银行存款"等科目。

（2）委托软件公司开发软件，视同外购无形资产进行处理。合同中约定预付开发费用的，按照预付的金额，借记"预付账款"科目，贷记"财政拨款收入""零余额账户用款额度""银行存款"等科目。

软件开发完成交付使用并支付剩余或全部软件开发费用时，按照软件开发费用总额，借记"无形资产"科目；按照相关预付账款的金额，贷记"预付账款"科目；按照支付的剩余金额，贷记"财政拨款收入""零余额账户用款额度""银行存款"等科目。

（3）对于自行研究开发形成的无形资产，按照研究开发项目进入开发阶段后至达到预定用途前所发生的支出总额，借记"无形资产"科目，贷记"研发支出——开发支出"科目。自行研究开发项目尚未进入开发阶段，或者确实无法区分研究阶段支出和开发阶段支出，但按照法律程序已申请取得无形资产的，按照依法取得时发生的注册费、聘请律师费等费用，借记"无形资产"科目，贷记"财政拨款收入""零余额账户用款额度""银行存款"等科目；按照依法取得前所发生的研究开发支出，借记"业务活动费用"等科目，贷记"研发支出"科目。

（4）对于接受捐赠的无形资产，按照确定的无形资产成本，借记"无形资产"科目，按照发生的相关税费等，贷记"零余额账户用款额度""银行存款"等科目，按照其差额，贷记"捐赠收入"科目。

接受捐赠的无形资产按照名义金额入账的，按照名义金额，借记"无形资产"科目，贷记"捐赠收入"科目；同时，按照发生的相关税费等，借记"其他费用"科目，贷记"零余额账户用款额度""银行存款"等科目。

（5）对于无偿调入的无形资产，按照确定的无形资产成本，借记"无形资产"科目，按照发生的相关税费等，贷记"零余额账户用款额度""银行存款"等科目，按照其差额，贷记"无偿调拨净资产"科目。

（6）对于置换取得的无形资产，参照"库存物品"科目中置换取得库存物品的相关规定进行账务处理。无形资产取得时涉及增值税业务的，相关账务处理参见"应交增值税"科目。

2．与无形资产有关的后续支出

（1）符合无形资产确认条件的后续支出。为增加无形资产的使用效能对其进行升级改造或扩展其功能时，如需暂停对无形资产进行摊销，按照无形资产的账面价值，借记"在建工程"科目，按照无形资产已摊销的金额，借记"无形资产累计摊销"科目，按照无形资产的账面余额，贷记"无形资产"科目。

无形资产后续支出符合无形资产确认条件的，按照支出的金额，借记"无形资产"科目［无须暂停摊销的］或"在建工程"科目［需暂停摊销的］，贷记"财政拨款收入""零余额账户用款额度""银行存款"等科目。

暂停摊销的无形资产升级改造或扩展功能等完成交付使用时，按照在建工程成本，借记"无形资产"科目，贷记"在建工程"科目。

（2）不符合无形资产确认条件的后续支出。为保证无形资产正常使用发生日常维护等支出时，借记"业务活动费用"等科目，贷记"财政拨款收入""零余额账户用款额度""银行存款"等科目。

3．按照规定报经批准处置无形资产

（1）报经批准出售、转让无形资产时，按照被出售、转让无形资产的账面价值，借记"资产处置费用"科目；按照无形资产已计提的摊销额，借记"无形资产累计摊销"科目；按照无形资产的账面余额，贷记"无形资产"科目。同时，按照收到的价款，借记"银行存款"等科目；按照处置过程中发生的相关费用，贷记"银行存款"等科目；按照其差额，贷记"应缴财政款"科目或"其他收入"科目。

（2）报经批准对外捐赠无形资产时，按照无形资产已计提的摊销额，借记"无形资产累计摊销"科目；按照被处置无形资产的账面余额，贷记"无形资产"科目；按照捐赠过程中发生的归属于捐出方的相关费用，贷记"银行存款"等科目；按照其差额，借记"资产处置费用"科目。

（3）报经批准无偿调出无形资产时，按照无形资产已计提的摊销额，借记

"无形资产累计摊销"科目；按照被处置无形资产账面余额，贷记"无形资产"科目；按照其差额，借记"无偿调拨净资产"科目。同时，按照无偿调出过程中发生的归属于调出方的相关费用，借记"资产处置费用"科目，贷记"银行存款"等科目。

（4）报经批准置换换出无形资产时，参照"库存物品"科目中置换换入库存物品的规定进行账务处理。

（5）无形资产预期不能为单位带来服务潜力或经济利益的，按照规定报经批准核销时，按照待核销无形资产的账面价值，借记"资产处置费用"科目；按照已计提的摊销额，借记"无形资产累计摊销"科目；按照无形资产的账面余额，贷记"无形资产"科目。无形资产处置时涉及增值税业务的，相关账务处理参见"应交增值税"科目。

4．盘点无形资产

行政单位应当定期对无形资产进行清查盘点，每年至少盘点一次。单位资产清查盘点过程中发现的无形资产盘盈、盘亏等，参照"固定资产"科目相关规定进行账务处理。

无形资产的主要账务处理如表 2-16 所示。

表 2-16　　　　　　　　　　　无形资产的主要账务处理

序号	业务		财务会计处理	预算会计处理
（1）	取得无形资产	外购的无形资产入账时	借：无形资产 贷：财政拨款收入 / 零余额账户用款额度 / 应付账款 / 银行存款等	借：行政支出等 贷：财政拨款预算收入 / 资金结存
		委托软件公司开发的软件，按照合同约定预付开发费用时	借：预付账款 贷：财政拨款收入 / 零余额账户用款额度 / 银行存款等	借：行政支出等 [预付的款项] 贷：财政拨款预算收入 / 资金结存
		委托开发的软件交付使用，并支付剩余或全部软件开发费用时	借：无形资产 [开发费用总额] 贷：预付账款 财政拨款收入 / 零余额账户用款额度 / 银行存款等 [支付的剩余款项]	按照支付的剩余款项金额 借：行政支出等 贷：财政拨款预算收入 / 资金结存

序号	业务		财务会计处理	预算会计处理
（1）	取得无形资产	自行研究开发完成，达到预定用途形成无形资产的	借：无形资产 　　贷：研发支出——开发支出	—
		自行研究开发无形资产尚未进入开发阶段，或者确实无法区分研究阶段支出和开发阶段支出，但按照法律程序已申请取得无形资产的	借：无形资产 [依法取得时发生的注册费、聘请律师费等费用] 　　贷：财政拨款收入 / 零余额账户用款额度 / 银行存款等	借：行政支出等 　　贷：财政拨款预算收入 / 资金结存
		置换取得的无形资产	参照"库存物品"科目中置换取得库存物品的相关规定进行账务处理	
		接受捐赠的无形资产	借：无形资产 　　贷：银行存款 / 零余额账户用款额度等 [发生的相关税费等] 　　　　捐赠收入 [差额]	借：其他支出 [支付的相关税费等] 　　贷：资金结存
		接受捐赠的无形资产按照名义金额入账的	借：无形资产 [名义金额] 　　贷：捐赠收入 借：其他费用 　　贷：银行存款 / 零余额账户用款额度等 [发生的相关税费等]	借：其他支出 [支付的相关税费等] 　　贷：资金结存
		无偿调入的无形资产	借：无形资产 　　贷：银行存款 / 零余额账户用款额度等 [发生的相关税费等] 　　　　无偿调拨净资产 [差额]	借：其他支出 [支付的相关税费等] 　　贷：资金结存
（2）	与无形资产有关的后续支出	符合无形资产确认条件的后续支出（如为增加无形资产的使用效能而发生的后续支出）	借：在建工程 　　无形资产累计摊销 　　贷：无形资产 借：在建工程 [需暂停摊销的]/ 　　无形资产 [无须暂停摊销的] 　　贷：财政拨款收入 / 零余额账户用款额度 / 银行存款等	借：行政支出等 [实际支付的资金] 　　贷：财政拨款预算收入 / 资金结存

续表

序号	业务		财务会计处理	预算会计处理
（2）	与无形资产有关的后续支出	不符合无形资产确认条件的后续支出（为维护无形资产的正常使用而发生的后续支出）	借：业务活动费用等 　　贷：财政拨款收入/零余额账户用款额度/银行存款等	借：行政支出等 　　贷：财政拨款预算收入/资金结存
（3）	处置无形资产	出售、转让无形资产	借：资产处置费用 　　无形资产累计摊销 　　　贷：无形资产 借：银行存款等[收到的价款] 　　贷：银行存款等[发生的相关费用] 　　应缴财政款/其他收入	如转让收入按照规定纳入本单位预算 借：资金结存 　　贷：其他预算收入
		对外捐赠无形资产	借：资产处置费用 　　无形资产累计摊销 　　　贷：无形资产[账面余额] 　　银行存款等[归属于捐出方的相关费用]	借：其他支出[归属于捐出方的相关费用] 　　贷：资金结存
		无偿调出无形资产	借：无偿调拨净资产 　　无形资产累计摊销 　　　贷：无形资产[账面余额] 借：资产处置费用 　　贷：银行存款等[归属于调出方的相关费用]	借：其他支出[归属于调出方的相关费用] 　　贷：资金结存
		置换换出无形资产	参照"库存物品"科目中置换取得库存物品的规定进行账务处理	
		经批准核销无形资产时	借：资产处置费用 　　无形资产累计摊销 　　　贷：无形资产[账面余额]	—

2.17.4　案例分析

1. 外购无形资产

【例2-45】某行政单位取得一项专利，使用财政授权支付方式支付价款200 000元，其账务处理如下。

财务会计：

借：无形资产   200 000

    贷：零余额账户用款额度   200 000

预算会计：

借：行政支出   200 000

    贷：资金结存——零余额账户用款额度   200 000

2. 委托软件公司开发软件

【例 2-46】某行政单位与软件公司合作，委托其开发软件，价款为 500 000 元。根据合同，该行政单位预付 40% 的开发费用，剩余费用完工交付后支付。所有款项使用财政授权支付方式支付。该单位的账务处理如下。

（1）预付开发费用时。

财务会计：

借：预付账款   200 000

    贷：零余额账户用款额度   200 000

预算会计：

借：行政支出   200 000

    贷：资金结存——零余额账户用款额度   200 000

（2）完工交付时。

财务会计：

借：无形资产   500 000

    贷：预付账款   200 000

        零余额账户用款额度   300 000

预算会计：

借：行政支出   300 000

    贷：资金结存——零余额账户用款额度   300 000

3. 自行开发无形资产

【例 2-47】某行政单位自行开发一项技术，并申请专利，按法律程序申请专利时发生的注册费、聘请律师费等共计 100 000 元；在取得专利之前共发生研发费用 200 000 元。所有款项均使用财政授权支付方式进行支付。该单位的账务处理如下。

（1）取得专利前发生研发费用时。

财务会计：

借：研发支出　　　　　　　　　　　　　　　　　　　　　　200 000

　　贷：零余额账户用款额度　　　　　　　　　　　　　　　　　200 000

预算会计：

借：行政支出　　　　　　　　　　　　　　　　　　　　　　200 000

　　贷：资金结存——零余额账户用款额度　　　　　　　　　　200 000

（2）依法取得专利时。

财务会计：

借：无形资产　　　　　　　　　　　　　　　　　　　　　　300 000

　　贷：研发支出　　　　　　　　　　　　　　　　　　　　　200 000

　　　　零余额账户用款额度　　　　　　　　　　　　　　　　100 000

预算会计：

借：行政支出　　　　　　　　　　　　　　　　　　　　　　100 000

　　贷：资金结存——零余额账户用款额度　　　　　　　　　　100 000

4. 置换取得无形资产

【例 2-48】某行政单位用一项专利置换换入一批材料，换出专利的原价为 500 000 元，已计提摊销 300 000 元，评估价值为 200 000 元。因置换换出专利，该单位收到补价 50 000 元，当日收到材料并验收入库。该单位的账务处理如下。

财务会计：

借：库存物品　　　　　　　　　　　　　　　　　　　　　　150 000

　　无形资产累计摊销　　　　　　　　　　　　　　　　　　300 000

　　银行存款　　　　　　　　　　　　　　　　　　　　　　50 000

　　贷：无形资产　　　　　　　　　　　　　　　　　　　　　500 000

5. 接受捐赠的无形资产

【例 2-49】某行政单位接受 A 公司捐赠的一项专利，价值 200 000 元，用银行存款支付相关税费 2 000 元，其账务处理如下。

财务会计：

借：无形资产　　　　　　　　　　　　　　　　　　　　　　202 000

　　贷：银行存款　　　　　　　　　　　　　　　　　　　　　2 000

　　　　捐赠收入　　　　　　　　　　　　　　　　　　　　　200 000

预算会计：

借：其他支出　　　　　　　　　　　　　　　　　　　　　　2 000

贷：资金结存——货币资金	2 000

6. 无偿调入的无形资产

【例2-50】某行政单位接受无偿调入的价值为50 000元的无形资产，其间发生的运输费为400元，其账务处理如下。

财务会计：

借：无形资产	50 400
贷：无偿调拨净资产	50 000
银行存款	400

预算会计：

借：其他支出	400
贷：资金结存——货币资金	400

7. 后续支出

【例2-51】某行政单位拥有一项软件技术，其账面价值为50 000元，已摊销5 000元。现为增加该软件技术的效能发生后续支出20 000元，用银行存款支付。该支出符合无形资产确认条件。该单位的账务处理如下。

财务会计：

借：在建工程	45 000
无形资产累计摊销	5 000
贷：无形资产	50 000
借：在建工程	20 000
贷：银行存款	20 000

预算会计：

借：行政支出	20 000
贷：资金结存——货币资金	20 000

【例2-52】某行政单位拥有一项软件技术，其账面价值为50 000元，已摊销5 000元。现为维护该软件技术的正常使用发生后续支出20 000元，用银行存款支付。该支出不符合无形资产确认条件。该单位的账务处理如下。

财务会计：

借：业务活动费用	20 000
贷：银行存款	20 000

预算会计：

借：行政支出 20 000

　　贷：资金结存——货币资金 20 000

8. 处置无形资产

【例2-53】某行政单位打算无偿调出内部的一项无形资产。该无形资产的原值为100 000元，已计提摊销20 000元。该单位的账务处理如下。

财务会计：

借：无偿调拨净资产 80 000

　　无形资产累计摊销 20 000

　　贷：无形资产 100 000

【例2-54】某行政单位将一批不再能为行政单位带来经济利益的著作权予以核销。该批著作权的原价为100 000元，已计提摊销85 000元。该单位的账务处理如下。

财务会计：

借：资产处置费用 15 000

　　无形资产累计摊销 85 000

　　贷：无形资产 100 000

2.18　无形资产累计摊销

2.18.1　业务简介

"无形资产累计摊销"科目用于核算行政单位对使用年限有限的无形资产计提的累计摊销额。

2.18.2　账务处理

（1）按月对无形资产进行摊销时，按照应摊销金额，借记"业务活动费用""加工物品""在建工程"等科目，贷记"无形资产累计摊销"科目。

（2）经批准处置无形资产时，按照所处置无形资产的账面价值，借记"资产处置费用""无偿调拨净资产""待处理财产损溢"等科目；按照已计提的摊销额，借记"无形资产累计摊销"科目；按照无形资产的账面余额，贷记

"无形资产"科目。

无形资产累计摊销的主要账务处理如表2-17所示。

表2-17　　　　　　　　　　无形资产累计摊销的主要账务处理

序号	业务	财务会计处理	预算会计处理
（1）	按照月进行无形资产摊销时	借：业务活动费用 / 加工物品 / 在建工程等 贷：无形资产累计摊销	—
（2）	经批准处置无形资产时	借：资产处置费用 / 无偿调拨净资产 / 待处理财产损溢等无形资产累计摊销 贷：无形资产 [账面余额]	—

2.18.3　案例分析

【例2-55】2×19年3月9日，某行政单位购入一项专利，总价款为360 000元，按规定摊销年限为10年，其账务处理如下。

2×19年3月31日，当月购入的无形资产不计提摊销。

2×19年4月30日，计提专利权摊销：

专利权月摊销额 =360 000÷10÷12=3 000（元）。

借：业务活动费用　　　　　　　　　　　　　　　　　　　　3 000

　　贷：无形资产累计摊销　　　　　　　　　　　　　　　　　　3 000

2.19　研发支出

2.19.1　业务简介

"研发支出"科目用于核算行政单位自行研究开发项目研究阶段和开发阶段发生的各项支出。建设项目中的软件研发支出，应当通过"在建工程"科目核算，不通过本科目核算。

2.19.2　账务处理

（1）自行研究开发项目研究阶段的支出，应当先在"研发支出"科目中归集。按照从事研究及其辅助活动人员计提的薪酬，研究活动领用的库存物品，发生的与研究活动相关的管理费、间接费和其他各项费用，借记"研发支出"科目（研究支出），贷记"应付职工薪酬""库存物品""财政拨款收入""零余额账户用款额度""固定资产累计折旧""银行存款"等科目。期（月）末，应当将"研发支出"科目归集的研究阶段的支出金额转入当期费用，借记"业务活动费用"等科目，贷记"研发支出"科目（研究支出）。

（2）自行研究开发项目开发阶段的支出，先通过"研发支出"科目进行归集。按照从事开发及其辅助活动人员计提的薪酬，开发活动领用的库存物品，发生的与开发活动相关的管理费、间接费和其他各项费用，借记"研发支出"科目（开发支出），贷记"应付职工薪酬""库存物品""财政拨款收入""零余额账户用款额度""固定资产累计折旧""银行存款"等科目。

自行研究开发项目完成，达到预定用途形成无形资产时，按照"研发支出"科目归集的开发阶段的支出金额，借记"无形资产"科目，贷记"研发支出"科目（开发支出）。

单位应于每年年度终了评估研究开发项目是否能达到预定用途，如预计不能达到预定用途（无法最终完成开发项目并形成无形资产的），应当将已发生的开发支出金额全部转入当期费用，借记"业务活动费用"等科目，贷记"研发支出"科目（开发支出）。

自行研究开发项目时涉及增值税业务的，相关账务处理参见"应交增值税"科目。

研发支出的主要账务处理如表 2-18 所示。

表 2-18　　　　　　　　　　研发支出的主要账务处理

业务			财务会计处理	预算会计处理
单位自行研究开发无形资产	自行研究开发项目研究阶段的支出	应当按照合理的方法先归集	借：研发支出——研究支出 　贷：应付职工薪酬/库存物品/财政拨款收入/零余额账户用款额度/固定资产累计折旧/银行存款等	借：行政支出等[实际支付的款项] 　贷：财政拨款预算收入/资金结存
		期（月）末转入当期费用	借：业务活动费用等 　贷：研发支出——研究支出	—

业务		财务会计处理	预算会计处理
单位自行研究开发无形资产	自行研究开发项目开发阶段的支出	借：研发支出——开发支出 贷：应付职工薪酬/库存物品/财政拨款收入/零余额账户用款额度/固定资产累计折旧/银行存款等	借：行政支出等[实际支付的款项] 贷：财政拨款预算收入/资金结存
	自行研究开发项目完成，达到预定用途形成无形资产	借：无形资产 贷：研发支出——开发支出	—
	年末经评估，研发项目预计不能达到预定用途	借：业务活动费用等 贷：研发支出——开发支出	—

2.19.3 案例分析

【例2-56】某行政单位于2×19年1月1日自行研究开发一项新产品专利技术。在研究开发过程中，该单位领用一批价值50万元的A材料，另外发生人工工资90万元，并用银行存款支付其他费用20万元，总计160万元。其中，符合资本化条件的支出为130万元。假定不考虑相关税费。该单位的账务处理如下。

财务会计：

借：研发支出——研究支出   300 000

   ——开发支出   1 300 000

 贷：库存物品——A材料   500 000

   应付职工薪酬   900 000

   银行存款   200 000

预算会计：

借：行政支出   200 000

 贷：资金结存——货币资金   200 000

2.20　公共基础设施及其累计折旧（摊销）

2.20.1　业务简介

公共基础设施是指行政单位为满足社会公共需求而控制的有形资产，其具有以下特征：是一个有形资产系统或网络的组成部分；具有特定用途；一般不可移动。

2.20.2　公共基础设施的分类与确认

1. 分类

（1）市政基础设施（如城市道路、桥梁、隧道、公交场站、路灯、广场公园绿地、室外公共健身器材，以及环卫、排水、供水、供电、供气、供热、污水处理、垃圾处理系统等）。

（2）交通基础设施（如公路、航道、港口等）。

（3）水利基础设施（大坝、堤防、水闸、泵站、渠道等）。

（4）其他公共基础设施。

独立于公共基础设施，不构成公共基础设施使用不可缺少组成部分的管理维护用房屋建筑物、设备、车辆等，适用固定资产准则。属于文物文化资产的公共基础设施，适用其他相关政府会计准则。采用政府和社会资本合作模式（即 PPP 模式）形成的公共基础设施的确认和初始计量，适用其他相关政府会计准则。

2. 确认

（1）确认主体。

①通常情况下，公共基础设施应当由按规定对其负有管理维护职责的行政单位予以确认。

②多个行政单位共同管理维护的，由对该资产负有主要管理维护职责或者承担后续主要支出责任的行政单位予以确认。

③分为多个组成部分由不同行政单位分别管理维护的，由各个行政单位分别对其负责管理维护的公共基础设施的相应部分予以确认。

④通过政府购买服务方式委托企业或其他会计主体代为管理维护的，由委托方（负有管理维护公共基础设施职责的政府会计主体）予以确认。

（2）确认条件。

①与该公共基础设施相关的服务潜力很可能实现或者经济利益很可能流入行政单位。

②该公共基础设施的成本或者价值能够可靠地计量。

（3）确认时点。

①对于自建或外购的公共基础设施，行政单位应当在该项公共基础设施验收合格并交付使用时确认。

②对于无偿调入、接受捐赠的公共基础设施，行政单位应当在开始承担该项公共基础设施管理维护职责时确认。

（4）分类确认。

①行政单位应当根据公共基础设施提供公共产品或服务的性质或功能特征对其进行分类确认。

②公共基础设施的各组成部分具有不同使用年限或者以不同方式提供公共产品或服务，适用不同折旧率或折旧方法且可以分别确定各自原价的，应当将各组成部分分别确认为该类公共基础设施的一个单项公共基础设施。

③土地使用权问题：能够分清购建成本中的构筑物部分与土地使用权部分的，应当分别确认为公共基础设施；不能分清购建成本中的构筑物部分与土地使用权部分的，应当全部确认为公共基础设施。

（5）后续支出确认。

为增加公共基础设施使用效能或延长其使用年限而发生的改建、扩建等后续支出，应当计入公共基础设施成本；为维护公共基础设施的正常使用而发生的日后维修、养护等后续支出，应当计入当期费用。

2.20.3　账务处理

1．公共基础设施的初始计量

在取得公共基础设施时，应当按照其成本入账。

第一，自行建造的公共基础设施，其成本为完成批准的建设内容所发生的全部必要支出，包括建筑安装工程投资支出、设备投资支出、待摊投资支出和其他投资支出。

（1）在原有公共基础设施基础上进行改建、扩建等建造活动后的公共基础设施，其成本按照原公共基础设施账面价值加上改建、扩建等建造活动发生的支出，再扣除公共基础设施被替换部分的账面价值后的金额确定。

（2）为建造公共基础设施借入的专门借款的利息，属于建设期间发生的，计入该公共基础设施在建工程成本；不属于建设期间发生的，计入当期费用。

（3）已交付使用但尚未办理竣工决算手续的公共基础设施，应当按照估计价值入账，待办理竣工决算后再按照实际成本调整原来的暂估价值。

第二，无偿调入的公共基础设施，其成本按照该项公共基础设施在调出方的账面价值加上归属于调入方的相关费用确定。

第三，接受捐赠的公共基础设施，有 3 种确认方式：①其成本按照有关凭据注明的金额加上相关费用确定；②没有相关凭据，但按规定经过资产评估的，其成本按照评估价值加上相关费用确定；③没有相关凭据，也未经资产评估的，其成本比照同类或类似资产的市场价格加上相关费用确定。如受赠的是旧的公共基础设施，在确定其初始入账成本时应当考虑该项资产的新旧程度。

第四，外购的公共基础设施，其成本包括购买价款、相关税费以及公共基础设施交付使用前所发生的可归属于该项资产的运输费、装卸费、安装费和专业人员服务费等。

第五，对于包括不同组成部分的公共基础设施，其只有总成本、没有单项组成部分成本的，行政单位可以按照各单项组成部分同类或类似资产的成本或市场价格比例对其总成本进行分配，分别确定公共基础设施中各单项组成部分的成本。

第六，盘盈的公共基础设施，其成本按照 3 种方式确定：①按照有关凭据注明的金额确定；②没有相关凭据，但按照规定经过资产评估的，其成本按照评估价值确定；③没有相关凭据，也未经过评估的，其成本按照重置成本确定。盘盈的公共基础设施成本无法可靠取得的，行政单位应当设置备查簿进行登记，待成本确定后按照规定及时入账。

具体账务处理如下。

（1）自行建造的公共基础设施完工交付使用时，按照在建工程的成本，借记"公共基础设施"科目，贷记"在建工程"科目。

已交付使用但尚未办理竣工决算手续的公共基础设施，按照估计价值入账，待办理竣工决算后再按照实际成本调整原来的暂估价值。

（2）接受其他单位无偿调入的公共基础设施，按照确定的成本，借记"公共基础设施"科目；按照发生的归属于调入方的相关费用，贷记"财政拨款收入""零余额账户用款额度""银行存款"等科目；按照其差额，贷记"无偿调拨净资产"科目。

（3）接受捐赠的公共基础设施，按照确定的成本，借记"公共基础设施"科目；按照发生的归属于捐入方的相关费用，贷记"财政拨款收入""零余额账户用款额度""银行存款"等科目；按照其差额，贷记"捐赠收入"科目。

（4）外购的公共基础设施，按照确定的成本，借记"公共基础设施"科目，贷记"财政拨款收入""零余额账户用款额度""应付账款""银行存款"等科目。

（5）对于成本无法可靠取得的公共基础设施，单位应当设置备查簿进行登记，待成本能够可靠确定后按照规定及时入账。无偿调入和接受捐赠的公共基础设施成本无法可靠取得的，按照发生的相关税费、运输费等，借记"其他费用"科目，贷记"财政拨款收入""零余额账户用款额度""银行存款"等科目。

2. 与公共基础设施有关的后续支出

将公共基础设施转入改建、扩建时，按照公共基础设施的账面价值，借记"在建工程"科目；按照公共基础设施已计提的折旧额或摊销额，借记"公共基础设施累计折旧（摊销）"科目；按照公共基础设施的账面余额，贷记"公共基础设施"科目。

为增加公共基础设施使用效能或延长其使用年限而发生的改建、扩建等后续支出，借记"在建工程"科目，贷记"财政拨款收入""零余额账户用款额度""应付账款""银行存款"等科目。

公共基础设施改建、扩建完成，竣工验收交付使用时，按照在建工程成本，借记"公共基础设施"科目，贷记"在建工程"科目。

为保证公共基础设施正常使用发生的日常维修、养护等后续支出，借记"业务活动费用"等科目，贷记"财政拨款收入""零余额账户用款额度""银行存款"等科目。

3. 公共基础设施的处置

行政单位按规定报经批准无偿调出、对外捐赠公共基础设施的，应当将公共基础设施的账面价值予以转销，无偿调出、对外捐赠中发生的归属于调出方、捐出方的相关费用应当计入当期费用。

公共基础设施报废或遭受重大毁损的，行政单位应当在报经批准后将公共基础设施的账面价值予以转销，并将报废、毁损过程中取得的残值变价收入扣除相关费用后的差额按规定做应缴款项处理（差额为净收益时）或计入当期费用（差额为净损失时）。

按照规定报经批准处置公共基础设施时，分别按照以下情况处理。

（1）报经批准对外捐赠公共基础设施时，按照公共基础设施已计提的折旧或摊销额，借记"公共基础设施累计折旧（摊销）"科目；按照被处置公共基础设施账面余额，贷记"公共基础设施"科目；按照捐赠过程中发生的归属于捐出方的相关费用，贷记"银行存款"等科目；按照其差额，借记"资产处置费用"科目。

（2）报经批准无偿调出公共基础设施时，按照公共基础设施已计提的折旧或摊销额，借记"公共基础设施累计折旧（摊销）"科目；按照被处置公共基础设施账面余额，贷记"公共基础设施"科目；按照其差额，借记"无偿调拨净资产"科目。同时，按照无偿调出过程中发生的归属于调出方的相关费用，借记"资产处置费用"科目，贷记"银行存款"等科目。

4．对公共基础设施进行清查盘点

单位应当定期对公共基础设施进行清查盘点。对于发生的公共基础设施盘盈、盘亏、毁损或报废，应当先记入"待处理财产损溢"科目，并在按照规定报经批准后及时进行后续账务处理。

（1）盘盈的公共基础设施，其成本按照有关凭据注明的金额确定；没有相关凭据但按照规定经过资产评估的，其成本按照评估价值确定；没有相关凭据，也未经过评估的，其成本按照重置成本确定。盘盈的公共基础设施成本无法可靠取得的，单位应当设置备查簿进行登记，待成本确定后按照规定及时入账。

盘盈公共基础设施时，按照确定的入账成本，借记"公共基础设施"科目，贷记"待处理财产损溢"科目。

（2）盘亏、毁损或报废公共基础设施时，按照待处置的公共基础设施的账面价值，借记"待处理财产损溢"科目；按照已计提的折旧或摊销额，借记"公共基础设施累计折旧（摊销）"科目；按照公共基础设施的账面余额，贷记"公共基础设施"科目。

5．公共基础设施累计折旧（摊销）

（1）计提范围：一般情形都需要计提折旧。不得将折旧（摊销）计提到公共基础设施累计折旧（摊销）包括：①政府会计主体持续进行良好的维护使得其性能得到永久维持的公共基础设施；②确认为公共基础设施的单独计价入账的土地使用权；③已经提足折旧的公共基础设施；④提前报废的公共基础设施。

（2）折旧方法：年限平均法或工作量法，不考虑预计净残值。折旧方法一经确定，不得变更。

（3）确定折旧年限时需考虑的因素包括：①设计使用年限或设计基准期；②预计实现服务潜力或提供经济利益的期限；③预计有形损耗和无形损耗；④法律或者类似规定对资产使用的限制。折旧年限一经确定，不得随意变更，无偿调入和接收捐赠的公共基础设施按照尚可使用年限计提折旧。

（4）暂估入账的公共基础设施，其实际成本确定后不需调整原有折旧。

（5）改建、扩建的公共基础设施，暂停计提折旧。重新确定成本后，按照新的折旧年限重新计算，不需要调整原有折旧。

（6）对于确认为公共基础设施的单独计价入账的土地使用权，行政单位应当按照《政府会计准则第4号——无形资产》的相关规定进行摊销。

具体账务处理如下。

（1）按月计提公共基础设施折旧时，按照应计提的折旧额或摊销额，借记"业务活动费用"科目，贷记"公共基础设施累计折旧（摊销）"科目。

（2）按月对确认为公共基础设施的单独计价入账的土地使用权进行摊销时，按照应计提的摊销额，借记"业务活动费用"科目，贷记"公共基础设施累计折旧（摊销）"科目。

（3）处置公共基础设施时，按照所处置公共基础设施的账面价值，借记"资产处置费用""无偿调拨净资产""待处理财产损溢"等科目；按照已提取的折旧额和摊销额，借记"公共基础设施累计折旧（摊销）"科目；按照公共基础设施账面余额，贷记"公共基础设施"科目。

公共基础设施的主要账务处理如表2-19所示；公共基础设施累计折旧（摊销）的主要账务处理如表2-20所示。

表 2-19 **公共基础设施的主要账务处理**

序号	业务		财务会计处理	预算会计处理
（1）	取得公共基础设施	自行建造公共基础设施完工交付使用时	借：公共基础设施 　　贷：在建工程	—
		接受无偿调入的公共基础设施	借：公共基础设施 　　贷：无偿调拨净资产 　　　　财政拨款收入／零余额账户用款额度／ 　　　　银行存款等［发生的归属于调入方的相 　　　　关费用］ 如无偿调入的公共基础设施成本无法可靠取得 借：其他费用［发生的归属于调入方的相关费用］ 　　贷：财政拨款收入／零余额账户用款额度／ 　　　　银行存款等	借：其他支出［支付的归属于调入方的相关费用］ 　　贷：财政拨款预算收入／资金结存
		接受捐赠的公共基础设施	借：公共基础设施 　　贷：捐赠收入 　　　　财政拨款收入／零余额账户用款额度／ 　　　　银行存款等［发生的归属于捐入方的相 　　　　关费用］ 如接受捐赠的公共基础设施成本无法可靠取得的 借：其他费用［发生的归属于捐入方的相关费用］ 　　贷：财政拨款收入／零余额账户用款额度／ 　　　　银行存款等	借：其他支出［支付的归属于捐入方的相关费用］ 　　贷：财政拨款预算收入／资金结存
		外购的公共基础设施	借：公共基础设施 　　贷：财政拨款收入／零余额账户用款额度／ 　　　　应付账款／银行存款等	借：行政支出 　　贷：财政拨款预算收入／资金结存
（2）	与公共基础设施有关的后续支出	为增加公共基础设施使用效能或延长其使用年限而发生的改建、扩建等后续支出	借：在建工程 　　公共基础设施累计折旧（摊销） 　　贷：公共基础设施［账面余额］ 借：在建工程［发生的相关后续支出］ 　　贷：财政拨款收入／零余额账户用款额度／ 　　　　应付账款／银行存款等	借：行政支出［实际支付的款项］ 　　贷：财政拨款预算收入／资金结存

序号	业务		财务会计处理	预算会计处理
（2）	与公共基础设施有关的后续支出	为维护公共基础设施的正常使用而发生的日常维修、养护等后续支出	借：业务活动费用等 　　贷：财政拨款收入／零余额账户用款额度／银行存款等	借：行政支出[实际支付的款项] 　　贷：财政拨款预算收入／资金结存
（3）	按照规定处置公共基础设施	对外捐赠公共基础设施	借：资产处置费用 　　公共基础设施累计折旧（摊销） 　　贷：公共基础设施[账面余额] 　　　　银行存款等[归属于捐出方的相关费用]	借：其他支出[支付的归属于捐出方的相关费用] 　　贷：资金结存等
		无偿调出公共基础设施	借：无偿调拨净资产 　　公共基础设施累计折旧（摊销） 　　贷：公共基础设施[账面余额] 借：资产处置费用[归属于调出方的相关费用] 　　贷：银行存款等	借：其他支出[支付的归属于调出方的相关费用] 　　贷：资金结存等
（4）	盘盈的公共基础设施		借：公共基础设施 　　贷：待处理财产损溢	—
（5）	盘亏、报废、毁损的公共基础设施		借：待处理财产损溢 　　公共基础设施累计折旧（摊销） 　　贷：公共基础设施[账面余额]	—

表 2-20　　　**公共基础设施累计折旧（摊销）的主要账务处理**

序号	业务	财务会计处理	预算会计处理
（1）	按月计提公共基础设施折旧或摊销时	借：业务活动费用 　　贷：公共基础设施累计折旧（摊销）	—
（2）	按月对确认为公共基础设施的单独计价入账的土地使用权进行摊销时	借：业务活动费用 　　贷：公共基础设施累计摊销	—

续表

序号	业务	财务会计处理	预算会计处理
（3）	处置公共基础设施时	借：资产处置费用 / 无偿调拨净资产 / 待处理财产损溢等 公共基础设施累计折旧（摊销） 贷：公共基础设施 [账面余额]	—

2.20.4　案例分析

1. 自行建造

【例 2-57】某行政单位根据市政规划自行建造市民广场。该项公共基础设施至交付使用前所完成的全部必要支出为 3 000 000 元。该单位的账务处理如下。

财务会计：

借：公共基础设施　　　　　　　　　　　　　　　　　　　3 000 000

　　贷：在建工程　　　　　　　　　　　　　　　　　　　　3 000 000

2. 接受无偿调入

【例 2-58】某行政单位接受上级无偿调入健身设施。经评估，该项公共基础设施的价值为 200 000 元。为方便该设施达到预定可使用状态，该单位支付安装费 10 000 元。该单位的账务处理如下。

财务会计：

借：公共基础设施　　　　　　　　　　　　　　　　　　　210 000

　　贷：无偿调拨净资产　　　　　　　　　　　　　　　　　200 000

　　　　银行存款　　　　　　　　　　　　　　　　　　　　10 000

预算会计：

借：其他支出　　　　　　　　　　　　　　　　　　　　　10 000

　　贷：资金结存——货币资金　　　　　　　　　　　　　　10 000

3. 外购

【例 2-59】某行政单位外购一批防灾设施，使用财政授权支付方式支付款项 100 000 元，支付运费等相关支出 2 000 元，其账务处理如下。

财务会计：

借：公共基础设施　　　　　　　　　　　　　　　　　　　102 000

　　贷：零余额账户用款额度　　　　　　　　　　　　　　　102 000

预算会计：

借：行政支出   102 000

  贷：资金结存——零余额账户用款额度   102 000

4. 后续资本化支出

【例2-60】某行政单位为延长市民广场的使用年限对其进行改扩建。该市民广场的账面价值为1 000 000元，已计提折旧200 000元。改扩建中，该单位发生的后续支出共200 000元，使用财政授权支付方式支付该款项。该单位的账务处理如下。

财务会计：

借：在建工程   800 000

  公共基础设施累计折旧   200 000

  贷：公共基础设施   1 000 000

借：在建工程   200 000

  贷：零余额账户用款额度   200 000

预算会计：

借：行政支出   200 000

  贷：资金结存——零余额账户用款额度   200 000

5. 后续费用化支出

【例2-61】某行政单位对其所管理的市民广场进行日常维护，发生日常维护支出共100 000元，使用财政授权支付方式支付该款项。该单位的账务处理如下。

财务会计：

借：业务活动费用   100 000

  贷：零余额账户用款额度   100 000

预算会计：

借：行政支出   100 000

  贷：资金结存——零余额账户用款额度   100 000

6. 损毁

【例2-62】某行政单位所管理的市民广场因洪灾而遭到毁损。该市民广场的原价为3 000 000元，已计提折旧1 000 000元。该单位的账务处理如下。

财务会计：

借：待处理财产损溢   2 000 000

| 公共基础设施累计折旧 | 1 000 000 | |
| 贷：公共基础设施 | | 3 000 000 |

7. 对外捐赠

【例2-63】某行政单位对外捐赠公共基础设施。该设施的账面余额为100 000元，已计提折旧30 000元。另外，该单位用银行存款支付运输费3 000元。该单位的账务处理如下。

财务会计：

借：资产处置费用	73 000	
公共基础设施累计折旧	30 000	
贷：公共基础设施		100 000
银行存款		3 000

预算会计：

| 借：其他支出 | 3 000 | |
| 贷：资金结存——货币资金 | | 3 000 |

8. 折旧（摊销）

【例2-64】某行政单位于2×19年6月1日购买一公园绿地，支付价款200 000元，同时发生相关税费20 000元。该单位用财政授权支付方式支付相关款项。该公园绿地每月折旧2 000元。该单位的账务处理如下。

（1）2×19年6月1日，购买时。

财务会计：

| 借：公共基础设施——公园绿地 | 220 000 | |
| 贷：零余额账户用款额度——项目支出额度 | | 220 000 |

预算会计：

| 借：行政支出——项目支出——资本性支出 | 220 000 | |
| 贷：资金结存——零余额账户用款额度 | | 220 000 |

（2）每月计提折旧时。

财务会计：

| 借：业务活动费用——公共基础设施折旧 | 2 000 | |
| 贷：公共基础设施累计折旧 | | 2 000 |

2.21 政府储备物资

2.21.1 业务简介

政府储备物资，是指行政单位为满足实施国家安全与发展战略、进行抗灾救灾、应对公共突发事件等特定公共需求而控制的，同时具有下列特征的有形资产：

（1）在应对可能发生的特定事件或情形时动用；

（2）其购入、存储保管、更新（轮换）、动用等由政府及相关部门发布的专门管理制度规范。

"政府储备物资"科目用于核算单位控制的政府储备物资的成本。

对政府储备物资不负有行政管理职责但接受委托具体负责执行其存储保管等工作的单位，其受托代储的政府储备物资应当通过"受托代理资产"科目核算，不通过本科目核算。

2.21.2 政府储备物资的确认与计量

1. 政府储备物资的确认

政府储备物资是政府资产的重要组成部分。我国政府储备物资包括战略及能源物资、抢险抗灾救灾物资、农产品、医药物资和其他重要商品物资，对保障国家安全、服务国计民生具有重要意义。政府储备物资在通常情况下由行政单位委托承储单位存储。

从资产物质形态来说，政府储备物资与存货具有一定相似性，但政府储备物资在功能作用、管理方式、资金来源、业务流程等方面与存货存在着显著差异。

首先，从管理方式来看，行政单位对存货一般采取由其自身直接储存的方式进行管理，而政府储备物资主要采取委托存储的管理模式。其次，政府储备物资需要根据特定文件的规定进行采购、存储保管、更新（轮换）、动用等，发出物资收回往往具有不确定性。最后，不同于行政单位通常对自身控制的存货拥有所有权，政府会计准则规定政府储备物资应当由按规定对其负有行政管理职责的行政单位予以确认。行政管理职责主要指提出或拟订收储计划、更新（轮换）计划、动用方案等的职责。如果是对政府储备物资不负有行政管理职责但接受委托具体负责执行其存储保管等工作的行政单位只能将受托代储的政府储备物资作为受托代理资产核算。相关行政管理职责由不同行政单位行使的政府储备物资，由负责提出收储计划的行政单位予以确认。

2．政府储备物资的初始计量

在取得政府储备物资时，应当按照其成本进行初始计量。

（1）外购的政府储备物资，其成本包括购买价款和行政单位承担的相关税费、运输费、装卸费、保险费、检测费，以及使政府储备物资达到目前场所和状态所发生的归属于政府储备物资成本的其他支出。

（2）委托加工的政府储备物资，其成本包括委托加工前物料成本、委托加工的成本（如委托加工费以及按规定应计入委托加工政府储备物资成本的相关税费等），以及行政单位承担的使政府储备物资达到目前场所和状态所发生的归属于政府储备物资成本的其他支出。

（3）接受捐赠的政府储备物资，其成本有 3 种确定方式：①按照有关凭据注明的金额加上行政单位承担的相关税费、运输费等确定；②没有相关凭据，但按规定经过资产评估的，其成本按照评估价值加上行政单位承担的相关税费、运输费等确定；③没有相关凭据，也未经资产评估的，其成本比照同类或类似资产的市场价格加上行政单位承担的相关税费、运输费等确定。不能使用名义金额确定。

（4）接受无偿调入的政府储备物资，其成本按照该物资在调出方的账面价值加上归属于行政单位的相关税费、运输费等确定。

（5）盘盈的政府储备物资，其成本确认方式有 3 种：①按照有关凭据注明的金额确定；②没有相关凭据，但按规定经过资产评估的，其成本按照评估价值确定；③没有相关凭据，也未经资产评估的，其成本按照重置成本确定。

（6）下列各项不计入政府储备物资成本：

①仓储费用；

②日常维护费用；

③不能归属于使政府储备物资达到目前场所和状态所发生的其他支出。

3．政府储备物资的后续计量

（1）发出政府储备物资的成本计价方法与存货的相同，可以采用先进先出法、加权平均法或者个别计价法确定政府储备物资发出的成本。计价方法一经确定，不得随意变更。对于性质和用途相似的政府储备物资，行政单位应当采用相同的成本计价方法确定发出物资的成本。对于不能替代使用的政府储备物资以及为特定项目专门购入或加工的政府储备物资，行政单位通常应采用个别计价法确定发出物资的成本。

（2）因动用而发出无须收回的政府储备物资的，应当在发出物资时将其账面余额予以转销，计入当期费用。

（3）因动用而发出需要收回或者预期可能收回的政府储备物资的，应当在按规定的质量验收标准收回物资时，将未收回物资的账面余额予以转销，计入当期费用。

（4）因行政管理主体变动等而将政府储备物资调拨给其他主体的，行政单位应当在发出物资时将其账面余额予以转销。

（5）行政单位对外销售政府储备物资的，应当在发出物资时将其账面余额转销，计入当期费用，并按规定确认相关销售收入或将销售取得的价款大于所承担的相关税费后的差额做应缴款项处理。

（6）行政单位采取销售采购方式对政府储备物资进行更新（轮换）的，应当将物资轮出视为物资销售，按照对外销售处理；将物资轮入视为物资采购，按照外购处理。

（7）政府储备物资报废、毁损的，行政单位应当按规定报经批准后将报废、毁损的政府储备物资的账面余额予以转销，确认应收款项（确定追究相关赔偿责任的）或计入当期费用（因储存年限到期报废或非人为因素致使报废、毁损的）；同时，将报废、毁损过程中取得的残值变价收入扣除行政单位承担的相关费用后的差额按规定做应缴款项处理（差额为净收益时）或计入当期费用（差额为净损失时）。

（8）政府储备物资盘亏的，行政单位应当按规定报经批准后将盘亏的政府储备物资的账面余额予以转销，确定追究相关赔偿责任的，确认应收款项；属于正常耗费或不可抗力造成的，计入当期费用。

2.21.3 账务处理

1. 取得政府储备物资

（1）购入的政府储备物资验收入库时，按照确定的成本，借记"政府储备物资"科目，贷记"财政拨款收入""零余额账户用款额度""应付账款""银行存款"等科目。

（2）涉及委托加工政府储备物资业务的，相关账务处理参照"加工物品"科目。

（3）接受捐赠的政府储备物资验收入库时，按照确定的成本，借记"政府储备物资"科目；按照捐入方承担的相关税费、运输费等，贷记"零余额账户用款额度""银行存款"等科目；按照其差额，贷记"捐赠收入"科目。

（4）接受无偿调入的政府储备物资验收入库时，按照确定的成本，借记"政府储备物资"科目；按照调入方承担的相关税费、运输费等，贷记"零余额账户用款额度""银行存款"等科目；按照其差额，贷记"无偿调拨净资产"科目。

2. 发出政府储备物资

（1）因动用而发出无须收回的政府储备物资的，按照发出物资的账面余额，借记"业务活动费用"科目，贷记"政府储备物资"科目。

（2）因动用而发出需要收回或者预期可能收回的政府储备物资的，在发出物资时，按照发出物资的账面余额，借记"政府储备物资"科目（发出），贷记"政府储备物资"科目（在库）。按照规定的质量验收标准收回物资时，按照收回物资账面余额，借记"政府储备物资"科目（在库）；按照未收回物资的账面余额，借记"业务活动费用"科目；按照物资发出时登记在"政府储备物资"科目所属"发出"明细科目中的余额，贷记"政府储备物资"科目（发出）。

（3）因行政管理主体变动等而将政府储备物资调拨给其他主体的，按照无偿调出的政府储备物资的账面余额，借记"无偿调拨净资产"科目，贷记"政府储备物资"科目。

（4）对外销售政府储备物资并将销售收入纳入单位预算统一管理的，发出物资时，按照发出物资的账面余额，借记"业务活动费用"科目，贷记"政府储备物资"科目；实现销售收入时，按照确认的收入金额，借记"银行存款""应收账款"等科目，贷记"其他收入"等科目。

对外销售政府储备物资并按照规定将销售净收入上缴财政的，发出物资时，按照发出物资的账面余额，借记"资产处置费用"科目，贷记"政府储备物资"科目；取得销售价款时，按照实际收到的款项金额，借记"银行存款"等科目，按照发生的相关税费，贷记"银行存款"等科目，按照销售价款大于所承担的相关税费后的差额，贷记"应缴财政款"科目。

3. 政府储备物资盘盈、盘亏、报废或毁损

单位应当定期对政府储备物资进行清查盘点，每年至少盘点一次。对于发

生的政府储备物资盘盈、盘亏或者报废、毁损，应当先记入"待处理财产损溢"科目，按照规定报经批准后及时进行后续账务处理。

（1）盘盈政府储备物资时，按照确定的入账成本，借记"政府储备物资"科目，贷记"待处理财产损溢"科目。

（2）盘亏或者毁损、报废政府储备物资时，按照待处理政府储备物资的账面余额，借记"待处理财产损溢"科目，贷记"政府储备物资"科目。

政府储备物资的主要账务处理如表2-21所示。

表2-21 政府储备物资的主要账务处理

序号	业务		财务会计处理	预算会计处理
（1）	取得政府储备物资	购入的政府储备物资	借：政府储备物资 　贷：财政拨款收入/零余额账户用款额度/应付账款/银行存款等	借：行政支出 　贷：财政拨款预算收入/资金结存
		接受捐赠的政府储备物资	借：政府储备物资 　贷：捐赠收入 　　零余额账户用款额度/银行存款等[捐入方承担的相关税费、运输费等]	借：其他支出[捐入方承担的相关税费] 　贷：财政拨款预算收入/资金结存
		无偿调入的政府储备物资	借：政府储备物资 　贷：无偿调拨净资产 　　零余额账户用款额度/银行存款等[调入方承担的相关税费、运输费等]	借：其他支出[调入方承担的相关税费] 　贷：财政拨款预算收入/资金结存
（2）	发出政府储备物资	动用发出无须收回的政府储备物资	借：业务活动费用 　贷：政府储备物资[账面余额]	—
		动用发出需要收回或预期可能收回的政府储备物资	发出物资时 借：政府储备物资——发出 　贷：政府储备物资——在库 按照规定的质量验收标准收回物资时 借：政府储备物资——在库[收回物资的账面余额] 　业务活动费用[未收回物资的账面余额] 　贷：政府储备物资——发出	—

序号	业务		财务会计处理	预算会计处理
（2）	发出政府储备物资	因行政管理主体变动等而将政府储备物资调拨给其他主体的	借：无偿调拨净资产 　　贷：政府储备物资 [账面余额]	—
		对外销售政府储备物资的	按照规定，物资销售收入纳入本单位预算的	借：业务活动费用 　　贷：政府储备物资 借：银行存款 / 应收账款等 　　贷：其他收入等 借：业务活动费用 　　贷：银行存款等[发生的相关税费]	借：资金结存 [收到的销售价款] 　　贷：其他预算收入 借：行政支出 　　贷：资金结存 [支付的相关税费]
			按照规定，销售收入扣除相关税费后上缴财政的	借：资产处置费用 [账面余额] 　　贷：政府储备物资 借：银行存款等 [收到的销售价款] 　　贷：银行存款等 [发生的相关税费] 　　　应缴财政款	—
（3）	政府储备物资盘盈、盘亏、报废或毁损	盘盈政府储备物资	借：政府储备物资 　　贷：待处理财产损溢	—
		盘亏、报废或毁损政府储备物资	借：待处理财产损溢 　　贷：政府储备物资	—

2.21.4　案例分析

1. 购入的政府储备物资

【例 2-65】某行政单位购入一批用作抗震救灾的政府储备物资，价款为 5 000 000 元，相关税费为 850 000 元，运费、保险费共计 20 000 元。该单位使用财政授权支付方式进行结算，购入的政府储备物资验收入库。该单位的账务处理如下。

财务会计：

借：政府储备物资　　　　　　　　　　　　　　　　　　　　5 870 000

　　贷：零余额账户用款额度　　　　　　　　　　　　　　　　　　5 870 000

预算会计：

借：行政支出   5 870 000

  贷：资金结存——零余额账户用款额度   5 870 000

2. 接受捐赠的政府储备物资

【例2-66】某行政单位接受一批用作抗震救灾的政府储备物资的捐赠，价款为2 000 000元。该单位用银行存款支付运输费用5 000元。物资验收入库。该单位的账务处理如下。

财务会计：

借：政府储备物资   2 005 000

  贷：捐赠收入   2 000 000

    银行存款   5 000

预算会计：

借：其他支出   5 000

  贷：资金结存——货币资金   5 000

3. 发出政府储备物资

【例2-67】接【例2-68】。该行政单位经批准将这批政府储备物资向灾区捐赠，用银行存款支付运输费用2 000元，其账务处理如下。

财务会计：

借：业务活动费用   2 007 000

  贷：政府储备物资   2 005 000

    银行存款   2 000

预算会计：

借：行政支出   2 000

  贷：资金结存——货币资金   2 000

4. 政府储备物资毁损

【例2-68】接【例2-67】。该批政府储备物资由于洪灾损毁，报经批准予以核销。该单位的账务处理如下。

账务会计：

借：待处理财产损溢   2 005 000

  贷：政府储备物资   2 005 000

5. 按照规定对外销售政府储备物资

【例2-69】某行政单位于2×19年1月1日销售一批政府储备物资给南方公司，价值1 000 000元，取得收入1 500 000元。销售时，该单位用银行存款支付发生的其他税费50 000元。2月1日，该单位收到款项。该单位的账务处理如下。

（1）2×19年1月1日，销售时。

财务会计：

借：业务活动费用——商品和服务费用　　　　　　　　　　　　　1 000 000

　　贷：政府储备物资　　　　　　　　　　　　　　　　　　　　　　　1 000 000

借：其他应收款——南方公司　　　　　　　　　　　　　　　　　1 500 000

　　贷：其他收入　　　　　　　　　　　　　　　　　　　　　　　　　1 500 000

借：业务活动费用——商品和服务费用　　　　　　　　　　　　　　　50 000

　　贷：银行存款——基本账户存款　　　　　　　　　　　　　　　　　　50 000

预算会计：

借：行政支出——基本支出——商品和服务支出　　　　　　　　　　　50 000

　　贷：资金结存——货币资金——银行存款　　　　　　　　　　　　　　50 000

（2）2×19年2月1日，收到款项时。

财务会计：

借：银行存款——基本账户存款　　　　　　　　　　　　　　　　1 500 000

　　贷：其他应收款——南方公司　　　　　　　　　　　　　　　　　　1 500 000

预算会计：

借：资金结存——货币资金——银行存款　　　　　　　　　　　　1 500 000

　　贷：其他预算收入　　　　　　　　　　　　　　　　　　　　　　　1 500 000

6. 按照规定将扣除相关税费后的销售收入上缴财政

【例2-70】某行政单位于2×19年1月1日销售一批储备医药品，价值1 000 000元，取得收入1 500 000元。销售时，发生其他税费50 000元，以银行存款支付。该单位按规定上缴财政款项时的账务处理如下。

财务会计：

借：资产处置费用　　　　　　　　　　　　　　　　　　　　　　1 000 000

　　贷：政府储备物资——医药品　　　　　　　　　　　　　　　　　　1 000 000

借：银行存款——基本账户存款　　　　　　　　　　　　　　　　1 500 000

　　贷：银行存款——基本账户存款　　　　　　　　　　　　　　　　　　　50 000

　　　　应缴财政款——应缴国库款　　　　　　　　　　　　　　　　　1 450 000

2.22 文物文化资产

2.22.1 业务简介

"文物文化资产"科目用于核算单位为满足社会公共需求而控制的文物文化资产的成本。

单位为满足自身开展业务活动或其他活动需要而控制的文物和陈列品，应当通过"固定资产"科目核算，不通过本科目核算。因此，文物文化资产和固定资产的文物、陈列品是有区别的：文物文化资产是本单位监管的，不是占有和使用的，是为了满足社会公共需求的；固定资产的文物和陈列品是本单位占有和使用的。

2.22.2 账务处理

1. 取得文物文化资产

（1）外购的文物文化资产，其成本包括购买价款、相关税费以及可归属于该项资产达到预定用途前所发生的其他支出（如运输费、安装费、装卸费等）。

外购文物文化资产时，按照确定的成本，借记"文物文化资产"科目，贷记"财政拨款收入""零余额账户用款额度""应付账款""银行存款"等科目。

（2）接受其他单位无偿调入的文物文化资产，其成本按照该项资产在调出方的账面价值加上归属于调入方的相关费用确定。

调入文物文化资产时，按照确定的成本，借记"文物文化资产"科目，按照发生的归属于调入方的相关费用，贷记"财政拨款收入""零余额账户用款额度""银行存款"等科目，按照其差额，贷记"无偿调拨净资产"科目。

无偿调入的文物文化资产成本无法可靠取得的，按照发生的归属于调入方的相关费用，借记"其他费用"科目，贷记"财政拨款收入""零余额账户用款额度""银行存款"等科目。

（3）接受捐赠的文物文化资产，其成本按照有关凭据注明的金额加上相关费用确定；没有相关凭据，但按照规定经过资产评估的，其成本按照评估价值加上相关费用确定；没有相关凭据，也未经评估的，其成本比照同类或类似资产的市场价格加上相关费用确定。

接受捐赠的文物文化资产时，按照确定的成本，借记"文物文化资产"科目，按照发生的归属于捐入方的相关税费、运输费等，贷记"财政拨款收入""零余额账户用款额度""银行存款"等科目，按照其差额，贷记"捐赠收入"科目。

接受捐赠的文物文化资产成本无法可靠取得的，按照发生的归属于捐入方的相关税费、运输费等，借记"其他费用"科目，贷记"财政拨款收入""零余额账户用款额度""银行存款"等科目。

（4）对于成本无法可靠取得的文物文化资产，单位应当设置备查簿进行登记，待其成本能够可靠确定后按照规定及时入账。

2．与文物文化资产有关的后续支出

参照"公共基础设施"科目相关规定进行处理。

3．按照规定报经批准后处置文物文化资产

（1）报经批准对外捐赠文物文化资产时，按照被捐赠的文物文化资产的账面余额和捐赠过程中发生的归属于捐出方的相关费用合计数，借记"资产处置费用"科目；按照被处置的文物文化资产的账面余额，贷记"文物文化资产"科目；按照捐赠过程中发生的归属于捐出方的相关费用，贷记"银行存款"等科目。

（2）报经批准无偿调出文物文化资产时，按照被调出的文物文化资产的账面余额，借记"无偿调拨净资产"科目，贷记"文物文化资产"科目；同时，按照无偿调出过程中发生的归属于调出方的相关费用，借记"资产处置费用"科目，贷记"银行存款"等科目。

4．盘点文物文化资产

单位应当定期对文物文化资产进行清查盘点，每年至少盘点一次。对于发生的文物文化资产盘盈、盘亏、毁损或报废等，单位应参照"公共基础设施"科目相关规定进行账务处理。

文物文化资产的主要账务处理如表 2-22 所示。

表 2-22　　　　　　　　　　文物文化资产的主要账务处理

序号	业务		财务会计处理	预算会计处理
（1）	取得文物文化资产	外购的文物文化资产	借：文物文化资产 　　贷：财政拨款收入/零余额账户用款额度/应付账款/银行存款等	借：行政支出 　　贷：财政拨款预算收入/资金结存
		接受无偿调入的文物文化资产	借：文物文化资产 　　贷：无偿调拨净资产 　　　　财政拨款收入/零余额账户用款额度/银行存款等[发生的归属于调入方的相关费用] 如无偿调入的文物文化资产成本无法可靠取得的 借：其他费用[发生的归属于调入方的相关费用] 　　贷：财政拨款收入/零余额账户用款额度/银行存款等	借：其他支出[支付的归属于调入方的相关费用] 　　贷：财政拨款预算收入/资金结存
		接受捐赠的文物文化资产	借：文物文化资产 　　贷：捐赠收入 　　　　财政拨款收入/零余额账户用款额度/银行存款等[发生的归属于捐入方的相关费用] 接受捐赠的文物文化资产成本无法可靠取得的 借：其他费用[发生的归属于捐入方的相关费用] 　　贷：财政拨款收入/零余额账户用款额度/银行存款等	借：其他支出[支付的归属于捐入方的相关费用] 　　贷：资金结存等
（2）	按照规定处置文物文化资产	对外捐赠文物文化资产	借：资产处置费用 　　贷：文物文化资产[账面余额] 　　　　银行存款等[归属于捐出方的相关费用]	借：其他支出[支付的归属于捐出方的相关费用] 　　贷：资金结存等
		无偿调出文物文化资产	借：无偿调拨净资产 　　贷：文物文化资产[账面余额] 借：资产处置费用 　　贷：银行存款等[归属于调出方的相关费用]	借：其他支出[支付的归属于调出方的相关费用] 　　贷：资金结存等
（3）	盘点文物文化资产	盘盈时	借：文物文化资产 　　贷：待处理财产损溢	—
		盘亏、毁损、报废时	借：待处理财产损溢 　　贷：文物文化资产[账面余额]	—

2.22.3　案例分析

1. 外购的文物文化资产

【例 2-71】某行政单位用经费购入一批文物文化资产，买价为 10 000 元，运杂费为 1 000 元。有关款项均已通过银行支付。该单位的账务处理如下。

财务会计：

借：文物文化资产　　　　　　　　　　　　　　　　　　11 000

　　贷：银行存款　　　　　　　　　　　　　　　　　　　　11 000

预算会计：

借：行政支出　　　　　　　　　　　　　　　　　　　　11 000

　　贷：资金结存——货币资金　　　　　　　　　　　　　　11 000

2. 接受无偿调入的文物文化资产

【例 2-72】某行政单位接受无偿调入的文物文化资产，价值为 70 000 元，其间发生的运输费为 900 元。该单位的账务处理如下。

财务会计：

借：文物文化资产　　　　　　　　　　　　　　　　　　70 900

　　贷：无偿调拨净资产　　　　　　　　　　　　　　　　　70 000

　　　　银行存款　　　　　　　　　　　　　　　　　　　　900

预算会计：

借：其他支出　　　　　　　　　　　　　　　　　　　　900

　　贷：资金结存——货币资金　　　　　　　　　　　　　　900

3. 接受捐赠的文物文化资产

【例 2-73】某行政单位接受社会捐赠的文物文化资产，价值为 50 000 元，其间发生的运输费为 800 元。该单位的账务处理如下。

财务会计：

借：文物文化资产　　　　　　　　　　　　　　　　　　50 800

　　贷：捐赠收入　　　　　　　　　　　　　　　　　　　　50 000

　　　　银行存款　　　　　　　　　　　　　　　　　　　　800

预算会计：

借：其他支出　　　　　　　　　　　　　　　　　　　　800

　　贷：资金结存——货币资金　　　　　　　　　　　　　　800

4．无偿调出文物文化资产

【例 2-74】某行政单位打算无偿调出内部的一项文物文化资产。该资产的原值为 100 000 元。该单位的账务处理如下。

账务会计：

借：无偿调拨净资产　　　　　　　　　　　　　　　　　100 000

　　贷：文物文化资产　　　　　　　　　　　　　　　　　100 000

5．文物文化资产损毁

【例 2-75】某行政单位于 2×19 年年底对单位的文物文化资产进行盘点，发现价值 3 000 元的文物文化资产毁损，其账务处理如下。

财务会计：

借：待处理财产损溢　　　　　　　　　　　　　　　　　3 000

　　贷：文物文化资产　　　　　　　　　　　　　　　　　3 000

2.23　保障性住房及保障性住房累计折旧

2.23.1　业务简介

"保障性住房"科目用于核算单位为满足社会公共需求而控制的保障性住房的原值。"保障性住房累计折旧"科目用于核算单位计提的保障性住房的累计折旧。

保障性住房应当按照保障性住房的类别、项目等进行明细核算。保障性住房累计折旧应当按照所对应的保障性住房的类别进行明细核算。

2.23.2　账务处理

1．取得保障性住房

（1）外购的保障性住房，其成本包括购买价款、相关税费以及可归属于该项资产达到预定用途前所发生的其他支出。外购保障性住房时，按照确定的成本，借记"保障性住房"科目，贷记"财政拨款收入""零余额账户用款额度""银行存款"等科目。

（2）自行建造的保障性住房交付使用时，按照在建工程成本，借记"保障性住房"科目，贷记"在建工程"科目。已交付使用但尚未办理竣工决算手续的保障性住房，按照估计价值入账，待办理竣工决算后再按照实际成本调整原来的暂估价值。

（3）接受其他单位无偿调入的保障性住房，其成本按照该项资产在调出方的账面价值加上归属于调入方的相关费用确定。无偿调入保障性住房时，按照确定的成本，借记"保障性住房"科目；按照发生的归属于调入方的相关费用，贷记"零余额账户用款额度""银行存款"等科目；按照其差额，贷记"无偿调拨净资产"科目。

（4）接受捐赠、融资租赁取得的保障性住房时，参照"固定资产"科目的相关规定进行处理。

2．与保障性住房有关的后续支出

参照"固定资产"科目的相关规定进行处理。

3．出租保障性住房

按照规定出租保障性住房并将出租收入上缴同级财政，按照收取的租金金额，借记"银行存款"等科目，贷记"应缴财政款"科目。

4．按照规定报经批准后处置保障性住房

（1）报经批准后出售保障性住房时，按照被出售的保障性住房的账面价值，借记"资产处置费用"科目；按照保障性住房已计提的折旧额，借记"保障性住房累计折旧"科目；按照保障性住房的账面余额，贷记"保障性住房"科目。同时，按照收到的价款，借记"银行存款"等科目；按照出售过程中发生的相关费用，贷记"银行存款"等科目；按照其差额，贷记"应缴财政款"科目。

（2）报经批准后无偿调出保障性住房时，按照保障性住房已计提的折旧额，借记"保障性住房累计折旧"科目；按照被调出的保障性住房账面余额，贷记"保障性住房"科目；按照其差额，借记"无偿调拨净资产"科目。同时，按照无偿调出过程中发生的归属于调出方的相关费用，借记"资产处置费用"科目，贷记"银行存款"等科目。

5．保障性住房定期盘点清查

单位应当定期对保障性住房进行清查盘点。对于发生的保障性住房盘盈、盘亏、毁损或报废等，参照"固定资产"科目的相关规定进行账务处理。

6. 保障性住房累计折旧

（1）按月计提保障性住房折旧时，按照应计提的折旧额，借记"业务活动费用"科目，贷记"保障性住房累计折旧"科目。

（2）报经批准后处置保障性住房时，按照所处置的保障性住房的账面价值，借记"资产处置费用""无偿调拨净资产""待处理财产损溢"等科目；按照已计提的折旧额，借记"保障性住房累计折旧"科目；按照保障性住房的账面余额，贷记"保障性住房"科目。

保障性住房及其累计折旧的主要账务处理如表 2-23 所示。

表 2-23　　　　　　　保障性住房及其累计折旧的主要账务处理

序号	业务		财务会计处理	预算会计处理
（1）	取得保障性住房时	外购的保障性住房	借：保障性住房 　贷：财政拨款收入 / 零余额账户用款额度 / 银行存款等	借：行政支出 　贷：财政拨款预算收入 / 资金结存
		自行建造的保障性住房，工程完工交付使用时	借：保障性住房 　贷：在建工程	—
		无偿调入的保障性住房	借：保障性住房 　贷：银行存款 / 零余额账户用款额度等 [发生的归属于调入方的相关费用] 　无偿调拨净资产 [差额]	借：其他支出 [支付的相关税费] 　贷：资金结存等
（2）	出租保障性住房	按照收取或应收的租金金额	借：银行存款 / 应收账款 　贷：应缴财政款	—
（3）	处置保障性住房	出售保障性住房	借：资产处置费用 　保障性住房累计折旧 　贷：保障性住房 [账面余额]	—
			借：银行存款等 [处置保障性住房收到的价款] 　贷：应缴财政款 　银行存款等 [发生的相关费用]	—

序号	业务		财务会计处理	预算会计处理
（3）	处置保障性住房	无偿调出保障性住房	借：无偿调拨净资产 　　保障性住房累计折旧 　贷：保障性住房［账面余额］	——
			借：资产处置费用 　贷：银行存款等［归属于调出方的相关费用］	借：其他支出 　贷：资金结存等
（4）	定期盘点清查保障性住房	盘盈的保障性住房	借：保障性住房 　贷：待处理财产损溢	——
		盘亏、毁损或报废的保障性住房	借：待处理财产损溢［账面价值］ 　　保障性住房累计折旧 　贷：保障性住房［账面余额］	——
（5）	保障性住房折旧	按月计提保障性住房折旧时	借：业务活动费用 　贷：保障性住房累计折旧	——
		处置保障性住房时	借：待处理财产损溢／无偿调拨净资产／资产处置费用等 　　保障性住房累计折旧 　贷：保障性住房［账面余额］	涉及资金支付的，参照"保障性住房"科目的相关账务处理

2.23.3 案例分析

【例 2-76】2×19 年 3 月 15 日，某行政单位外购一批保障性住房，支付价款 2 000 000 元。该单位使用财政授权支付方式进行支付，则其账务处理如下。

财务会计：

借：保障性住房　　　　　　　　　　　　　　　2 000 000

　　贷：零余额账户用款额度　　　　　　　　　　　　　2 000 000

预算会计：

借：行政支出　　　　　　　　　　　　　　　　2 000 000

　　贷：资金结存——零余额账户用款额度　　　　　　　2 000 000

【例 2-77】2×19 年 10 月 15 日，某行政单位自行建造的保障性住房工程完工交付使用，前期投入工程价款 3 000 000 元，其账务处理如下。

账务会计：

借：保障性住房   3 000 000

  贷：在建工程   3 000 000

【例2-78】2×19年10月30日，某行政单位接受无偿调入的保障性住房10套，价值4 000 000元。该单位用银行存款支付相关费用20 000元。该单位的账务处理如下。

财务会计：

借：保障性住房   4 020 000

  贷：银行存款   20 000

    无偿调拨净资产   4 000 000

预算会计：

借：其他支出   20 000

  贷：资金结存——货币资金   20 000

2.24　其他资产

行政单位中可能涉及的其他资产主要包括受托代理资产、长期待摊费用、待处理财产损溢三大类。

2.24.1　业务简介

1. 受托代理资产

"受托代理资产"科目用于核算行政单位接受委托方委托管理的各项资产，包括受托指定转赠的物资、受托储存保管的物资等的成本。单位管理的罚没物资也应当通过"受托代理资产"科目核算。单位收到的受托代理资产为现金和银行存款的，不通过"受托代理资产"科目核算，应当通过"库存现金""银行存款"科目进行核算。

2. 长期待摊费用

"长期待摊费用"科目用于核算行政单位已经支出，但应由本期和以后各期负担的分摊期限在1年以上（不含1年）的各项费用，如以经营租赁方式租入的固定资产发生的改良支出等。

3．待处理财产损溢

"待处理资产损溢"科目用于核算行政单位待处置资产的价值及处置损溢。

本科目应当按照待处置资产项目进行明细核算；对于在资产处置过程中取得的相关收入、发生的相关费用的项目，还应设置"待处理财产价值""处理净收入"明细科目，进行明细核算。

2.24.2　账务处理

1．受托代理资产

（1）受托转赠物资。

①接受委托人委托需要转赠给受赠人的物资，其成本按照有关凭据注明的金额确定。接受委托转赠的物资验收入库时，按照确定的成本，借记"受托代理资产"科目，贷记"受托代理负债"科目。

受托协议约定由受托方承担相关税费、运输费等的，还应当按照实际支付的相关税费、运输费等金额，借记"其他费用"科目，贷记"财政拨款收入""零余额账户用款额度""银行存款"等科目。

②将受托转赠物资交付受赠人时，按照转赠物资的成本，借记"受托代理负债"科目，贷记"受托代理资产"科目。

③转赠物资的委托人取消了对捐赠物资的转赠要求，且不再收回捐赠物资的，应当将转赠物资转为单位的存货、固定资产等。按照转赠物资的成本，借记"受托代理负债"科目，贷记"受托代理资产"科目；同时，借记"库存物品""固定资产"等科目，贷记"其他收入"科目。

（2）受托储存保管物资。

①接受委托人委托储存保管的物资，其成本按照有关凭据注明的金额确定。接受委托储存的物资验收入库时，按照确定的成本，借记"受托代理资产"科目，贷记"受托代理负债"科目。

②发生由受托单位承担的与受托储存保管的物资相关的运输费、保管费等费用时，按照实际发生的费用金额，借记"其他费用"等科目，贷记"财政拨款收入""零余额账户用款额度""银行存款"等科目。

③根据委托人要求交付或发出受托储存保管的物资时，按照发出物资的成本，借记"受托代理负债"科目，贷记"受托代理资产"科目。

（3）罚没物资。

①取得罚没物资时，其成本按照有关凭据注明的金额确定。罚没物资验收（入库）时，按照确定的成本，借记"受托代理资产"科目，贷记"受托代理负债"科目。罚没物资成本无法可靠确定的，单位应当设置备查簿进行登记。

②按照规定处置或移交罚没物资时，按照罚没物资的成本，借记"受托代理负债"科目，贷记"受托代理资产"科目。处置时取得款项的，按照实际取得的款项金额，借记"银行存款"等科目，贷记"应缴财政款"等科目。

（4）单位受托代理的其他实物资产，参照"受托代理资产"科目有关受托转赠物资、受托储存保管物资的规定进行账务处理。

受托代理资产的主要账务处理如表2-24所示。

表2-24　　　　　　　　　受托代理资产的主要账务处理

序号	业务		财务会计处理	预算会计处理
（1）	受托转赠物资	接受委托人委托需要转赠给受赠人的物资	借：受托代理资产 贷：受托代理负债	—
		受托协议约定由受托方承担相关税费、运输费等的	借：其他费用 贷：财政拨款收入/零余额账户用款额度/银行存款等	借：其他支出[实际支付的相关税费、运输费等] 贷：财政拨款预算收入/资金结存
		将受托转赠物资交付受赠人时	借：受托代理负债 贷：受托代理资产	—
		转赠物资的委托人取消了对捐赠物资的转赠要求，且不再收回捐赠物资的	借：受托代理负债 贷：受托代理资产 借：库存物品/固定资产等 贷：其他收入	—
（2）	受托储存保管物资	接受委托人委托储存保管的物资	借：受托代理资产 贷：受托代理负债	—
		支付由受托单位承担的与受托储存保管的物资相关的运输费、保管费等	借：其他费用等 贷：财政拨款收入/零余额账户用款额度/银行存款等	借：其他支出等[实际支付的运输费、保管费等] 贷：财政拨款预算收入/资金结存
		根据委托人要求交付或发出受托储存保管的物资时	借：受托代理负债 贷：受托代理资产	—

序号	业务		财务会计处理	预算会计处理
（3）	罚没物资	取得罚没物资时	借：受托代理资产 贷：受托代理负债	—
		按照规定处置或移交罚没物资时	借：受托代理负债 贷：受托代理资产 处置时取得款项的 借：银行存款等 贷：应缴财政款等	—

2. 长期待摊费用

（1）发生长期待摊费用时，按照支出的金额，借记"长期待摊费用"科目，贷记"财政拨款收入""零余额账户用款额度""银行存款"等科目。

（2）按照受益期间摊销长期待摊费用时，按照摊销的金额，借记"业务活动费用"等科目，贷记"长期待摊费用"科目。

（3）如果某项长期待摊费用已经不能使单位受益，应当将其摊余金额一次全部转入当期费用。按照摊销的金额，借记"业务活动费用"等科目，贷记"长期待摊费用"科目。

长期待摊费用的主要账务处理如表2-25所示。

表 2-25 长期待摊费用的主要账务处理

序号	业务	财务会计处理	预算会计处理
（1）	发生长期待摊费用	借：长期待摊费用 贷：财政拨款收入/零余额账户 用款额度/银行存款等	借：行政支出等 贷：财政拨款预算收 入/资金结存
（2）	按期摊销或一次转销长期待摊费用剩余账面余额	借：业务活动费用等 贷：长期待摊费用	—

3. 待处理财产损溢

（1）账款核对时发现的库存现金短缺或溢余。

①每日账款核对中发现的现金短缺或溢余，属于现金短缺的，按照实际短缺的金额，借记"待处理财产损溢"科目，贷记"库存现金"科目；属于现金溢余的，按照实际溢余的金额，借记"库存现金"科目，贷记"待处理财产损溢"科目。

②如为现金短缺，属于应由责任人赔偿或向有关人员追回的，借记"其他应收款"科目，贷记"待处理财产损溢"科目；属于无法查明原因的，报经批准核销时，借记"资产处置费用"科目，贷记"待处理财产损溢"科目。

③如为现金溢余，属于应支付给有关人员或单位的，借记"待处理财产损溢"科目，贷记"其他应付款"科目；属于无法查明原因的，报经批准后，借记"待处理财产损溢"科目，贷记"其他收入"科目。

（2）资产清查过程中发现的存货、固定资产、无形资产、公共基础设施、政府储备物资、文物文化资产、保障性住房等各种资产盘盈、盘亏或报废、毁损。

①盘盈的各类资产。

转入待处理资产时，按照确定的成本，借记"库存物品""固定资产""无形资产""公共基础设施""政府储备物资""文物文化资产""保障性住房"等科目，贷记"待处理财产损溢"科目。

按照规定报经批准后，对于盘盈的流动资产，借记"待处理财产损溢"科目，贷记"业务活动费用"科目。对于盘盈的非流动资产，如属于本年度取得的，按照当年新取得相关资产进行账务处理；如属于以前年度取得的，按照前期差错处理，借记"待处理财产损溢"科目，贷记"以前年度盈余调整"科目。

②盘亏或毁损、报废的各类资产。

转入待处理资产时，借记"待处理财产损溢"科目（待处理财产价值）[盘亏、毁损、报废固定资产、无形资产、公共基础设施、保障性住房的，还应借记"固定资产累计折旧""无形资产累计摊销""公共基础设施累计折旧（摊销）""保障性住房累计折旧"科目]，贷记"库存物品""固定资产""无形资产""公共基础设施""政府储备物资""文物文化资产""保障性住房""在建工程"等科目。涉及增值税业务的，相关账务处理参见"应交增值税"科目。

报经批准处理时，借记"资产处置费用"科目，贷记"待处理财产损溢"科目（待处理财产价值）。

对于处理毁损、报废实物资产过程中取得的残值或残值变价收入、保险理赔和过失人赔偿等，借记"库存现金""银行存款""库存物品""其他应收款"等科目，贷记"待处理财产损溢"科目（处理净收入）。

对于处理毁损、报废实物资产过程中发生的相关费用，借记"待处理财产损溢"科目（处理净收入），贷记"库存现金""银行存款"等科目。

处理收支结清，如果处理收入大于相关费用，则按照处理收入减去相关费用后的净收入，借记"待处理财产损溢"科目（处理净收入），贷记"应缴财政款"等科目；如果处理收入小于相关费用，则按照相关费用减去处理收入后的净支出，借记"资产处置费用"科目，贷记"待处理财产损溢"科目（处理净收入）。

待处理财产损溢的主要账务处理如表 2-26 所示。

表 2-26　　　　　　　　　　待处理财产损溢的主要账务处理

序号	业务			财务会计处理	预算会计处理
（1）	账款核对时发现的库存现金短缺或溢余			参照"库存现金"科目的账务处理	
（2）	盘盈的非现金资产	转入待处理资产时		借：库存物品 / 固定资产 / 无形资产 / 公共基础设施 / 政府储备物资 / 文物文化资产 / 保障性住房等 贷：待处理财产损溢	—
		报经批准后处理时	对于流动资产	借：待处理财产损溢 贷：业务活动费用	—
			对于非流动资产	借：待处理财产损溢 贷：以前年度盈余调整	—
（3）	盘亏或毁损、报废的非现金资产	转入待处理资产时		借：待处理财产损溢——待处理财产价值 固定资产累计折旧 / 公共基础设施累计折旧（摊销）/ 无形资产累计摊销 / 保障性住房累计折旧 贷：库存物品 / 固定资产 / 公共基础设施 / 无形资产 / 政府储备物资 / 文物文化资产 / 保障性住房 / 在建工程等	—

序号	业务		财务会计处理	预算会计处理
（3）	盘亏或毁损、报废的非现金资产	报经批准处理时	借：资产处置费用 　　贷：待处理财产损溢——待处理财产价值	—
		处理毁损、报废实物资产过程中取得的残值或残值变价收入、保险理赔或过失人赔偿等	借：库存现金 / 银行存款 / 库存物品 / 其他应收款等 　　贷：待处理财产损溢——处理净收入	—
		处理毁损、报废实物资产过程中发生的相关费用	借：待处理财产损溢——处理净收入 　　贷：库存现金 / 银行存款等	—
		处理收支结清，处理收入大于相关费用的	借：待处理财产损溢——处理净收入 　　贷：应缴财政款等	—
		处理收支结清，处理收入小于相关费用的	借：资产处置费用 　　贷：待处理财产损溢——处理净收入	借：其他支出 　　贷：资金结存等 [支付的处理净支出]

2.24.3　案例分析

1. 受托代理资产

【例2-79】2×19年6月3日，某行政单位接受一批由E公司捐赠给甲希望小学的受托转赠物资。该物资已验收入库。该批物资的实际成本为360 000元。该单位使用银行存款支付运费5 000元。该单位的账务处理如下。

财务会计：

借：受托代理资产　　　　　　　　　　　　　　　　　　360 000

　　贷：受托代理负债　　　　　　　　　　　　　　　　　　　360 000

借：其他费用　　　　　　　　　　　　　　　　　　　　5 000

　　贷：银行存款　　　　　　　　　　　　　　　　　　　　　5 000

预算会计：

借：其他支出　　　　　　　　　　　　　　　　　　　　5 000

　　贷：资金结存——货币资金　　　　　　　　　　　　　　　5 000

2×19 年 7 月 5 日，该行政单位将物资交付给受赠人甲希望小学。该单位的账务处理如下。

财务会计：

借：受托代理负债 　　　　　　　　　　　　　　　　　360 000

　　贷：受托代理资产 　　　　　　　　　　　　　　　　　360 000

【例 2-80】2×19 年 7 月 7 日，某行政单位接受一批由 F 公司委托储存保管的物资。该批物资的实际成本为 480 000 元。该行政单位用银行存款支付运费 6 000 元，并将物资验收入库。该单位的账务处理如下。

财务会计：

借：受托代理资产 　　　　　　　　　　　　　　　　　480 000

　　贷：受托代理负债 　　　　　　　　　　　　　　　　　480 000

借：其他费用 　　　　　　　　　　　　　　　　　　　6 000

　　贷：银行存款 　　　　　　　　　　　　　　　　　　　6 000

预算会计：

借：其他支出 　　　　　　　　　　　　　　　　　　　6 000

　　贷：资金结存——货币资金 　　　　　　　　　　　　　6 000

2×19 年 7 月 16 日，该行政单位根据委托将受托储存保管物资交付，其账务处理如下：

财务会计：

借：受托代理负债 　　　　　　　　　　　　　　　　　480 000

　　贷：受托代理资产 　　　　　　　　　　　　　　　　　480 000

【例 2-81】2×19 年 10 月 1 日，某行政单位没收一批物资。该物资成本为 30 000 元。该单位的账务处理如下。

财务会计：

借：受托代理资产 　　　　　　　　　　　　　　　　　30 000

　　贷：受托代理负债 　　　　　　　　　　　　　　　　　30 000

2×19 年 12 月 1 日，该行政单位按照规定处置罚没物资，取得款项 30 500 元，该单位的账务处理如下。

借：受托代理负债 　　　　　　　　　　　　　　　　　30 000

　　贷：受托代理资产 　　　　　　　　　　　　　　　　　30 000

借：银行存款 30 500

　　贷：应缴财政款 30 500

2. 长期待摊费用

【例2-82】2×19年4月1日，某行政单位对其以经营租赁方式新租入的办公楼进行装修，一共发生120 000元的支出，其间使用财政授权支付方式进行结算。假定不考虑其他因素，则该单位的账务处理如下。

财务会计：

借：长期待摊费用 120 000

　　贷：零余额账户用款额度 120 000

预算会计：

借：行政支出 120 000

　　贷：资金结存——零余额账户用款额度 120 000

【例2-83】接【例2-82】。2×19年11月30日，该办公楼装修完工，达到预定可使用状态并交付使用，按租赁期10年开始进行摊销。假定不考虑其他因素，该单位的账务处理如下。

2×19年12月，摊销装修支出时。

财务会计：

借：业务活动费用 1 000

　　贷：长期待摊费用 1 000

3. 待处理财产损溢

【例2-84】某行政单位在2×19年11月10日对固定资产盘点时，盘盈一台设备。该设备的账面价值为3 000元。报经批准后，该单位于2×19年12月10日对该设备进行处理。该单位的账务处理如下。

（1）2×19年11月10日，盘盈设备时。

财务会计：

借：固定资产——设备 3 000

　　贷：待处理财产损溢 3 000

（2）2×19年12月10日，报经批准处理时。

财务会计：

借：待处理财产损溢 3 000

　　贷：以前年度盈余调整 3 000

【**例 2-85**】某行政单位在 2×19 年 6 月 1 日对固定资产盘点时，发现一台设备 B 毁损。设备 B 的账面价值为 5 000 元，已计提折旧 4 000 元。2×19 年 6 月 10 日，该单位报经批准处理设备 B；2×19 年 6 月 30 日，因变卖毁损的设备 B 而获取 300 元，另支付运费 100 元。该单位的账务处理如下。

（1）2×19 年 6 月 1 日，发现设备 B 毁损时。

财务会计：

借：待处理财产损溢——待处理财产价值　　　　　　　　　　　　1 000

　　固定资产累计折旧　　　　　　　　　　　　　　　　　　　　4 000

　　贷：固定资产　　　　　　　　　　　　　　　　　　　　　　　　5 000

（2）2×19 年 6 月 10 日，报经批准处理时。

财务会计：

借：资产处置费用　　　　　　　　　　　　　　　　　　　　　　1 000

　　贷：待处理财产损溢——待处理财产价值　　　　　　　　　　　　1 000

（3）2×19 年 6 月 30 日，发生相关费用和收入时。

财务会计：

借：银行存款　　　　　　　　　　　　　　　　　　　　　　　　300

　　贷：待处理财产损溢——处理净收入　　　　　　　　　　　　　　300

借：待处理财产损溢——处理净收入　　　　　　　　　　　　　　100

　　贷：银行存款　　　　　　　　　　　　　　　　　　　　　　　　100

借：待处理财产损溢——处理净收入　　　　　　　　　　　　　　200

　　贷：应缴财政款　　　　　　　　　　　　　　　　　　　　　　　200

第3章 负债

3.1 负债概述

3.1.1 负债的概念与分类

一、负债的概念

负债是指行政单位过去的经济业务或者事项形成的，预期会导致经济资源流出行政单位的现时义务。现时义务是指行政单位在现行条件下已承担的义务。未来发生的经济业务或者事项形成的义务不属于现时义务，不应当确认为负债。

1. 负债的概念理解

（1）负债是行政单位在过去和现实的经济业务中产生的，且在未来偿还的一项经济负担。它代表行政单位未来资金的交付、资产或劳务的提供，但未来经济业务可能发生的负债，不包括在会计负债中。

（2）负债须以货币计量。

有些负债（如应付所得税）的金额要根据经营情况而确定，对其偿付金额可以做出合理的估计，但难以用货币计量的负债就不能入账。

（3）负债须有确切的债权人和到期日。

对于可以做出合理估计的，有确切的债权人和到期日的义务，应确认为负债；对于某些不能合理估计的，但是有可能在将来发生损失的事项，在资产负债表中予以揭示。

2. 负债的确认条件

行政单位的某项义务被确认为负债时，除了符合负债的定义外，还应当同时满足以下两个条件。

（1）履行该义务很可能导致含有服务潜力或者经济利益的经济资源流出行政单位。

从负债的定义来看，负债预期会导致经济资源流出行政单位，但是为履行义务而流出行政单位的经济利益带有不确定性。因此，行政单位负债的确认应当与经济利益可能流出的不确定性程度的判断结合起来。如果有确凿证据表明，与该义务相关的经济利益很可能流出行政单位，就应当将其作为负债予以确认；反之，如果行政单位承担该义务，但是引起经济利益流出行政单位的可能性不复存在，该义务就不符合负债的确认条件，不应当将其确认为负债。

（2）该义务的金额能够可靠地计量。

行政单位负债的确认在考虑经济利益流出行政单位的同时，未来流出的经济利益的金额应当能够可靠计量。与法定义务有关的经济利益流出金额，通常可以根据合同或者法律规定的金额进行确定。

二、负债的分类

行政单位的负债按照流动性，可分为流动负债和非流动负债。负债的流动性主要是就负债的偿还期限来说的。预计在 1 年内（含 1 年）偿还的负债称为流动负债，流动负债以外的负债称为非流动负债。这要区别于资产的流动性，资产流动性主要是就资产的变现能力来说的。

1. 流动负债

流动负债是指预计在 1 年内（含 1 年）偿还的负债，包括应付款项、应付职工薪酬、应缴款项等。

（1）应付款项。

应付款项是指行政单位在开展业务活动中发生的各项债务，包括应付账款、其他应付款等应付款项。

应付账款是指行政单位因购买材料、物资等应付而未付的款项。这是买卖双方在购销活动中由于取得物资与支付货款在时间上不一致而产生的负债。

其他应付款是指行政单位除应缴税费、应缴国库款、应缴财政专户、应付职工薪酬、应付账款之外的其他各项偿还期限在 1 年以内（含 1 年）的应付款，如存入保证金等。

（2）应付职工薪酬。

应付职工薪酬是指行政单位应付未付的职工工资、津贴补贴等，包括基本工资、绩效工资、国家统一规定的津贴补贴、社会保险费、住房公积金等。从经济意义角度来看，应付职工薪酬实质上反映了行政单位与职工之间提供劳务和支付报酬的关系。

（3）应缴款项。

应缴款项是指行政单位应缴未缴的各种款项，包括应当上缴国库或者财政专户的款项、应缴税费，以及其他按照国家有关规定应当上缴的款项。

应缴国库款，是指行政单位按规定取得的应上缴国家预算的各种款项，包括：行政单位代收的纳入预算管理的基金、纳入预算管理的行政性收费收入、罚没收入，其他按预算管理规定应上缴预算的款项。

应缴财政专户款，是指行政单位按规定代收的应上缴财政专户的收入。财政专户实际上是财政预算外资金专户的简称。按照国务院的有关规定，各行政单位根据国家法律和具有法律效力的规章而收取、提留和安排使用的未纳入国家预算管理的各种财政性资金，属于预算外资金。行政单位的预算外资金主要包括：根据国家法律、法规规定收取、提取的各种行政性收费、基金和附加收入等；国务院或省级人民政府及其财政、计划（物价）部门审批的行政性收费；主管部门从所属单位集中的上缴资金；用于乡镇政府开支的自筹资金和统筹资金；其他未纳入预算管理的财政性资金。

应缴税费，是指行政单位按照税法等规定计算应缴纳的各种税费，包括增值税、城市维护建设税、教育费附加、地方教育附加、车船税、房产税、城镇土地使用税、行政单位代扣代缴的个人所得税等。行政单位应缴纳的印花税不需要预提应缴税费，直接通过支出等有关科目核算。

2．非流动负债

非流动负债是指流动负债以外的负债，包括长期应付款、受托代理负债等。

（1）长期应付款。

长期应付款是指行政单位发生的偿还期限超过1年（不含1年）的应付款项，主要指行政单位融资租入固定资产发生的应付租赁款。

（2）受托代理负债。

受托代理负债是指行政单位接受委托，取得受托管理资产时形成的负债。

3.1.2　负债的计量

行政单位负债的计量属性主要包括历史成本、现值和公允价值。

在历史成本计量下，负债按照因承担现时义务而实际收到的款项或者资产的金额，或者承担现时义务的合同金额，或者按照为偿还负债预期需要支付的现金计量。

在现值计量下，负债按照预计期限内需要偿还的未来净现金流出量的折现金额计量。

在公允价值计量下，负债按照市场参与者在计量日发生的有序交易中，转移负债所需支付的价格计量。

行政单位在对负债进行计量时，一般应当采用历史成本。采用现值、公允价值计量的，应当保证所确定的负债金额能够持续、可靠计量。

3.1.3　负债的管理要求

行政单位应当对不同性质的负债分类管理，及时清理并按照规定办理结算，保证各项负债在规定期限内归还。行政单位应当建立健全财务风险控制机制，规范和加强借入款项管理，严格执行审批程序，不得违反规定举借债务和提供担保。

3.2　流动负债的核算

3.2.1　应交增值税

一、应交增值税的概念

应交增值税是指单位销售货物或者提供加工、修理修配劳务活动本期应缴纳的增值税，其交税主体分为一般纳税人和小规模纳税人。

二、应交增值税的账务处理

1. 单位取得资产或接受服务等

（1）业务概述。

进项税抵扣的情况较为复杂，根据税法规定，不同业务进项税抵扣的情形分为不可抵扣、可以抵扣，以及可以分期抵扣。进项税抵扣情况分类及抵扣情况的变化如图 3-1 所示。

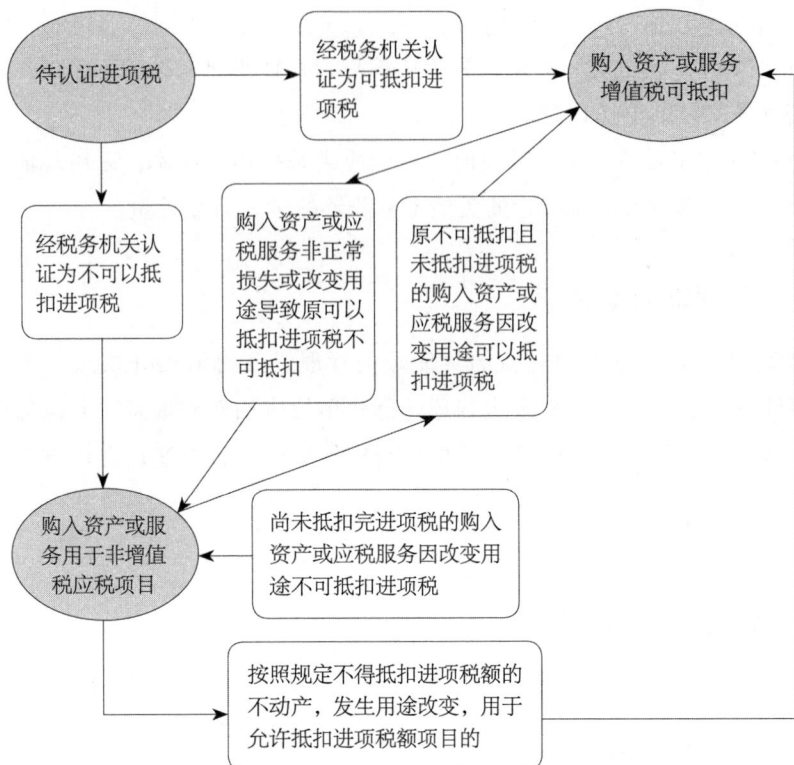

图 3-1　进项税抵扣情况分类及抵扣情况的变化

（2）账务处理。

①采购等业务进项税额允许抵扣。

单位购买用于增值税应税项目的资产或服务等时，按照应计入相关成本费用或资产的金额，借记"业务活动费用""在途物品""库存物品""工程物资""在建工程""固定资产""无形资产"等科目，按照当月已认证的可抵扣增值税额，借记"应交增值税——应交税金（进项税额）"科目，按照当月未认证的可抵扣增值税额，借记"应交增值税——待认证进项税额"科目；按照应付或实际支付的金额，贷记"应付账款""银行存款""零余额账户用款额度"等科目。发生退货的，如原增值税专用发票已做认证，应根据税务机关开具的红字增值税专用发票做相反的会计分录；如原增值税专用发票未做认证，应将发票退回并做相反的会计分录。相关账务处理如图 3-2 所示。

财务会计：

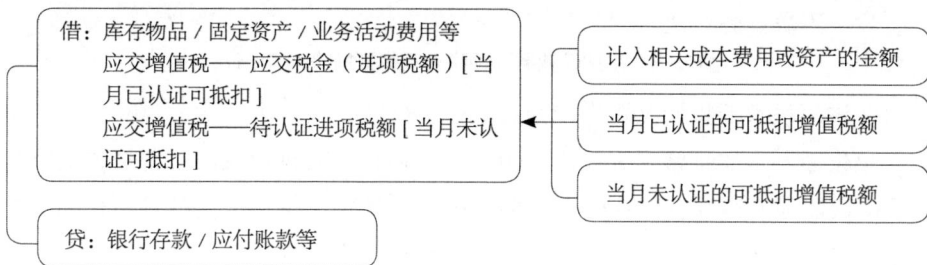

预算会计：

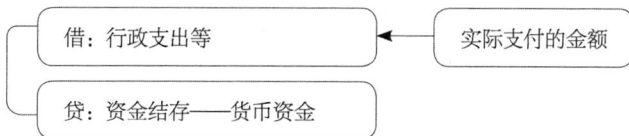

图 3-2　采购等业务进项税额允许抵扣的账务处理

②采购等业务进项税额不得抵扣。

单位购进资产或服务等，用于简易计税方法计税项目、免征增值税项目、集体福利或个人消费等或小规模纳税人购买资产或服务等时，其进项税额按照现行增值税制度规定不得从销项税额中抵扣的，取得增值税专用发票时，应按照增值税发票注明的金额，借记相关成本费用或资产科目，按照待认证的增值税进项税额，借记"应交增值税——待认证进项税额"科目，按照实际支付或应付的金额，贷记"银行存款""应付账款""零余额账户用款额度"等科目。经税务机关认证为不可抵扣进项税时，借记"应交增值税——应交税金（进项税额）"科目，贷记"应交增值税——待认证进项税额"科目，同时，将进项税额转出，借记相关成本费用科目，贷记"应交增值税——应交税金（进项税额转出）"科目。相关账务处理如图 3-3 所示。

财务会计：

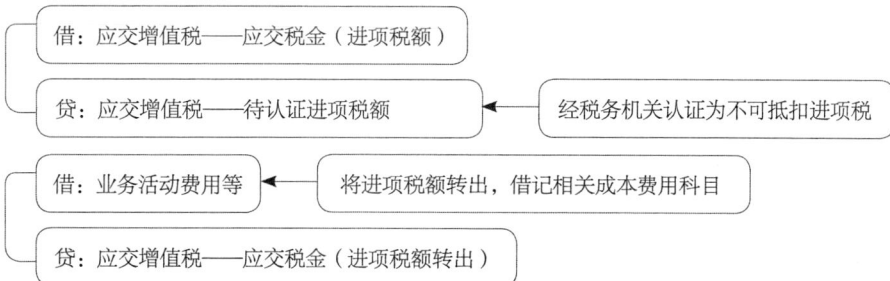

预算会计：

不做账务处理。

图 3-3　采购等业务进项税额不得抵扣的账务处理

③进项税额抵扣情况发生改变。

单位因发生非正常损失或改变用途等，原已计入进项税额、待抵扣进项税额或待认证进项税额，但按照现行增值税制度规定不得从销项税额中抵扣的，借记"待处理财产损溢""固定资产""无形资产"等科目，贷记"应交增值税——应交税金（进项税额转出）""应交增值税——待认证进项税额""应交增值税——待抵扣进项税额"科目。进项税额抵扣情况发生改变的账务处理如图 3-4 所示。

财务会计：

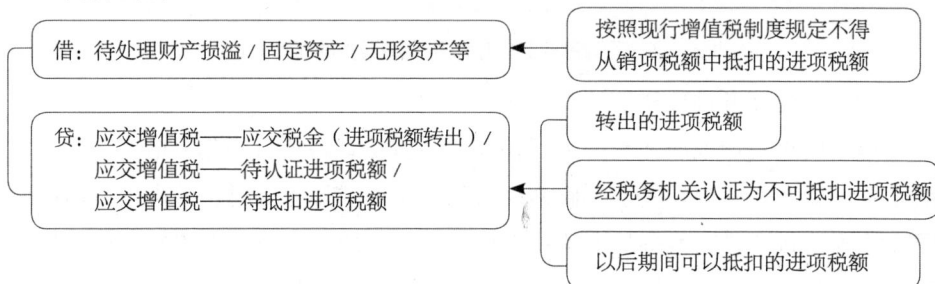

预算会计：

不做账务处理。

图 3-4　进项税额抵扣情况发生改变的账务处理

原不得抵扣且未抵扣进项税额的固定资产、无形资产等，因改变用途等用于允许抵扣进项税额的应税项目的，应按照允许抵扣的进项税额，借记"应交增值税——应交税金（进项税额）"科目，贷记"固定资产""无形资产"等科目。固定资产、无形资产等经上述调整后，应按照调整后的账面价值在剩余尚可使用年限内计提折旧或摊销。改变用途等用于允许抵扣进项税额的账务处理如图 3-5 所示。

财务会计：

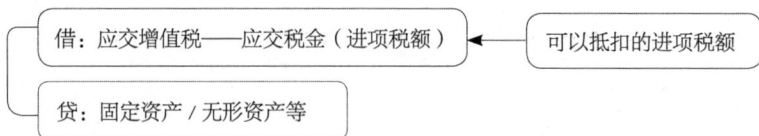

预算会计：

不做账务处理。

图 3-5　改变用途等用于允许抵扣进项税额的账务处理

④购买方作为扣缴义务人。

按照现行增值税制度规定，境外单位或个人在境内发生应税行为，在境内未设有经营机构的，以购买方为增值税扣缴义务人。境内一般纳税人购进服务或资产时，按照应计入相关成本费用或资产的金额，借记"业务活动费用""在途物品""库存物品""工程物资""在建工程""固定资产""无形资产"等科目，按照可抵扣的增值税额，借记"应交增值税——应交税金（进项税额）"科目（小规模纳税人应借记相关成本费用或资产科目）；按照应付或实际支付的金额，贷记"银行存款""应付账款"等科目，按照应代扣代交的增值税额，贷记"应交增值税"科目（代扣代交增值税）。实际缴纳代扣代交增值税时，按照代扣代交的增值税额，借记"应交增值税"科目（代扣代交增值税），贷记"银行存款""零余额账户用款额度"等科目。购买方作为扣缴义务人时的账务处理如图 3-6 所示。

产生代扣代交义务时。

财务会计：

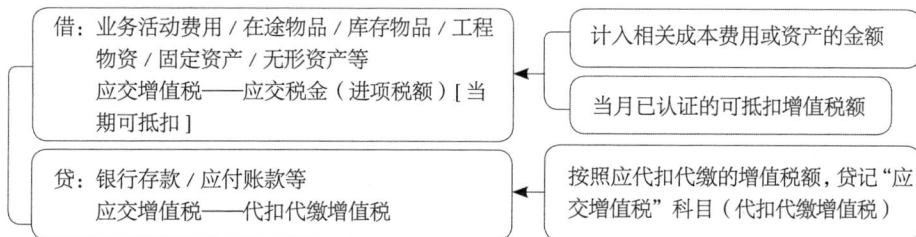

预算会计：

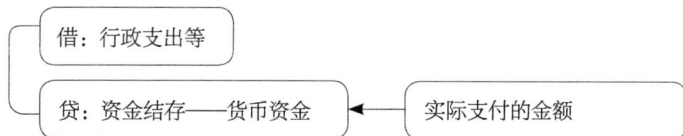

实际缴纳代扣代缴增值税时。

财务会计：

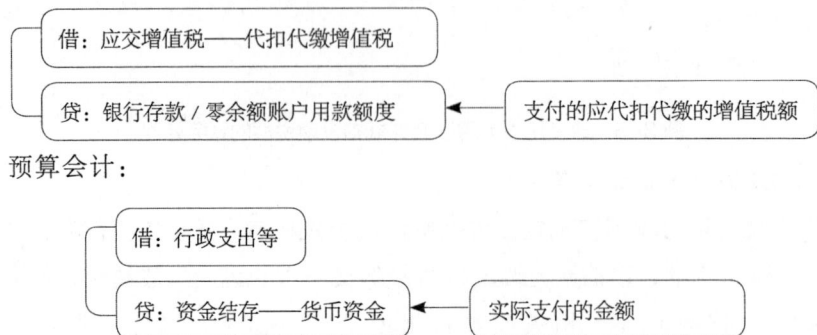

图 3-6　购买方作为扣缴义务人时的账务处理

（3）案例解析。

【例 3-1】2×19 年 5 月 1 日，某行政单位买了一座楼用于办公，金额为 2 000 万元，进项税额为 260 万元，通过银行存款直接支付相关款项，其账务处理如下。

财务会计：

借：固定资产　　　　　　　　　　　　　　　　　　　　20 000 000

　　应交增值税——应交税金（进项税额）　　　　　　　　2 600 000

　　　贷：银行存款　　　　　　　　　　　　　　　　　　22 600 000

预算会计：

借：行政支出　　　　　　　　　　　　　　　　　　　　22 600 000

　　　贷：资金结存——货币资金　　　　　　　　　　　　22 600 000

【例 3-2】接【例 3-1】。在 2×20 年 4 月，该行政单位将办公楼改造成员工食堂，用于集体福利。假设 2×20 年 4 月，该不动产的净值为 1 800 万元。该单位的账务处理如下。

不动产净值率 =1 800÷2 000×100%=90%。

不得抵扣的进项税额 =260×90%=234（万元）。

账务处理如下。

财务会计：

借：固定资产　　　　　　　　　　　　　　　　　　　　2 340 000

　　　贷：应交增值税——应交税金（进项税额转出）　　　2 340 000

无须进行预算会计账务处理。

【例 3-3】接【例 3-2】。假设 2×20 年 4 月，该不动产的净值为 1 000 万元，其账务处理如下。

不动产净值率 =1 000÷2 000×100%=50%。

不得抵扣的进项税额 =260×50%=130（万元）。

账务处理如下。

财务会计：

借：固定资产　　　　　　　　　　　　　　　　　　　1 300 000

　　贷：应交增值税——应交税金（进项税额转出）　　　　1 300 000

无须进行预算会计账务处理。

【例 3-4】 2×19 年 7 月 9 日，某行政单位购入一台打印机用于办公，取得增值税专用发票并认证通过。专用发票上注明的金额为 20 000 元，增值税额为 2 600 元。该单位的账务处理如下。

财务会计：

借：固定资产　　　　　　　　　　　　　　　　　　　20 000

　　应交增值税——应交税金（进项税额）　　　　　　　2 600

　　贷：银行存款　　　　　　　　　　　　　　　　　　22 600

预算会计：

借：行政支出　　　　　　　　　　　　　　　　　　　22 600

　　贷：资金结存——货币资金　　　　　　　　　　　　22 600

假定该打印机按直线法分 10 年计提折旧，无残值。2×21 年 8 月 20 日，该打印机改用于免税项目。

打印机每年计提折旧 =20 000÷10=2 000（元）。

2×21 年 8 月，打印机净值 =20 000-4 000=16 000（元）。

打印机转出进项税 =16 000×13%=2 080（元）。

财务会计：

借：固定资产　　　　　　　　　　　　　　　　　　　2 080

　　贷：应交增值税——应交税费（进项税额转出）　　　　2 080

无须进行预算会计账务处理。

2. 单位因销售资产或提供服务等

（1）业务概述。

一般纳税人在销售货物时要收两部分钱，一部分是不含税价款；另一部分是销项税额。

（2）账务处理。

单位销售货物或提供服务，应当按照应收或已收的金额，借记"应收账款""银行存款"等科目，按照确认的收入金额，贷记"其他收入"等科目，按照现行增值税制度规定计算的销项税额（或采用简易计税方法计算的应纳增值税额），贷记"应交增值税——应交税金（销项税额）"或"应交增值税——简易计税"科目（小规模纳税人应贷记"应交增值税"科目）。发生销售退回的，应根据按照规定开具的红字增值税专用发票做相反的会计分录。

按照《政府会计制度》及相关政府会计准则确认收入的时点早于按照增值税制度确认增值税纳税义务发生时点的，应将相关销项税额记入"应交增值税——待转销项税额"科目，待实际发生纳税义务时再转入"应交增值税——应交税金（销项税额）"或"应交增值税——简易计税"科目。

按照增值税制度确认增值税纳税义务发生时点早于按照《政府会计制度》及相关政府会计准则确认收入的时点的，应按照应纳增值税额，借记"应收账款"科目，贷记"应交增值税——应交税金（销项税额）"或"应交增值税——简易计税"科目。销售资产或提供服务业务时增值税的账务处理如图3-7所示。

财务会计：

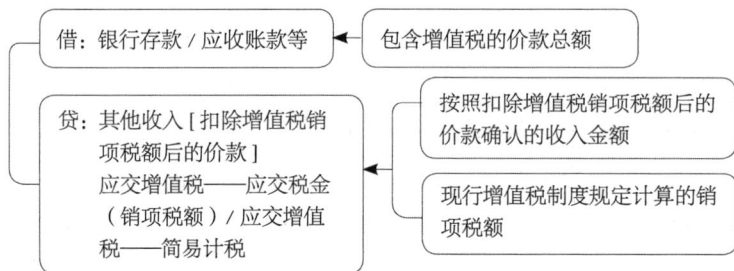

预算会计：

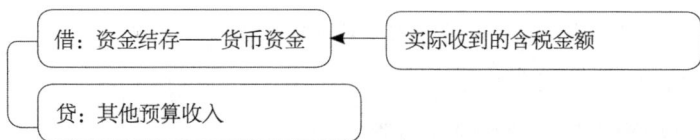

图3-7 销售资产或提供服务时增值税的账务处理

3. 月末转出应交未交、多交的增值税时的账务处理

（1）业务概述。

月度终了，单位应当将当月应交未交或多交的增值税自"应交税金"明细

科目转入"未交税金"明细科目。

（2）账务处理。

对于当月应交未交的增值税，借记"应交增值税——应交税金（转出未交增值税）"科目，贷记"应交增值税——未交税金"科目；对于当月多交的增值税，借记"应交增值税——未交税金"科目，贷记"应交增值税——应交税金（转出多交增值税）"科目。月末转出多交增值税的账务处理如图 3-8 所示；月末转出应交未交增值税的账务处理如图 3-9 所示。

财务会计：

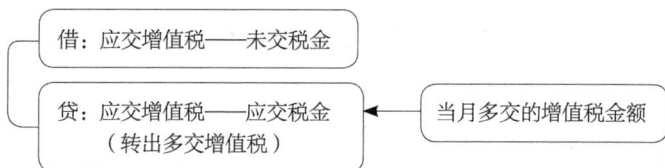

预算会计：

不做账务处理。

图 3-8　月末转出多交增值税的账务处理

财务会计：

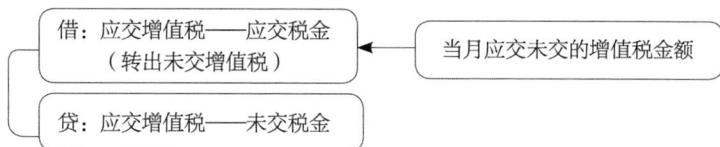

预算会计：

不做账务处理。

图 3-9　月末转出应交未交增值税的账务处理

4．单位交纳增值税时的账务处理

（1）业务概述。

单位交纳增值税的情况分为以下几种：①交纳当月应交增值税；②交纳以前期间未交增值税；③预交增值税；④减免增值税。

（2）账务处理。

①交纳当月应交增值税。

单位交纳当月应交的增值税时，借记"应交增值税——应交税金（已交税金）"科目（小规模纳税人借记"应交增值税"科目），贷记"银行存款"等科目。交纳当月应交增值税时的账务处理如图 3-10 所示。

财务会计：

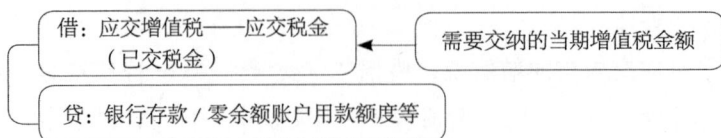

预算会计：

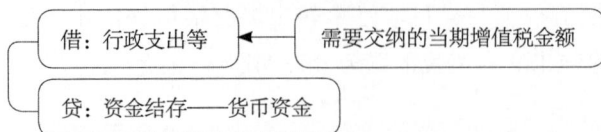

图 3-10 交纳当月应交增值税时的账务处理

②交纳以前期间未交增值税。

单位交纳以前期间未交的增值税，借记"应交增值税——未交税金"科目（小规模纳税人借记"应交增值税"科目），贷记"银行存款"等科目。交纳以前期间未交增值税时的账务处理如图 3-11 所示。

财务会计：

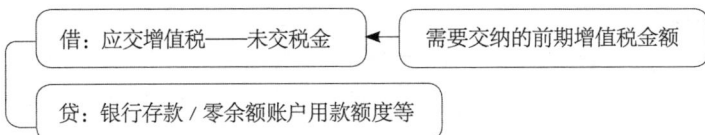

预算会计：

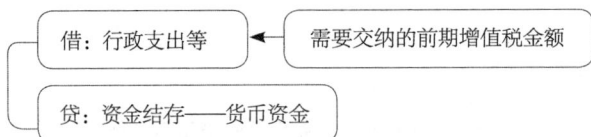

图 3-11 交纳以前期间未交增值税时的账务处理

③预交增值税。

单位预交增值税时，借记"应交增值税——预交税金"科目，贷记"银行存款"等科目。月末，单位应将"预交税金"明细科目的余额转入"未交税金"明细科目，借记"应交增值税——未交税金"科目，贷记"应交增值税——预交税金"科目。预交增值税时的账务处理如图 3-12 所示。

预交时。

财务会计：

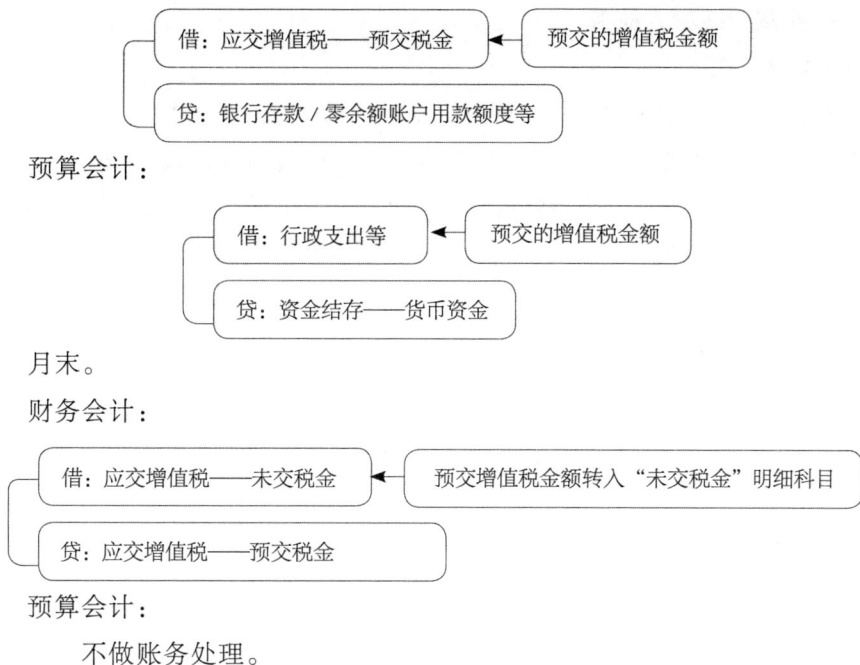

预算会计：

借：行政支出等 ◀── 预交的增值税金额

贷：资金结存——货币资金

月末。

财务会计：

借：应交增值税——未交税金 ◀── 预交增值税金额转入"未交税金"明细科目

贷：应交增值税——预交税金

预算会计：

不做账务处理。

图 3-12　预交增值税时的账务处理

④减免增值税。

对于当期直接减免的增值税，借记"应交增值税——应交税金（减免税款）"科目，贷记"业务活动费用"等科目。

按照现行增值税制度规定，单位初次购买增值税税控系统专用设备支付的费用以及缴纳的技术维护费允许在增值税应纳税额中全额抵减的，按照规定抵减的增值税应纳税额，借记"应交增值税——应交税金（减免税款）"科目（小规模纳税人借记"应交增值税"科目），贷记"业务活动费用"等科目。减免增值税的账务处理如图 3-13 所示。

财务会计：

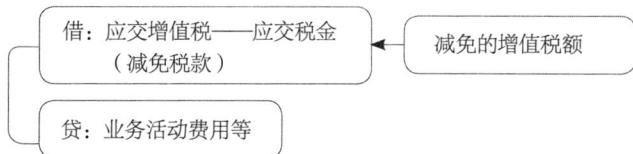

借：应交增值税——应交税金（减免税款）◀── 减免的增值税额

贷：业务活动费用等

预算会计：

不做账务处理。

图 3-13　减免增值税时的账务处理

5. 小规模纳税人业务

（1）业务概述。

属于小规模纳税人的单位，购进货物时，将支付的增值税计入材料的采购成本；销售货物或者提供劳务时，一般情况下，只开普通发票，按不含税价格的3%计算应缴增值税。采用销售额和应纳税金合并定价的，按照"销售额 = 含税金额 ÷（1+3%）"公式还原为不含税销售额。

（2）账务处理。

①购入应税资产或服务时。

小规模纳税人购买资产或服务等时不能抵扣增值税，发生的增值税计入资产成本或相关成本费用。小规模纳税人购入应税资产或服务时的账务处理如图3-14所示。

财务会计：

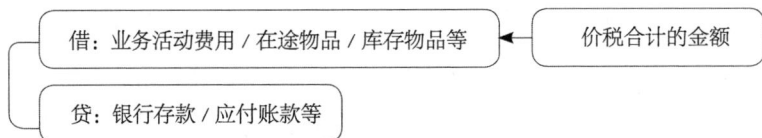

预算会计：

图3-14　小规模纳税人购入应税资产或服务时的账务处理

②作为扣缴义务人购进资产或服务时。

小规模纳税人应借记相关成本费用或资产科目，按照应付或实际支付的金额，贷记"银行存款""应付账款"等科目；按照应代扣代缴的增值税额，贷记"应交增值税"科目（代扣代缴增值税）。实际缴纳代扣代缴增值税时，按照代扣代缴的增值税额，借记"应交增值税"科目（代扣代缴增值税），贷记"银行存款""零余额账户用款额度"等科目。小规模纳税人作为扣缴义务人购进资产或服务时的账务处理如图3-15所示。

发生代扣代缴义务时。

财务会计：

预算会计：

实际缴纳代扣代缴增值税时。

财务会计：

预算会计：

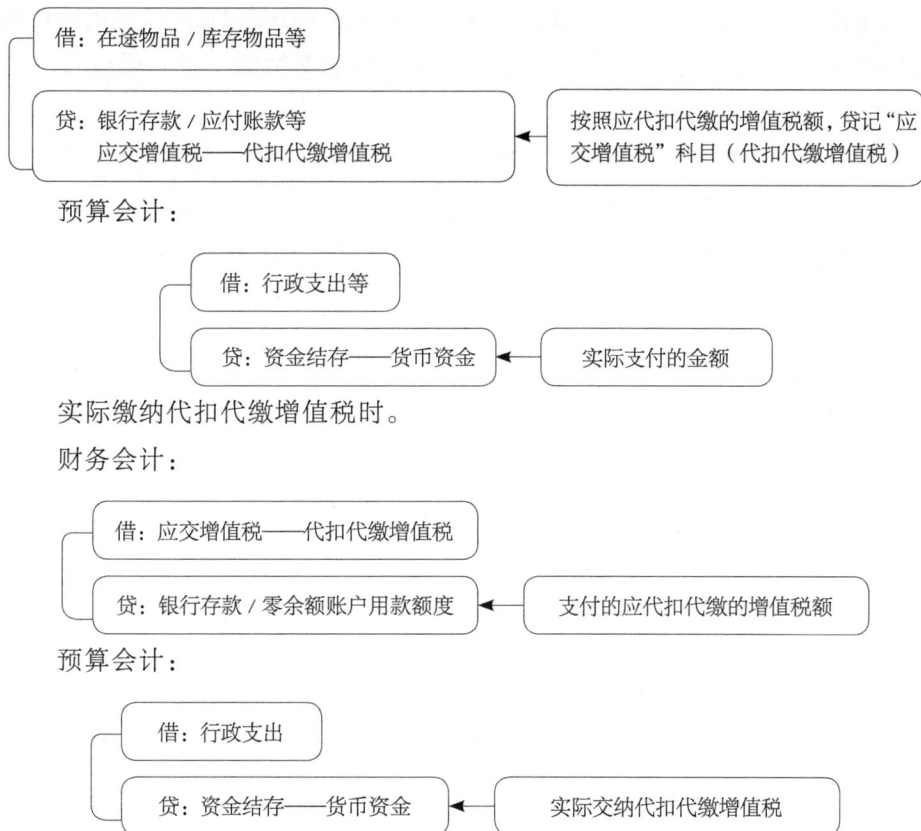

图 3-15　小规模纳税人作为扣缴义务人购进资产或服务时的账务处理

③交纳增值税时。

参见一般纳税人的账务处理。

④减免增值税时。

参见一般纳税人的账务处理。

3.2.2　其他应交税费

一、其他应交税费概述

"其他应交税费"科目用于核算行政单位按照国家税法等有关规定计算应当交纳的除增值税以外的各种税费，包括城市维护建设税、教育费附加、地方教育费附加、房产税、车船税、城镇土地使用税等。单位代扣代缴的个人所得税也通过本科目核算。应交纳的印花税不需要预提应交税费，直接通过"业务活动费用"等科目核算，不通过本科目核算。

单位应当设置"其他应交税费"科目，按照税法规定对应当交纳的除增值税以外的各种税费进行核算。本科目应当按照应交纳的税费种类进行明细核算。

"其他应交税费"科目借方反映当期应交税费的减少；贷方反映当期应交税费的增加；本科目期末若为贷方余额，反映应交未交的除增值税以外的税费金额；期末若为借方余额，反映单位多交纳的除增值税以外的税费金额。

二、其他应交税费的账务处理

1. 城市维护建设税、教育费附加、地方教育附加、车船税、房产税、城镇土地使用税等

（1）业务概述。

单位应该根据相关业务活动计算城市维护建设税、教育费附加、地方教育附加、车船税、房产税、城镇土地使用税等。

（2）账务处理。

承担城市维护建设税、教育费附加、地方教育附加、车船税、房产税、城镇土地使用税等纳税义务的单位，按照税法规定计算的应缴税费金额，借记"业务活动费用"等科目，贷记"其他应交税费"科目（应交城市维护建设税、应交教育费附加、应交地方教育费附加、应交车船税、应交房产税、应交城镇土地使用税等）。城市维护建设税、教育费附加、地方教育附加、车船税、房产税、城镇土地使用税的账务处理如图3-16所示。

发生时：

财务会计：

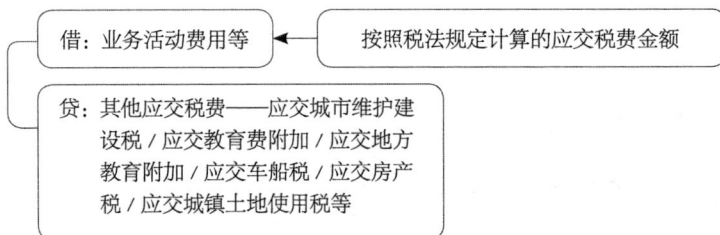

预算会计：

不做账务处理。

实际缴纳时。

财务会计：

预算会计：

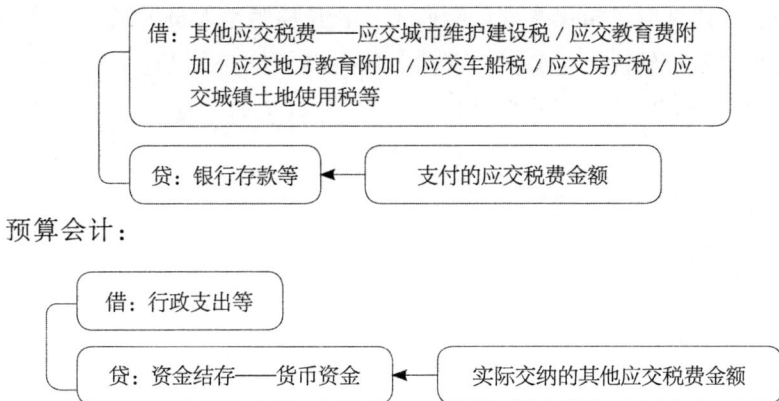

图 3-16　城市维护建设税、教育费附加、地方教育附加、车船税、房产税、城镇土地使用税的账务处理

（3）案例解析。

【例 3-5】某行政单位本年应交纳车船税 1 000 元。其账务处理如下。

（1）发生时。

财务会计：

借：业务活动费用　　　　　　　　　　　　　　　　　　　　1 000
　　贷：其他应交税费——应交车船税　　　　　　　　　　　　　1 000

（2）该行政单位实际交纳时。

财务会计：

借：其他应交税费——应交车船税　　　　　　　　　　　　　1 000
　　贷：银行存款　　　　　　　　　　　　　　　　　　　　　1 000

预算会计：

借：行政支出　　　　　　　　　　　　　　　　　　　　　　1 000
　　贷：资金结存——货币资金　　　　　　　　　　　　　　　1 000

2. 代扣代缴职工个人所得税

（1）业务概述。

个人所得税是由员工自身负担的。代扣代缴个人所得税的意思是指员工发生应纳税所得时，由单位帮员工先交纳，再从员工的工资里面扣取。

（2）账务处理。

按照税法规定计算应代扣代缴职工（含长期聘用人员）的个人所得税，借记"应付职工薪酬"科目，贷记"其他应交税费"科目（应交个人所得税）。

按照税法规定计算应代扣代缴支付给职工（含长期聘用人员）以外人员的劳务费的个人所得税，借记"业务活动费用"等科目，贷记"其他应交税费"科目（应交个人所得税）。代扣代缴职工个人所得税时的账务处理如图 3-17 所示。

计算代扣代缴个人所得税时。

财务会计：

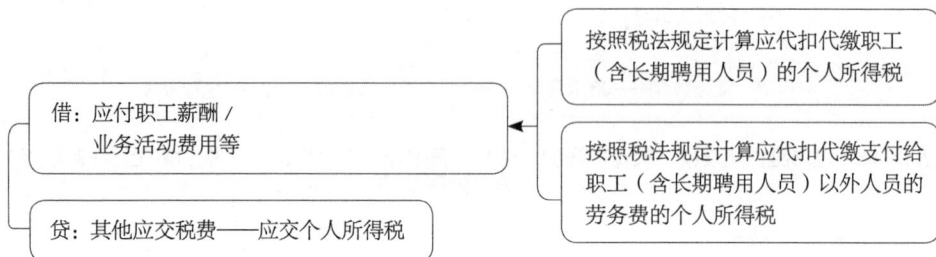

预算会计：

不做账务处理。

实际交纳代扣代缴个人所得税时。

财务会计：

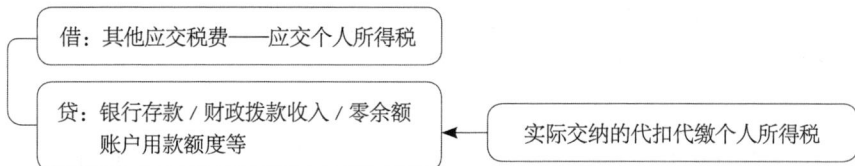

预算会计：

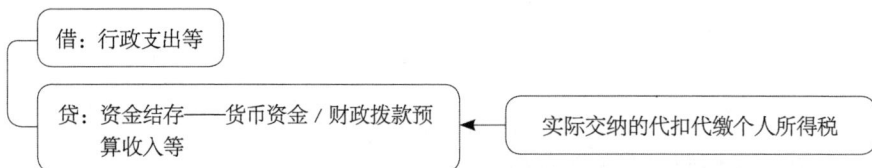

图 3-17　代扣代缴职工个人所得税时的账务处理

（3）案例解析。

【例 3-6】某行政单位从职工工资中代扣个人所得税 60 000 元，从劳务费中代扣个人所得税 30 000 元，其账务处理如下。

（1）计算代扣代缴个人所得税时。

财务会计：

借：应付职工薪酬　　　　　　　　　　　　　　　　　　60 000

　　业务活动费用　　　　　　　　　　　　　　　　　　30 000

　　　贷：其他应交税费——应交个人所得税　　　　　　　　90 000

（2）实际交纳代扣代缴个人所得税时。

财务会计：

借：其他应交税费——应交个人所得税　　　　　　　　　90 000

　　　贷：银行存款　　　　　　　　　　　　　　　　　　　90 000

预算会计：

借：行政支出　　　　　　　　　　　　　　　　　　　　90 000

　　　贷：资金结存——货币资金　　　　　　　　　　　　　90 000

3.2.3　应缴财政款

一、应缴财政款的概念

应缴财政款是指单位取得或应收的按照规定应当上缴财政的款项，包括应缴国库的款项和应缴财政专户的款项，但不包括单位按照国家税法等有关规定应当缴纳的各种税费。

二、应缴财政款的账务处理

1. 取得或应收应缴财政的款项

（1）业务概述。

对于行政单位因相关制度法规的要求向上级缴纳的款项，行政单位应按有关规定向上级部门及时缴纳相关资金，并进行账务处理。实际缴纳时，及时按照规定从银行划转资金。

（2）账务处理。

借记"银行存款""应收账款"等科目，贷记"应缴财政款"科目。取得或应收应缴财政的款项时的账务处理如图 3-18 所示。

取得或应收应缴财政款时。

财务会计：

预算会计：

不做账务处理。

上缴财政款时。

财务会计：

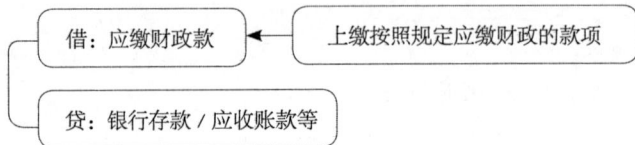

预算会计：

不做账务处理。

图 3-18　取得或应收应缴财政的款项时的账务处理

（3）案例解析。

【例 3-7】某行政单位收到一笔非税收入 5 000 元，已经存入银行账户。按规定，该单位需要将此款项全部上缴财政专户。该单位的账务处理如下。

（1）收到款项时。

财务会计：

借：银行存款　　　　　　　　　　　　　　　　　　　　　　5 000

　　贷：应缴财政款　　　　　　　　　　　　　　　　　　　　　5 000

（2）上缴财政款时。

财务会计：

借：应缴财政款　　　　　　　　　　　　　　　　　　　　　5 000

　　贷：银行存款　　　　　　　　　　　　　　　　　　　　　　5 000

2. 处置资产取得的应上缴财政款

（1）业务概述。

行政单位的国有资产处置收入属于国家所有，应当按照政府非税收入管理的规定，实行"收支两条线"管理，即对于国有资产的处置收入要计入应缴财政专户款，清理费用计入相关支出。

（2）账务处理。

单位处置资产取得的应上缴财政的处置净收入的账务处理，参见"待处理财产损溢"等科目。

（3）案例解析。

【例 3-8】某行政单位经批准将一项专利权出售。该项专利权的原价为 600 000 元，已计提摊销 400 000 元，售价为 250 000 元。该单位的账务处理如下。

（1）处置专利权时。

财务会计：

借：待处理财产损溢——待处理财产价值　　　　　　　200 000

　　无形资产累计摊销　　　　　　　　　　　　　　400 000

　　　贷：无形资产　　　　　　　　　　　　　　　　　　　600 000

借：资产处置费用　　　　　　　　　　　　　　　　200 000

　　　贷：待处理财产损溢——待处理财产价值　　　　　　　20 000

借：银行存款　　　　　　　　　　　　　　　　　　250 000

　　　贷：待处理财产损溢——处理净收入　　　　　　　　　250 000

借：待处理财产损溢——处理净收入　　　　　　　　250 000

　　　贷：应缴财政款　　　　　　　　　　　　　　　　　　250 000

无预算会计账务处理。

（2）上缴财政款时。

财务会计：

借：应缴财政款　　　　　　　　　　　　　　　　　250 000

　　　贷：银行存款　　　　　　　　　　　　　　　　　　　250 000

无预算会计账务处理。

3.2.4　应付职工薪酬

一、应付职工薪酬概述

行政单位应当设置"应付职工薪酬"科目，对单位应付给职工及为职工支付的各种薪酬进行核算。本科目应当根据国家有关规定按照"基本工资（含离退休费）""国家统一规定的津贴补贴""规范津贴补贴（绩效工资）""改革性补贴""社会保险费""住房公积金""其他个人收入"等进行明细核算。

其中，"社会保险费"和"住房公积金"明细科目的核算内容包括单位从职工工资中代扣代缴的社会保险费、住房公积金，以及单位为职工计算缴纳的社会保险费、住房公积金。

"应付职工薪酬"科目借方反映当期行政单位应付职工薪酬的减少；贷方反映当期行政单位应付职工薪酬的增加；本科目期末贷方余额，反映行政单位应付未付的职工薪酬。

二、应付职工薪酬的账务处理

1. 计算当期的应付职工薪酬

（1）业务概述。

单位计算确认当期的应付职工薪酬，包括基本工资、国家统一规定的津贴补贴、规范津贴补贴（绩效工资）、改革性补贴、社会保险费（如职工基本养老保险费、职业年金、基本医疗保险费等）、住房公积金等。应由生产产品、提供劳务负担的职工薪酬，计入产品成本或劳务成本，在税前扣除；应由在建工程、无形资产负担的职工薪酬，计入建造固定资产或无形资产成本，资本化后分期扣除。

（2）账务处理。

①从事专业及其辅助活动人员的职工薪酬。

计提从事专业及其辅助活动人员的职工薪酬时，借记"业务活动费用"科目，贷记"应付职工薪酬"科目。计提从事专业及其辅助活动人员的职工薪酬时的账务处理如图 3-19 所示。

财务会计：

预算会计：

不做账务处理。

图 3-19　计提从事专业及其辅助活动人员的职工薪酬时的账务处理

②应由在建工程、加工物品、自行研发无形资产负担的职工薪酬。

计提应由在建工程、加工物品、自行研发无形资产负担的职工薪酬时，借记"在建工程""加工物品""研发支出"等科目，贷记"应付职工薪酬"科目。计提应由在建工程、加工物品、自行研发无形资产负担的职工薪酬时的账务处理如图 3-20 所示。

财务会计：

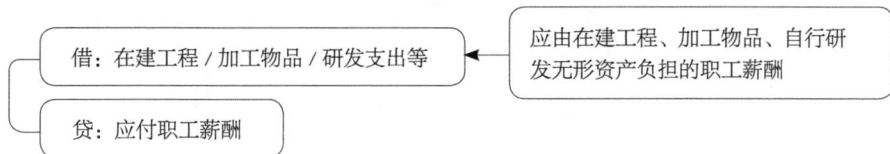

预算会计：

不做账务处理。

图 3-20 计提应由在建工程、加工物品、自行研发无形资产负担的职工薪酬时的账务处理

③因解除与职工的劳动关系而给予的补偿。

因解除与职工的劳动关系而给予的补偿，借记"业务管理费用"等科目，贷记"应付职工薪酬"科目。因解除与职工的劳动关系而给予补偿时的账务处理如图 3-21 所示。

财务会计：

预算会计：

不做账务处理。

图 3-21 因解除与职工的劳动关系而给予补偿时的账务处理

2．向职工支付工资、津贴补贴等薪酬

（1）业务概述。

单位应及时向职工支付工资、津贴补贴等薪酬，包括之前记入"应付职工薪酬"科目的基本工资、国家统一规定的津贴补贴、规范津贴补贴（绩效工资）、改革性补贴、社会保险费（如职工基本养老保险费、职业年金、基本医疗保险费等）、住房公积金等。

（2）账务处理。

在财务会计中，按照实际支付的金额，借记"应付职工薪酬"科目，贷记"财政拨款收入""零余额账户用款额度""银行存款"等科目。在预算会计中，借记"行政支出"等科目，贷记"财政拨款预算收入""资金结存"等科目。向职工支付工资、津贴补贴等薪酬时的账务处理如图 3-22 所示。

财务会计：

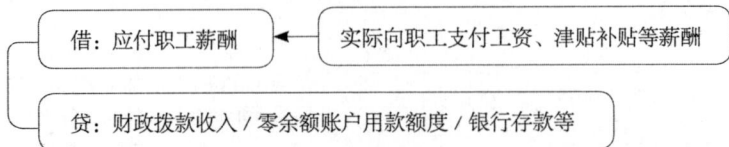

预算会计：

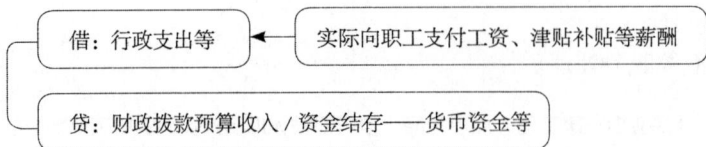

图 3-22　向职工支付工资、津贴补贴等薪酬时的账务处理

3. 从职工薪酬中代扣各种款项

（1）业务概述。

按照税法规定，单位可以从职工薪酬中代扣以下款项：①代扣代缴职工个人所得税；②代扣社会保险费和住房公积金；③代扣为职工垫付的水电费、房租等费用。

（2）账务处理。

①代扣代缴职工个人所得税。

按照税法规定代扣职工个人所得税时，借记"应付职工薪酬"科目（基本工资），贷记"其他应交税费——应交个人所得税"科目。代扣代缴职工个人所得税时的账务处理如图 3-23 所示。

财务会计：

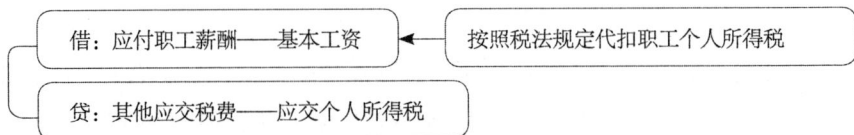

预算会计：

不做账务处理。

图 3-23　代扣代缴职工个人所得税时的账务处理

②代扣社会保险费和住房公积金。

从应付职工薪酬中代扣社会保险费和住房公积金时，按照代扣的金额，借记"应付职工薪酬"科目（基本工资），贷记"应付职工薪酬"科目（社会保险费、住房公积金）。代扣社会保险费和住房公积金时的账务处理如图 3-24 所示。

财务会计：

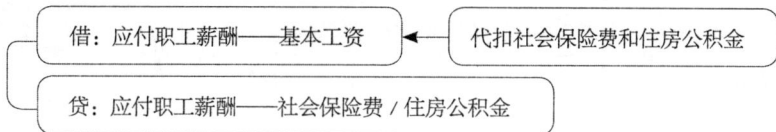

预算会计：

不做账务处理。

图 3-24　代扣社会保险费和住房公积金时的账务处理

③代扣为职工垫付的水电费、房租等费用。

从应付职工薪酬中代扣为职工垫付的水电费、房租等费用时，按照实际扣除的金额，借记"应付职工薪酬"科目（基本工资），贷记"其他应收款"等科目。代扣为职工垫付的水电费、房租等费用时的账务处理如图 3-25 所示。

财务会计：

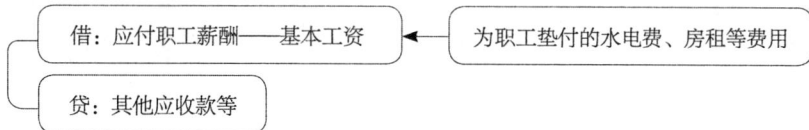

预算会计：

不做账务处理。

图 3-25　代扣为职工垫付的水电费、房租等费用时的账务处理

4．缴纳职工社会保险费和住房公积金

（1）业务概述。

社会保险和住房公积金简称"五险一金"。五险一金是用人单位给予劳动者的几种保障性待遇的合称，包括养老保险、医疗保险、失业保险、工伤保险和生育保险及住房公积金。

（2）账务处理。

按照国家有关规定缴纳职工社会保险费和住房公积金时，在财务会计中，按照实际支付的金额，借记"应付职工薪酬"科目（社会保险费、住房公积金），贷记"财政拨款收入""零余额账户用款额度""银行存款"等科目。在预算会计中，借记"行政支出"等科目，贷记"财政拨款预算收入""资金结存"等科目。缴纳职工社会保险费和住房公积金时的账务处理如图 3-26 所示。

财务会计：

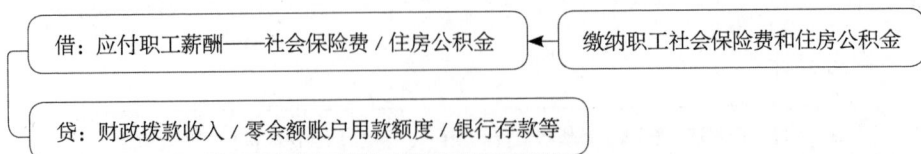

预算会计：

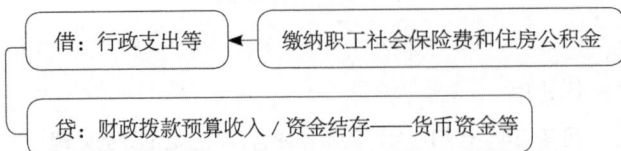

图 3-26　缴纳职工社会保险费和住房公积金时的账务处理

（3）案例解析。

【**例 3-9**】某行政单位本月职工薪酬总额为 900 000 元，其中，从事专业及其辅助活动的职工，工资为 720 000 元，离退休费 80 000 元，地方津贴补贴 50 000 元，住房公积金 50 000 元，代扣代缴住房公积金 50 000 元，代扣代缴社会保险费 12 000 元，代扣代缴个人所得税 36 000 元，代扣为职工垫付的房租、水电费共 75 000 元。该单位的账务处理如下。

（1）计算本月应付职工薪酬时。

财务会计：

借：业务活动费用　　　　　　　　　　　　　　　　　　　900 000

　　贷：应付职工薪酬——基本工资　　　　　　　　　　　　720 000

　　　　　　　　　　——离退休费　　　　　　　　　　　　 80 000

　　　　　　　　　　——地方津贴补贴　　　　　　　　　　 50 000

　　　　　　　　　　——住房公积金　　　　　　　　　　　 50 000

（2）计算本月代扣代缴费用和代扣垫付费用时。

财务会计：

借：其他应收款　　　　　　　　　　　　　　　　　　　　 75 000

　　贷：银行存款　　　　　　　　　　　　　　　　　　　　 75 000

借：应付职工薪酬——基本工资　　　　　　　　　　　　　173 000

　　贷：应付职工薪酬——住房公积金　　　　　　　　　　　 50 000

　　　　　　　　　　——社会保险费　　　　　　　　　　　 12 000

其他应交税费——应交个人所得税	36 000
其他应收款	75 000

（3）使用财政直接支付方式支付职工薪酬和代缴住房公积金、社会保险费和个人所得税时。

财务会计：

借：应付职工薪酬——基本工资	547 000
——离退休费	80 000
——地方津贴补贴	50 000
——住房公积金	50 000
——住房公积金	50 000
——社会保险费	12 000
其他应交税费——应交个人所得税	36 000
贷：财政拨款收入	825 000

预算会计：

借：行政支出	825 000
贷：财政拨款预算收入	825 000

5．从应付职工薪酬中支付的其他款项

从应付职工薪酬中支付的其他款项，在财务会计中，借记"应付职工薪酬"科目，贷记"零余额账户用款额度""银行存款"等科目。在预算会计中，借记"行政支出"等科目，贷记"资金结存"等科目。从应付职工薪酬中支付其他款项时的账务处理如图 3-27 所示。

财务会计：

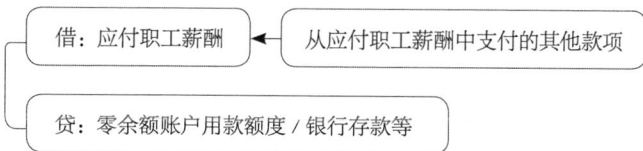

预算会计：

图 3-27　从应付职工薪酬中支付其他款项时的账务处理

3.2.5　应付账款

一、应付账款的概念

应付账款是指行政单位因购买物资、接受服务、开展工程建设等而应付的偿还期限在 1 年以内（含 1 年）的款项。

二、应付账款的账务处理

（1）业务概述。

应付账款应当在收到所购物资或服务、完成工程时确认。"应付账款"科目应当按照债权人进行明细核算。对于建设项目，"应付账款"科目还应设置"应付器材款""应付工程款"等明细科目，并按照具体项目进行明细核算。

（2）账务处理。

①收到所购材料等但尚未付款。

收到所购材料、物资、设备或服务，以及确认完成工程进度但尚未付款时，根据发票及账单等有关凭证，按照应付未付款项的金额，借记"库存物品""固定资产""在建工程"等科目，贷记"应付账款"科目。涉及增值税业务的，相关账务处理参见"应交增值税"科目。收到所购材料等但尚未付款时的账务处理如图 3-28 所示。

财务会计：

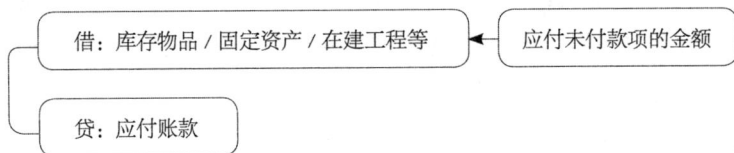

预算会计：

不做账务处理。

图 3-28　收到所购材料等但尚未付款时的账务处理

②偿付应付账款。

偿付应付账款时，按照实际支付的金额，借记"应付账款"科目，贷记"财政拨款收入""零余额账户用款额度""银行存款"等科目。偿付应付账款时的账务处理如图 3-29 所示。

财务会计：

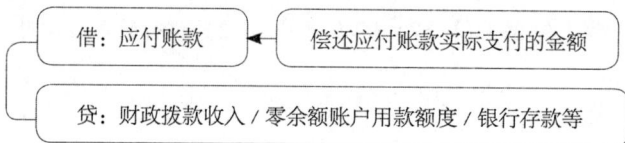

预算会计：

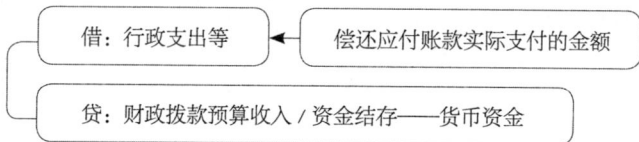

图 3-29　偿付应付账款时的账务处理

③无法偿还或债权人豁免偿还的应付账款。

无法偿还或债权人豁免偿还应付账款时，应当按照规定报经批准后进行账务处理。经批准核销时，借记"应付账款"科目，贷记"其他收入"科目。核销的应付账款应在备查簿中保留登记。单位应该在每年年末确认相关会计科目的余额并在相关账务中进行确定。无法偿还或债权人豁免偿还应付账款时的账务处理如图 3-30 所示。

财务会计：

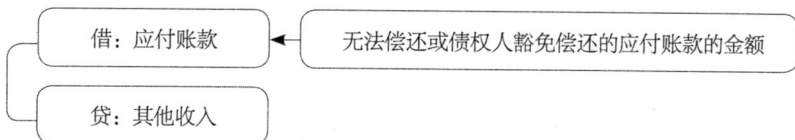

预算会计：

不做账务处理。

图 3-30　无法偿还或债权人豁免偿还应付账款时的账务处理

（3）案例解析。

【**例 3-10**】2×19 年 5 月 1 日，某行政单位向某供应商购买自用材料一批，增值税专用发票上标明含增值税的价格为 2 260 元，材料已经入库，款项未付，其账务处理如下。

财务会计：

借：库存物品　　　　　　　　　　　　　　　　　　　　　　2 000

　　应交增值税——应交税金（进项税额）　　　　　　　　　　260

　　　贷：应付账款——某供应商　　　　　　　　　　　　　　2 260

【例3-11】接【例3-10】。2×19年6月30日，该行政单位偿付该笔应付账款，其账务处理如下。

　　财务会计：

　　借：应付账款——某供应商　　　　　　　　　　　　　　2 260

　　　　贷：银行存款　　　　　　　　　　　　　　　　　　2 260

　　预算会计：

　　借：行政支出　　　　　　　　　　　　　　　　　　　　2 260

　　　　贷：资金结存——货币资金　　　　　　　　　　　　2 260

【例3-12】某行政单位的一项账面余额为1 700元的应付账款，因债权人豁免偿还予以核销，其账务处理如下。

　　财务会计：

　　借：应付账款——某供应商　　　　　　　　　　　　　　1 700

　　　　贷：其他收入　　　　　　　　　　　　　　　　　　1 700

3.2.6　应付政府补贴款

一、应付政府补贴款概述

　　应付政府补贴款是指负责发放政府补贴的行政单位，按照有关规定应付给政府补贴接受者的各种政府补贴款。应付政府补贴款应当按规定在发放政府补贴的时间确认。

　　"应付政府补贴款"科目借方反映当期行政单位应付政府补贴款的减少；贷方反映当期行政单位应付政府补贴款的增加；本科目期末贷方余额，反映行政单位应付未付的政府补贴金额。

二、应付政府补贴款的账务处理

1．发生（确认）应付政府补贴款

　　发生应付政府补贴时，按照依规定计算确定的应付政府补贴金额，借记"业务活动费用"科目，贷记"应付政府补贴款"科目。发生（确认）应付政府补贴款时的账务处理如图3-31所示。

财务会计：

预算会计：

不做账务处理。

图 3-31 发生（确认）应付政府补贴款时的账务处理

2. 支付应付政府补贴款

支付应付政府补贴款时，按照支付的金额，借记"应付政府补贴款"科目，贷记"零余额账户用款额度""银行存款"等科目。支付应付政府补贴款时的账务处理如图 3-32 所示。

财务会计：

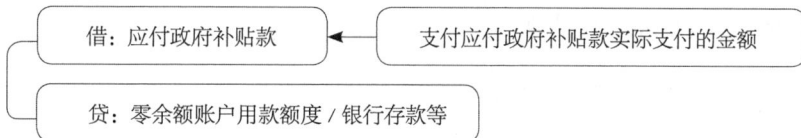

预算会计：

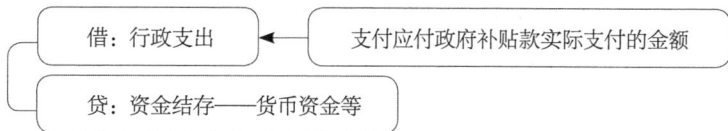

图 3-32 支付应付政府补贴款时的账务处理

3. 案例解析

【例 3-13】某行政单位负责给当地的低保居民发放政府给予的生活补助，共计 650 000 元，计算应付政府补贴金额时，其账务处理如下。

财务会计：

借：业务活动费用	650 000
贷：应付政府补贴款——生活补助	650 000

无预算会计账务处理。

【例 3-14】接【例 3-13】。该行政单位用财政授权支付方式支付上述政府补贴款，其账务处理如下。

财务会计：

借：应付政府补贴款——生活补助   650 000

  贷：零余额账户用款额度   650 000

预算会计：

借：行政支出   650 000

  贷：资金结存——零余额账户用款额度   650 000

3.2.7　其他应付款

一、其他应付款的概念

其他应付款是指单位除应缴税费、应缴国库款、应缴财政专户、应付职工薪酬、应付账款之外的其他各项偿还期限在 1 年以内（含 1 年）的应付及暂收款，如存入保证金等。

二、其他应付款的账务处理

1. 发生其他应付及暂收款项

（1）业务概述。

暂收款项是指单位暂时收到的除销售货款等以外的其他款项。这笔款项属于暂收或代收的，在以后的某个时期要退还或转交他人。暂存款项包括：收取的押金、保证金、已经报销但尚未偿还银行的本单位公务卡欠款等。

（2）账务处理。

发生其他应付及暂收款项时，借记"银行存款"等科目，贷记"其他应付款"科目。支付（或退回）其他应付及暂收款项时，借记"其他应付款"科目，贷记"银行存款"等科目。将暂收款项转为收入时，借记"其他应付款"科目，贷记"其他收入"等科目。发生其他应付及暂收款项时的账务处理如图 3-33 所示；确认收入时的账务处理如图 3-34 所示；退回（转拨）暂收款时的账务处理如图 3-35 所示。

财务会计：

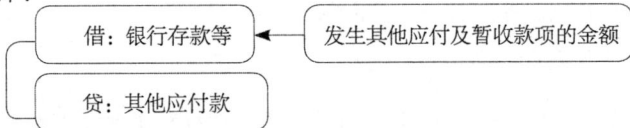

预算会计：

　　不做账务处理。

图 3-33　发生其他应付及暂收款项时的账务处理

财务会计：

预算会计：

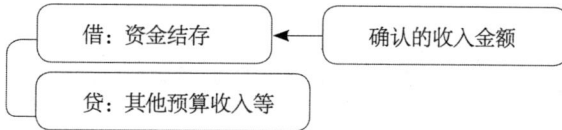

图 3-34　确认收入时的账务处理

财务会计：

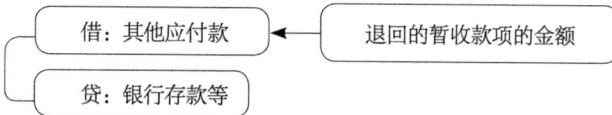

预算会计：

　　不做账务处理。

图 3-35　退回（转拨）暂收款时的账务处理

（3）案例解析。

【**例 3-15**】2×19 年 5 月 1 日，某行政单位将办公楼出租，收取 F 公司押金 10 000 元。该单位的账务处理如下。

财务会计：

借：银行存款　　　　　　　　　　　　　　　　　　　　10 000

　　贷：其他应付款——F 公司——押金　　　　　　　　　　10 000

无预算会计账务处理。

2×19 年 5 月 10 日，将上述押金确认为收入，该单位的账务处理如下。

财务会计：

借：其他应付款——F 公司——押金　　　　　　　　　　10 000

　　贷：其他收入　　　　　　　　　　　　　　　　　　　10 000

预算会计：

借：资金结存——货币资金   10 000

  贷：其他预算收入   10 000

若 2×20 年 5 月 1 日该行政单位与 F 公司的租赁合约到期，F 公司不再租用办公楼，该行政单位返还押金，则该单位的账务处理如下。

财务会计：

借：其他应付款——F 公司——押金   10 000

  贷：银行存款   10 000

无预算会计处理。

2. 预拨款项

（1）业务概述。

同级政府财政部门预拨的下期预算款和没有纳入预算的暂付款项，以及采用实拨资金方式通过本单位转拨给下属单位的财政拨款，也通过"其他应付款"科目核算。

（2）账务处理。

收到同级政府财政部门预拨的下期预算款和没有纳入预算的暂付款项时，在财务会计中，按照实际收到的金额，借记"银行存款"等科目，贷记"其他应付款"科目。收到同级政府财政部门预拨的下期预算款时，不在当期进行预算会计处理。待到下一预算期或被批准纳入预算时，在财务会计中，借记"其他应付款"科目，贷记"财政拨款收入"科目；同时，在预算会计中，借记"资金结存"科目，贷记"财政拨款预算收入"科目。实际收到预拨款项时的账务处理如图 3-36 所示；待到下一预算期或被批准将预拨款项纳入预算时的账务处理如图 3-37 所示。

财务会计：

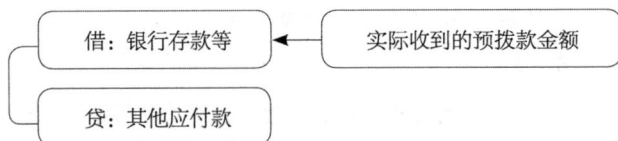

预算会计：

不做账务处理。

图 3-36　实际收到预拨款项时的账务处理

财务会计：

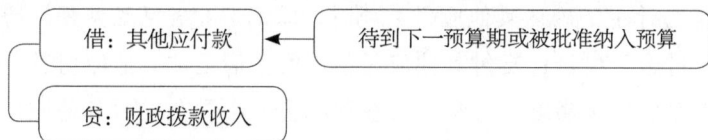

预算会计：

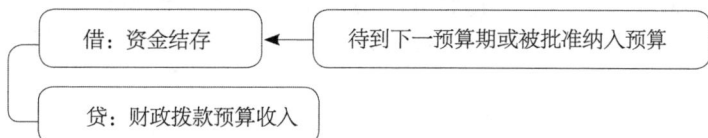

图 3-37　待到下一预算期或被批准将预拨款项纳入预算时的账务处理

（3）案例解析。

【例 3-16】2×19 年 12 月 6 日，某行政单位收到同级财政部门预拨的下期预算款 100 000 元。2×20 年 1 月 6 日，该单位获准将该款项纳入该年的预算。该单位的账务处理如下。

（1）2×19 年 12 月 6 日，收到预拨款项时。

财务会计：

借：银行存款　　　　　　　　　　　　　　　　　　　100 000

　　贷：其他应付款　　　　　　　　　　　　　　　　　　100 000

无预算会计处理。

（2）2×20 年 1 月 6 日，该款项被批准纳入预算时。

财务会计：

借：其他应付款　　　　　　　　　　　　　　　　　　100 000

　　贷：财政拨款收入　　　　　　　　　　　　　　　　　100 000

预算会计：

借：资金结存——货币资金　　　　　　　　　　　　　100 000

　　贷：财政拨款预算收入　　　　　　　　　　　　　　　100 000

3. 发生其他应付义务

（1）业务概述。

单位发生的其他应付义务包括单位公务卡的报销、涉及质保金形成其他应付款等相关事项。

（2）账务处理。

在财务会计中，确认其他应付款项时，借记"业务活动费用"等科目，贷记"其他应付款"科目；支付其他应付款项时，借记"其他应付款"科目，贷记"零余额账户用款额度"等科目。在预算会计中，在支付其他应付款项时，借记"行政支出"等科目，贷记"资金结存"科目。确认其他应付款项时的账务处理如图 3-38 所示；支付其他应付款项时的账务处理如图 3-39 所示。

财务会计：

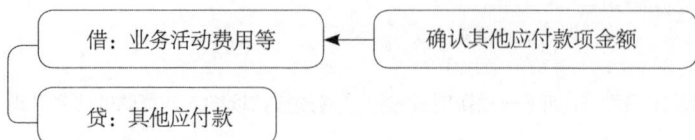

预算会计：

不做账务处理。

图 3-38 确认其他应付款项时的账务处理

财务会计：

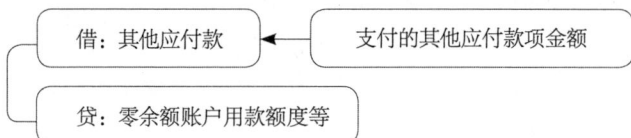

预算会计：

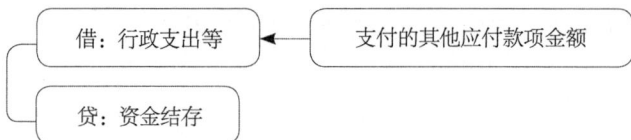

图 3-39 支付其他应付款项时的账务处理

4. 无法偿还或债权人豁免偿还其他应付款

（1）业务概述。

当单位无法偿还或债权人豁免偿还其他应付款项时，应当按照规定报经审批后进行账务处理。

（2）账务处理。

经批准核销时，借记"其他应付款"科目，贷记"其他收入"科目。核销的其他应付款应在备查簿中保留登记。无法偿还或债权人豁免偿还其他应付款时的账务处理如图 3-40 所示。

财务会计：

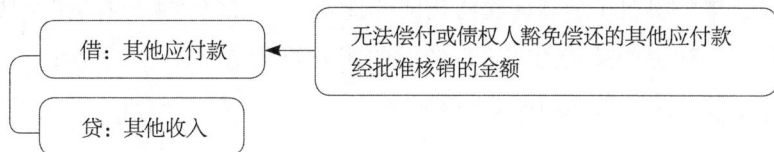

图 3-40　无法偿还或债权人豁免偿还其他应付款时的账务处理

预算会计：

不做账务处理。

（3）案例解析。

【例 3-17】F 公司豁免了某行政单位 10 000 元的押金。该单位按规定报经批准后核销该笔押金，其账务处理如下。

财务会计：

借：其他应付款——F 公司——押金	10 000
贷：其他收入	10 000

无预算会计账务处理。

3.2.8　预提费用

一、预提费用的概念

单位应设立"预提费用"科目，对本单位预先提取的已经发生但尚未支付的费用（如预提租金）进行核算，并按照预提费用的种类进行明细核算。

二、预提费用的账务处理

1. 计提间接费用或管理费

（1）业务概述。

行政单位按照规定从科研项目收入中提取的项目间接费用或管理费，也通过"预提费用"科目核算。对于提取的项目间接费用或管理费，应当在"预提费用"科目下设置"项目间接费用或管理费"明细科目进行明细核算。"预提费用"科目期末贷方余额，反映单位已预提但尚未支付的各项费用。

（2）账务处理。

按规定从科研项目收入中提取项目间接费用或管理费时，按照计提的金额，借记"业务活动费用"科目，贷记"预提费用"科目（项目间接费用或管理费）。实际使用计提的项目间接费用或管理费时，按照实际支付的金额，借记"预提费用"科目（项目间接费用或管理费），贷记"银行存款""库存现金"等科目。计提间接费用或管理费时的账务处理如图 3-41 所示；实际使用计提的费用时的账务处理如图 3-42 所示。

财务会计：

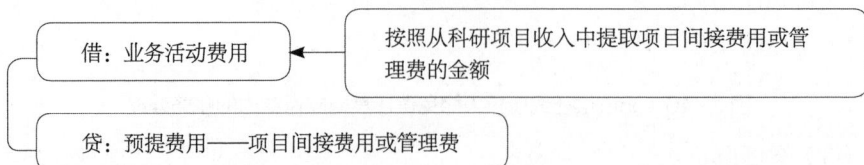

预算会计：

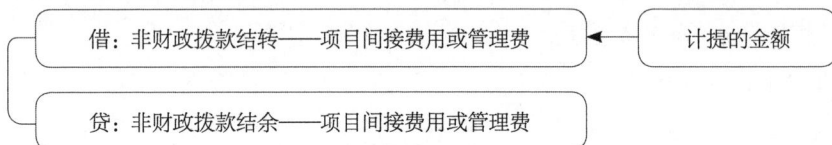

图 3-41　计提间接费用或管理费时的账务处理

财务会计：

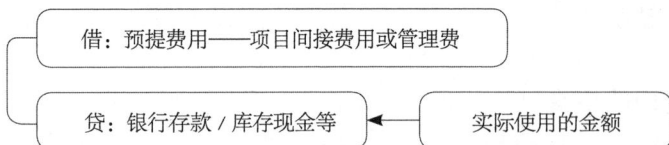

预算会计：

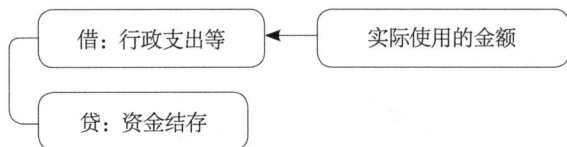

图 3-42　实际使用计提的费用时的账务处理

（3）案例解析。

【**例 3-18**】2×19 年 6 月 6 日，某行政单位按规定从科研项目收入中提取项目间接费用 20 000 元，其账务处理如下。

财务会计：

借：业务活动费用 　　　　　　　　　　　　　　　　　　　　20 000

　　贷：预提费用——项目间接费用 　　　　　　　　　　　　　　　　20 000

预算会计：

借：非财政拨款结转——项目间接费用　　　　　　　　　　　　20 000

　　贷：非财政拨款结余——项目间接费用　　　　　　　　　　20 000

2×19 年 12 月 6 日，该行政单位实际使用计提的项目间接费用 15 000 元，其账务处理如下。

财务会计：

借：预提费用——项目间接费用　　　　　　　　　　　　　　　15 000

　　贷：银行存款　　　　　　　　　　　　　　　　　　　　15 000

预算会计：

借：行政支出　　　　　　　　　　　　　　　　　　　　　　15 000

　　贷：资金结存——货币资金　　　　　　　　　　　　　　15 000

2．预提租金

（1）业务概述。

预提租金是指由行政事业单位预提的各项租金费用。根据权责发生制原则，属于本期承担的费用，无论是否支付都要计入本期费用。因此预提租金是指每月计提的租金，应计入费用，付款时则不再计入费用。

（2）账务处理。

按期预提租金等费用时，按照预提的金额，借记"业务活动费用"等科目，贷记"预提费用"科目。实际支付款项时，按照支付的金额，借记"预提费用"科目，贷记"零余额账户用款额度""银行存款"等科目。预提租金等费用时的账务处理如图 3-43 所示；实际支付款项时的账务处理如图 3-44 所示。

财务会计：

预算会计：

不做账务处理。

图 3-43　预提租金等费用时的账务处理

财务会计：

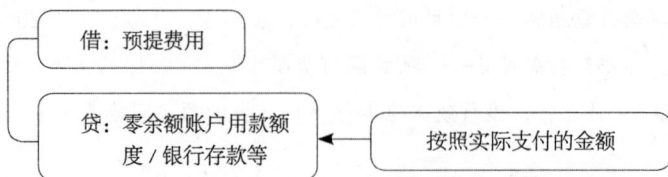

预算会计：

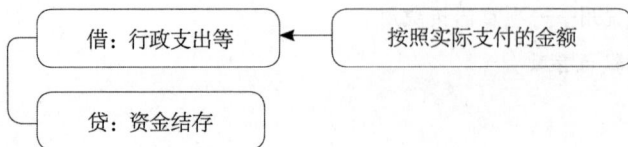

图3-44 实际支付款项时的账务处理

（3）案例解析。

【例3-19】某行政单位于2×19年7月1日租入一台运输设备。合同规定，该单位对该设备的租期为半年，其应在租赁期满时一次付清租金6000元。

该单位租用该设备的期间为2×19年7月至12月。该单位在每月月末的账务处理如下。

财务会计：

借：业务活动费用   1 000

  贷：预提费用   1 000

无预算会计账务处理。

2×19年12月末，该单位用银行存款支付租金时的账务处理如下。

财务会计：

借：业务活动费用   1 000

   预提费用   5 000

  贷：银行存款   6 000

预算会计：

借：行政支出   6 000

  贷：资金结存——货币资金   6 000

3.3　非流动负债的核算

3.3.1　长期应付款

一、长期应付款的概念

长期应付款是指行政单位发生的偿还期限超过 1 年（不含 1 年）的长期应付款项，如以融资租赁方式取得固定资产应付的租赁费、以分期付款方式购入固定资产发生的应付款项等。

二、长期应付款的账务处理

1．发生长期应付款

发生长期应付款时，借记"固定资产""在建工程"等科目，贷记"长期应付款"科目。发生长期应付款时的账务处理如图 3-45 所示。

财务会计：

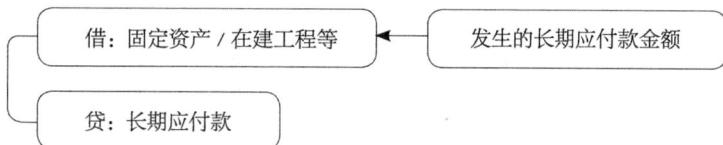

预算会计：

不做账务处理。

图 3-45　发生长期应付款时的账务处理

2．支付长期应付款

支付长期应付款时，按照实际支付的金额，借记"长期应付款"科目，贷记"财政拨款收入""零余额账户用款额度""银行存款"等科目。涉及增值税业务的，相关账务处理参考"应交增值税"科目。支付长期应付款时的账务处理如图 3-46 所示。

财务会计：

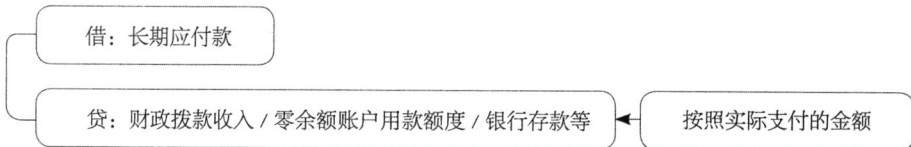

预算会计：

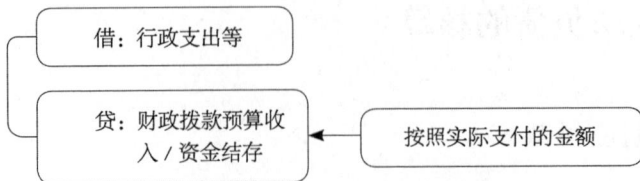

图 3-46 支付长期应付款时的账务处理

3.无法偿付或债权人豁免偿付长期应付款

无法偿付或债权人豁免偿付长期应付款时，应当按照规定报经批准后进行账务处理。经批准核销时，借记"长期应付款"科目，贷记"其他收入"科目。核销的长期应付款应当在备查簿中保留登记。涉及质保金形成长期应付款的，相关账务处理参见"固定资产"科目。无法偿付或债权人豁免偿付长期应付款时的账务处理如图3-47所示。

财务会计：

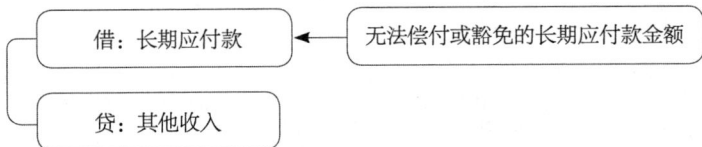

预算会计：

不做账务处理。

图 3-47 无法偿付或债权人豁免偿付长期应付款时的账务处理

4.案例解析

（1）发生长期应付款。

【例3-20】某行政单位以分期付款方式从G公司购入一台仪器，总价款为270 000元，分3年支付，于每年年末支付。该单位在购入仪器时的账务处理如下。

财务会计：

借：固定资产   270 000

  贷：长期应付款   270 000

（2）支付长期应付款。

【例3-21】接【例3-20】。该行政单位年末使用财政直接支付方式支付款项，其账务处理如下。

财务会计：

借：长期应付款   90 000

　　　　贷：财政拨款收入　　　　　　　　　　　　　　　　　　90 000

　　预算会计：

　　借：行政支出　　　　　　　　　　　　　　　　　　　　　90 000

　　　　贷：财政拨款预算收入　　　　　　　　　　　　　　　　90 000

（3）长期应付款的核销。

【例 3-22】接【例 3-21】。该笔长期应付款支付两年后，G 公司豁免最后一年的款项。该行政单位按照规定报经批准后对该款项予以核销，其账务处理如下。

　　财务会计：

　　借：长期应付款　　　　　　　　　　　　　　　　　　　　90 000

　　　　贷：其他收入　　　　　　　　　　　　　　　　　　　　90 000

无预算会计账务处理。

3.3.2　预计负债

一、预计负债的概念

　　预计负债是指单位对因或有事项所产生的现时义务而确认的负债，如对未决诉讼等确认的负债。或有事项，是指过去的交易或者事项形成的，其结果须由某些未来事项的发生或不发生才能决定的不确定事项。或有事项具有以下特征。

　　（1）由过去交易或事项形成，是指或有事项的现存状况是过去交易或事项引起的客观存在。例如，未决诉讼虽然是正在进行中的诉讼，但该诉讼是企业因过去的经济行为起诉其他单位或被其他单位起诉。这是现存的一种状况而不是未来将要发生的事项。未来可能发生的自然灾害、交通事故、经营亏损等，不属于或有事项。

　　（2）结果具有不确定性，是指或有事项结果的出现具有不确定性，或者或有事项的出现预计将会发生，但出现的具体时间或金额具有不确定性。例如，债务担保事项的担保方到期是否承担和履行连带责任，需要根据债务到期时被担保方能否按时还款加以确定。这一事项的结果在担保协议达成时具有不确定性。

　　（3）由未来事项决定，是指或有事项的结果只能由未来不确定事项的发生或不发生才能决定。例如，债务担保事项只有在被担保方到期无力还款时担保方才履行连带责任。

二、预计负债的账务处理

（1）业务概述。

常见的或有事项主要包括：未决诉讼或仲裁、债务担保、产品质量保证（含产品安全保证）、承诺、亏损合同、重组义务、环境污染整治等。

预计负债应当按照履行相关现时义务所需支出的最佳估计数进行初始计量。所需支出存在一个连续范围，且该范围内各种结果发生的可能性是相同的，最佳估计数应当按照该范围内的中间值确定；否则，最佳估计数应当分两种情况进行处理：①或有事项涉及单个项目的，按照最可能的发生金额确定；②或有事项涉及多个项目的，按照各种可能结果及相关概率计算确定。

（2）账务处理。

①确认预计负债。

确认预计负债时，按照预计负债的金额，借记"业务活动费用"等科目，贷记"预计负债"科目。确认预计负债时的账务处理如图3-48所示。

财务会计：

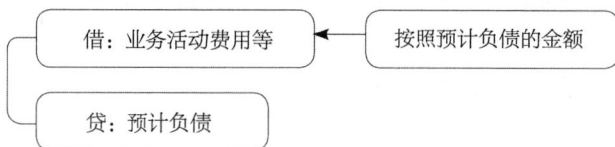

预算会计：

不做账务处理。

图3-48 确认预计负债时的账务处理

②实际偿付预计负债。

实际偿付预计负债时，按照偿付的金额，借记"预计负债"科目，贷记"银行存款""零余额账户用款额度"等科目。实际偿付预计负债时的账务处理如图3-49所示。

财务会计：

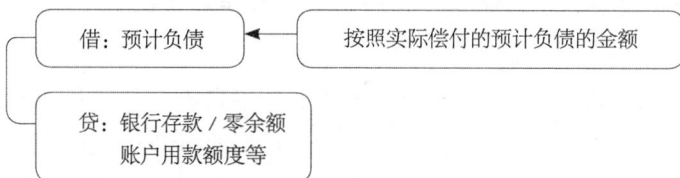

预算会计：

图 3-49　实际偿付预计负债时的会计处理

③调整预计负债的账面余额。

根据确凿证据需要对已确认的预计负债的账面余额进行调整的，按照调整增加的金额，借记"业务活动费用"等科目，贷记"预计负债"科目；按照调整减少的金额，借记"预计负债"科目，贷记"业务活动费用"等科目。调整增加预计负债的账面余额时的账务处理如图 3-50 所示。

财务会计：

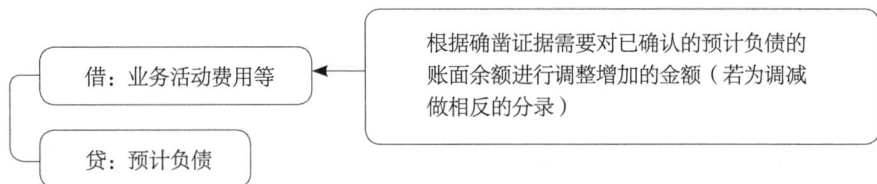

预算会计：

不做账务处理。

图 3-50　调整增加预计负债的账面余额时的账务处理

（3）案例解析。

【例 3-23】2×19 年 11 月 1 日，某行政单位因合同违约而被甲公司起诉。2×19 年 12 月 31 日，该行政单位尚未接到法院的判决。在咨询了单位的法律顾问后，该行政单位认为最终的法律判决很可能对单位不利。假定该行政单位预计将要支付的赔偿金额、诉讼费等费用在 1 600 000 元和 2 000 000 元，而且这个区间内每个金额的可能性都大致相同。

该行政单位应在资产负债表中确认一项预计负债，金额计算如下。

（1 600 000+2 000 000）÷2=1 800 000（元）。

同时在 2×19 年 12 月 31 日的附注中进行披露。

该行政单位的有关账务处理如下。

财务会计：

借：业务活动费用　　　　　　　　　　　　　　　　　　　1 800 000

    贷：预计负债——未决诉讼   1 800 000

无预算会计账务处理。

2×20 年 3 月 1 日，法律判决表明该行政单位要支付赔偿金额等 1 900 000 元，其账务处理如下：

财务会计：

借：预计负债——未决诉讼   1 800 000

    业务活动费用   100 000

    贷：银行存款   1 900 000

预算会计：

借：行政支出   1 900 000

    贷：资金结存——货币资金   1 900 000

3.3.3　受托代理负债

一、受托代理负债的概念

受托代理负债是指行政单位接受委托取得受托管理资产时形成的负债。受托代理负债应当在行政单位收到受托代理资产并产生受托代理义务时确认。

单位应当设置"受托代理负债"科目，对受托代理负债进行核算。本科目应当按照委托人等进行明细核算；属于指定转赠物资和资金的，还应当按照指定受赠人进行明细核算。

"受托代理负债"科目借方反映当期单位受托代理负债的减少；贷方反映当期单位受托代理负债的增加。本科目期末贷方余额，反映单位尚未清偿的受托代理负债。

二、受托代理负债的账务处理

受托代理负债的账务处理参见"受托代理资产""库存现金""银行存款"等科目。

三、受托代理负债案例解析

【例 3-24】2×19 年 3 月 1 日，某省行政单位接受 xx 市事业单位的委托，将一设备转赠给该省科研所。该设备价值 100 000 元，已验收入库。该省行政单位的账务处理如下。

财务会计：

借：受托代理资产——受托储存保管物资　　　　　　　　100 000

　　贷：受托代理负债　　　　　　　　　　　　　　　　　100 000

预算会计：

不做账务处理

第4章　收入与预算收入

4.1　收入与预算收入概述

4.1.1　收入与预算收入的概念与分类

1. 收入的概念与分类

收入属于财务会计要素。《基本准则》第四十二条指出："收入是指报告期内导致政府会计主体净资产增加的、含有服务潜力或经济利益的经济资源的流入。"

行政单位的收入主要分为财政拨款收入、非同级财政拨款收入、捐款收入、利息收入、租金收入和其他收入。

2. 预算收入的概念与分类

《基本准则》第十九条指出："预算收入是指政府会计主体在预算年度内依法取得的并纳入预算管理的现金流入。"

行政单位的预算收入主要分为财政拨款预算收入、非同级财政拨款预算收入和其他预算收入。

4.1.2　收入与预算收入的确认

1. 收入的确认条件

《基本准则》第四十三条指出，收入的确认应当同时满足以下条件：

（1）与收入相关的含有服务潜力或者经济利益的经济资源很可能流入政府会计主体；

（2）含有服务潜力或者经济利益的经济资源流入会导致政府会计主体资产增加或者负债减少；

（3）流入金额能够可靠地计量。

2. 收入的确认时点

收入的确认时点一般为收入实现时，即应收或者实际收到收入时确认收入。这里需要说明的是，财政拨款收入属于非交换性质的收入，收入确认的时点仍然维持原有确认方法不变，即财政直接支付的收入在支出时确认收入，财政授权支付的收入在收到零余额账户用款额度时确认收入。财政返还资金、非同级财政拨款收入等，可以在实际收到时确认收入；接受捐赠收入、利息收入、其他收入等，在享有权益、收到资金或取得收款权利时确认收入。

3. 预算收入

一般在实际收到预算收入时对其进行确认，以实际收到的金额计量。

4.2　财政拨款收入与财政拨款预算收入的核算

4.2.1　财政拨款收入与财政拨款预算收入

一、核算内容及明细科目设置

"财政拨款收入"科目用于核算行政单位从同级政府财政部门取得的各类财政拨款。同级政府财政部门预拨的下期预算款和没有纳入预算的暂付款项，以及采用实拨资金方式通过本单位转拨给下属单位的财政拨款，通过"其他应付款"科目核算，不通过"财政拨款收入"科目进行核算。"财政拨款收入"科目可按照一般公共预算财政拨款、政府性基金预算财政拨款等拨款种类进行明细核算。

"财政拨款预算收入"科目用于核算行政单位从同级政府财政部门取得的各类财政拨款。"财政拨款预算收入"科目应当设置"基本支出"和"项目支出"两个明细科目，并按照《政府收支分类科目》中的"支出功能分类科目"的项级科目进行明细核算；同时，在"基本支出"明细科目下按照"人员经费"和"日常公用经费"进行明细核算，在"项目支出"明细科目下按照具体项目进行明细核算。有一般公共预算财政拨款、政府性基金预算财政拨款等两种或两种以上财政拨款的单位，还应当按照财政拨款的种类进行明细核算。每个行政单位可以根据各自的核算需要和预算管理需要设置明细科目。

二、账务处理

1. 收到拨款

（1）业务概述。

取得财政拨款收入主要是指从同级政府财政部门取得的各类财政拨款，相关支付方式有财政直接支付方式、财政授权支付方式和其他方式支付3种形式。

（2）账务处理。

①财务会计下的账务处理。

财政直接支付方式下，单位根据收到的财政直接支付入账通知书及相关原始凭证，按照通知书中的直接支付入账金额，借记"库存物品""固定资产""业务活动费用""应付职工薪酬"等科目，贷记"财政拨款收入"科目。涉及增值税业务的，相关账务处理参见"应交增值税"科目。

财政授权支付方式下，单位根据收到的财政授权支付到账通知书，按照通知书中的授权支付额度，借记"零余额账户用款额度"科目，贷记"财政拨款收入"科目。

其他方式下收到的财政拨款收入，按照实际收到的金额，借记"银行存款"等科目，贷记"财政拨款收入"科目。

②预算会计下的账务处理。

财政直接支付方式下，单位根据收到的财政直接支付入账通知书及相关原始凭证，按照通知书中的直接支付金额，借记"行政支出"等科目，贷记"财政拨款预算收入"科目。

在财政授权支付方式下，单位根据收到的财政授权支付到账通知书，按照通知书中的授权支付额度，借记"资金结存——零余额账户用款额度"科目，贷记"财政拨款预算收入"科目。

在其他方式主要是财政实拨资金方式下，单位收到财政拨款预算收入时，按照实际收到的金额，借记"资金结存——货币资金"科目，贷记"财政拨款预算收入"科目。单位收到下期预算的财政预拨款，应当在下个预算期，按照预收的金额，借记"资金结存——货币资金"科目，贷记"财政拨款预算收入"科目。

在同时有一般公共预算财政拨款和政府性基金预算财政拨款的情况下，单位对财政拨款预算收入的核算应当按照一般公共预算财政拨款和政府性基金预算财政拨款进行明细核算，根据以上不同的财政资金支付方式，在相应的时点按照相应的金额进行确认。收到财政拨款时的账务处理如表4-1所示。

表 4-1　　　　　　　　　　　收到财政拨款时的账务处理

序号	业务	财务会计处理	预算会计处理
（1）	财政直接支付方式下	借：库存物品/固定资产/业务活动费用/应付职工薪酬等　　贷：财政拨款收入	借：行政支出等　　贷：财政拨款预算收入
（2）	财政授权支付方式下	借：零余额账户用款额度　　贷：财政拨款收入	借：资金结存——零余额账户用款额度　　贷：财政拨款预算收入
（3）	其他方式下	借：银行存款等　　贷：财政拨款收入	借：资金结存——货币资金　　贷：财政拨款预算收入

（3）案例解析。

【例 4-1】某行政单位收到财政部门委托银行转来的财政直接支付入账通知书，其中包含财政部门为该单位支付的 100 000 元日常行政活动经费、200 000 元在职人员工资、70 000 元为开展某项专业业务活动所发生的费用。该单位的账务处理如下。

财务会计：

借：业务活动费用　　　　　　　　　　　　　　　　170 000

　　应付职工薪酬　　　　　　　　　　　　　　　　200 000

　　　贷：财政拨款收入　　　　　　　　　　　　　　　　370 000

预算会计：

借：行政支出　　　　　　　　　　　　　　　　　　370 000

　　贷：财政拨款预算收入　　　　　　　　　　　　　　370 000

2．年末确认拨款差额

（1）业务简介。

本年度财政直接支付的预算指标数通常和当年财政直接支付的实际支付数不一样，即两者会存在差额。此时，行政单位需要确认拨款差额。

（2）账务处理。

①财务会计下，根据本年度财政直接支付的预算指标数与当年财政直接支付的实际支付数的差额，借记"财政应返还额度——财政直接支付"科目，贷记"财政拨款收入"科目。本年度财政授权支付的预算指标数大于零余额账户用款额度下达数的，根据未下达的用款额度，借记"财政应返还额度——财政授权支付"科目，贷记"财政拨款收入"科目。

②预算会计下，借记"资金结存——财政应返还额度"科目，贷记"财政

拨款预算收入"科目。年末确认拨款差额时的账务处理如表 4-2 所示。

表 4-2　　　　　　　　　　年末确认拨款差额时的账务处理

序号	业务	财务会计处理	预算会计处理
（1）	根据本年度财政直接支付的预算指标数与当年财政直接支付的实际支付数的差额	借：财政应返还额度——财政直接支付 　　贷：财政拨款收入	借：资金结存——财政应返还额度 　　贷：财政拨款预算收入
（2）	本年度财政授权支付的预算指标数大于零余额账户用款额度下达数的差额	借：财政应返还额度——财政授权支付 　　贷：财政拨款收入	借：资金结存——财政应返还额度 　　贷：财政拨款预算收入

（3）案例解析。

【例 4-2】某行政单位本年度财政直接支付的基本支出拨款的预算指标数为 800 000 元，而当年财政直接支付的实际支出为 730 000 元。年末，该行政单位应收财政返还的资金额度为 70 000 元，其账务处理如下。

财务会计：

借：财政应返还额度——财政直接支付　　　　　　　　　　70 000

　　贷：财政拨款收入　　　　　　　　　　　　　　　　　　　70 000

预算会计：

借：资金结存——财政应返还额度　　　　　　　　　　　　70 000

　　贷：财政拨款预算收入　　　　　　　　　　　　　　　　　70 000

3. 拨款退回

（1）业务概述。

拨款退回可分为以前年度支付的款项退回和本年度支付的款项退回。如果是因差错更正或购货退回等发生国库支付款项直接退回，通常为以前年度支付款项退回；如果是本期的购货退回等，通常为本年度支付款项退回。

（2）账务处理。

①财务会计下，因差错更正或购货退回等发生国库直接支付款项退回的，属于以前年度支付的款项，按照退回的金额，借记"财政应返回额度——财政直接支付"科目，贷记"以前年度盈余调整""库存物品"等科目；属于本年度支付的款项，按照退回的金额，借记"财政拨款收入"科目，贷记"业务活动费用""库存物品"等科目。

②预算会计下，因差错更正或购货退回等发生国库直接支付款项退回的，

属于以前年度支付的款项，按照退回的金额，属于财政拨款结转资金的，借记"资金结余——财政应返还额度"科目，贷记"财政拨款结转——年初余额调整"科目；属于财政拨款结余资金的，借记"资金结存——财政应返还额度"科目，贷记"财政拨款结余——年初余额调整"科目。因差错更正或购货退回等发生国库直接支付款项退回的，属于本年度支付的款项，按照退回的金额，借记"财政拨款预算收入"科目，贷记"行政支出"等科目。拨款退回时的账务处理如表 4-3 所示。

表 4-3　　　　　　　　拨款退回时的账务处理

序号	业务	财务会计处理	预算会计处理
（1）	属于本年度支付的款项	借：财政拨款收入 　　贷：业务活动费用 / 库存物品等	借：财政拨款预算收入 　　贷：行政支出等
（2）	属于以前年度支付的款项（财政拨款结转资金）	借：财政应返还额度——财政直接支付 　　贷：以前年度盈余调整 / 库存物品等	借：资金结存——财政应返还额度 　　贷：财政拨款结转——年初余额调整
（3）	属于以前年度支付的款项（财政拨款结余资金）		借：资金结存——财政应返还额度 　　贷：财政拨款结余——年初余额调整

（3）案例解析。

【例 4-3】某行政单位本年度发生了一笔由购货退回引起的国库直接支付款项退回的业务。经相关人员查证，该事项属于本年度支付的款项。退货物品的金额为 70 000 元。该单位的账务处理如下。

财务会计：

借：财政拨款收入　　　　　　　　　　　　　　　70 000

　　贷：库存物品　　　　　　　　　　　　　　　　　70 000

预算会计：

借：财政拨款预算收入　　　　　　　　　　　　　70 000

　　贷：行政支出　　　　　　　　　　　　　　　　　70 000

4．期末 / 年末结转

（1）业务概述。

单位在每年年末或各期期末，都需要将"财政拨款收入""财政拨款预算收入"科目进行结转，使其余额为零。

（2）账务处理。

期末或年末，在财务会计中，将"财政拨款收入"科目的本期发生额转入本期盈余，借记"财政拨款收入"科目，贷记"本期盈余"科目。在预算会计中，将"财政拨款预算收入"科目的本期发生额转入财政拨款结转，借记"财政拨款预算收入"科目，贷记"财政拨款结转——本年收支结转"科目。期末 /年末结转"财政拨款收入""财政拨款预算收入"时的账务处理如表4-4所示。

表4-4　期末 / 年末结转"财政拨款收入""财政拨款预算收入"时的账务处理

业务	财务会计处理	预算会计处理
期末 / 年末结转	借：财政拨款收入 　　贷：本期盈余	借：财政拨款预算收入 　　贷：财政拨款结转——本年收支结转

（3）案例解析。

【例4-4】某行政单位年终进行结账时，"财政拨款收入"科目的贷方余额为7 900 000元。该单位的账务处理如下。

财务会计：

借：财政拨款收入　　　　　　　　　　　　　　　　7 900 000

　　贷：本期盈余　　　　　　　　　　　　　　　　　7 900 000

预算会计：

借：财政拨款预算收入　　　　　　　　　　　　　　7 900 000

　　贷：财政拨款结转——本年收支结转　　　　　　　7 900 000

4.2.2　非同级财政拨款收入与非同级财政拨款预算收入

一、核算内容及明细科目设置

"非同级财政拨款收入"科目用于核算行政单位从非同级政府财政部门取得的经费拨款，包括从同级政府其他部门取得的横向转拨财政款、从上级或下级政府财政部门取得的经费拨款等。核算单位应当按照收入来源进行明细核算。

"非同级财政拨款预算收入"科目用于核算行政单位从非同级政府财政部门取得的财政拨款，包括本级横向转拨财政款和非本级财政拨款。对于因开展科研及其辅助活动从非同级政府财政部门取得的经费拨款，不通过"非同级财政拨款预算收入"科目核算。"非同级财政拨款预算收入"科目应当按照非同级财政拨款预算收入的类别、来源、《政府收支分类科目》中的"支出功能分类科目"的项级科目等进行明细核算。非同级财政拨款预算收入中如有专项资金收入，还应按照具体项目进行明细核算。

二、账务处理

1. 确认非同级财政拨款收入

（1）业务概述。

非同级财政拨款收入是指单位应缴未缴的行政事业性收费、罚没收入、用单位资产从事的经营服务性收入、上级主管部门直接下拨的款项、下属单位上缴收入等。单位应当根据实际收到或应收的款项，确认非同级财政拨款收入。

（2）账务处理。

①财务会计下，确认非同级财政拨款收入时，按照应收或实际收到的金额，借记"其他应收款""银行存款"等科目，贷记"非同级财政拨款收入"科目。

②预算会计下，单位取得非同级财政拨款预算收入时，按照实际收到的金额，借记"资金结存——货币资金"科目，贷记"非同级财政拨款预算收入"科目。确认非同级财政拨款收入时的账务处理如表 4-5 所示。

表 4-5　　　　　　　　确认非同级财政拨款收入时的账务处理

序号	业务	财务会计处理	预算会计处理
（1）	确认收入时	借：其他应收款 / 银行存款等 　贷：非同级财政拨款收入	借：资金结存——货币资金 　贷：非同级财政拨款预算收入
（2）	收到应收的 款项时	借：银行存款 　贷：其他应收款	

（3）案例解析。

【例 4-5】某行政单位收到了非同级财政部门委托银行转来的财政直接支付入账通知书，包含了银行存款 900 000 元。该单位的账务处理如下。

财务会计：

借：银行存款　　　　　　　　　　　　　　　　　　900 000

　　贷：非同级财政拨款收入　　　　　　　　　　　　　900 000

预算会计：

借：资金结存——货币资金   900 000

  贷：非同级财政拨款预算收入   900 000

2. 期末 / 年末结转

（1）业务概述。

行政单位在每年年末或各期期末都需要将"非同级财政拨款收入""非同级财政拨款预算收入"科目进行结转，使其余额为零。

（2）账务处理。

①财务会计下，期末，将"非同级财政拨款收入"科目的本期发生额转入本期盈余，借记"非同级财政拨款收入"科目，贷记"本期盈余"科目。

②预算会计下，期末，将"非同级财政拨款预算收入"科目本期发生额中的专项资金收入转入非财政拨款结转，借记"非同级财政拨款预算收入"科目下各专项资金收入明细科目，贷记"非财政拨款结转——本年收支结转"科目；将"非同级财政拨款预算收入"科目本期发生额中的非专项资金收入转入其他结余，借记"非同级财政拨款预算收入"科目下各非专项资金收入明细科目，贷记"其他结余"科目。期末结转后，"非同级财政拨款预算收入"科目应无余额。期末 / 年末结转"非同级财政拨款收入""非同级财政拨款预算收入"时的账务处理如表4-6所示。

表4-6 期末 / 年末结转"非同级财政拨款收入""非同级财政拨款预算收入"时的账务处理

序号	业务	财务会计处理	预算会计处理

（1）	专项资金	借：非同级财政拨款收入
		  贷：本期盈余
			借：非同级财政拨款预算收入
			  贷：非财政拨款结转——本年收支结转

（2）	非专项资金		借：非同级财政拨款预算收入 贷：其他结余

（3）案例解析。

【例4-6】某行政单位年终进行结账时，"非同级财政拨款收入"科目的贷方余额为900 000元，其中，专项资金收入为300 000元，非专项资金收入为600 000元。该单位的账务处理如下。

财务会计：

借：非同级财政拨款收入   900 000

　　　　贷：本期盈余　　　　　　　　　　　　　　　　　　　　900 000

　预算会计：

　　借：非同级财政拨款预算收入　　　　　　　　　　　　　900 000

　　　　贷：非财政拨款结转——本年收支结转　　　　　　　300 000

　　　　　　其他结余　　　　　　　　　　　　　　　　　　600 000

4.3　业务收入与业务预算收入的核算

4.3.1　捐赠收入

一、核算内容

　　"捐赠收入"科目用于核算单位接受其他单位或者个人捐赠取得的收入。本科目应当按照捐赠资产的用途和捐赠单位等进行明细核算。

二、账务处理

1. 接受捐赠的货币资金

（1）业务概述。

　　单位接受其他单位或者个人捐赠的收入表现为货币资金。

（2）账务处理。

　　接受捐赠的货币资金时，按照实际收到的金额，借记"银行存款""库存现金"等科目，贷记"捐赠收入"科目。接受捐赠的货币资金时的账务处理如表 4-7 所示。

表 4-7　　　　　　　　　　接受捐赠的货币资金时的账务处理

业务		财务会计处理	预算会计处理
接受捐赠的货币资金	按照实际收到的金额	借：银行存款 / 库存现金等 　　贷：捐赠收入	借：资金结存——货币资金 　　贷：其他预算收入——捐赠收入

（3）案例解析。

　　【例 4-7】某行政单位接受了其他单位捐赠的货币资金，金额为 30 000 元。其账务处理如下。

　　财务会计：

　　借：银行存款　　　　　　　　　　　　　　　　　　　　30 000

    贷：捐赠收入   30 000

预算会计：

借：资金结存——货币资金   30 000

    贷：其他预算收入——捐赠收入   30 000

2. 接受捐赠的存货、固定资产等

（1）业务概述。

单位接受其他单位或者个人捐赠的收入表现为存货或固定资产。

（2）账务处理。

接受捐赠的存货、固定资产等非现金资产时，在财务会计中，按照确定的成本，借记"库存物品""固定资产"等科目；按照发生的相关税费、运输费等，贷记"银行存款"等科目；按照其差额，贷记"捐赠收入"科目。

接受捐赠的资产按照名义金额入账的，按照名义金额，借记"库存物品""固定资产"等科目，贷记"捐赠收入"科目；同时，按照发生的相关税费、运输费等，借记"其他费用"科目，贷记"银行存款"等科目。

同时，在预算会计中，按照支付的相关税费等，借记"其他支出"科目，贷记"资金结存"科目。

接受捐赠的存货、固定资产等时的账务处理如表 4-8 所示。

表 4-8   接受捐赠的存货、固定资产等时的账务处理

业务		财务会计处理	预算会计处理

接受捐赠的存货、固定资产等	按照确定的成本	借：库存物品 / 固定资产等
		  贷：银行存款等 [相关税费、运输费等支出]
		    捐赠收入 [差额]
			借：其他支出 [支付的相关税费等]
			  贷：资金结存

	如按照名义金额入账	借：库存物品 / 固定资产等 [名义金额]
		  贷：捐赠收入
		借：其他费用
		  贷：银行存款等 [相关税费、运输费等支出]
			借：其他支出 [支付的相关税费等]
			  贷：资金结存

（3）案例解析。

【例 4-8】 某行政单位接受了其他单位捐赠的价值 31 000 元的固定资产，其中包含相关税费和运输费 1 000 元，以银行存款支付。该单位的账务处理如下。

财务会计：

借：固定资产　　　　　　　　　　　　　　　　　　　31 000

　　贷：捐赠收入　　　　　　　　　　　　　　　　　30 000

　　　　银行存款　　　　　　　　　　　　　　　　　1 000

预算会计：

借：其他支出　　　　　　　　　　　　　　　　　　　1 000

　　贷：资金结存——货币资金　　　　　　　　　　　1 000

3．期末／年末结转

（1）业务概述。

单位在各期期末或每年年末都需要将"捐赠收入"科目进行结转，使其余额为零。

（2）账务处理。

期末，在财务会计中，将"捐赠收入"科目的本期发生额转入本期盈余，借记"捐赠收入"科目，贷记"本期盈余"科目。在预算会计中，分别针对专项资金和非专项资金进行账务处理：专项资金，借记"其他预算收入——捐赠收入"科目，贷记"非财政拨款结转——本年收支结转"科目；非专项资金，借记"其他预算收入——捐赠收入"科目，贷记"其他结余"科目。期末／年末结转"捐赠收入"科目时的账务处理如表 4-9 所示。

表 4-9　　　　　　　　期末／年末结转"捐赠收入"科目时的账务处理

业务		财务会计处理	预算会计处理
期末／年末结转	专项资金	借：捐赠收入 　　贷：本期盈余	借：其他预算收入——捐赠收入 　　贷：非财政拨款结转——本年收支结转
	非专项资金		借：其他预算收入——捐赠收入 　　贷：其他结余

（3）案例解析。

【例 4-9】 某行政单位年终进行结账时，"捐赠收入"科目的贷方余额为 600 000元，均为非专项资金收入。该单位的账务处理如下。

财务会计：

借：捐赠收入　　　　　　　　　　　　　　　　　　　600 000

　　贷：本期盈余　　　　　　　　　　　　　　　　　600 000

预算会计：

借：其他预算收入——捐赠收入   600 000

　　贷：其他结余   600 000

4.3.2　利息收入

一、核算内容

"利息收入"科目用于核算单位取得的银行存款利息收入。本科目可以按照不同开户银行设置明细。

二、账务处理

1. 确认银行存款利息收入

（1）业务概述。

当实际收到利息时，单位需要确认银行存款利息收入。

（2）账务处理。

取得银行存款利息时，在财务会计中，按照实际收到的金额，借记"银行存款"科目，贷记"利息收入"科目；在预算会计中，借记"资金结存——货币资金"科目，贷记"其他预算收入——利息收入"科目。确认银行存款利息收入的账务处理如表4-10所示。

表4-10　　　　　　　　确认银行存款利息收入的账务处理

业务		财务会计处理	预算会计处理
确认银行存款利息收入	按照实际收到的金额	借：银行存款 　　贷：利息收入	借：资金结存——货币资金 　　贷：其他预算收入——利息收入

（3）案例解析。

【例4-10】某行政单位在银行存了一笔款项，当期收到了利息1 000元，其账务处理如下。

财务会计：

借：银行存款   1 000

　　贷：利息收入   1 000

预算会计：

借：资金结存——货币资金   1 000

　　　　贷：其他预算收入——利息收入　　　　　　　　　　　　1 000

2. 期末 / 年末结转

（1）业务概述。

　　行政单位在各期期末或每年年末都需要将"利息收入"科目进行结转，使其余额为零。

（2）账务处理。

　　期末，在财务会计中，将"利息收入"科目的本期发生额转入本期盈余，借记"利息收入"科目，贷记"本期盈余"科目；在预算会计中，借记"其他预算收入——利息收入"科目，贷记"其他结余"科目。期末 / 年末结转"利息收入"科目时的账务处理如表 4-11 所示。

表 4-11　　　　　　　　期末 / 年末结转"利息收入"科目时的账务处理

业务	财务会计处理	预算会计处理
期末 / 年末结转	借：利息收入 　　贷：本期盈余	借：其他预算收入——利息收入 　　贷：其他结余

（3）案例解析。

【例 4-11】某行政单位年终进行结账时，"利息收入"科目的贷方余额为 900 000 元。该单位的账务处理如下。

　　财务会计：

　　借：利息收入　　　　　　　　　　　　　　　　　900 000

　　　　贷：本期盈余　　　　　　　　　　　　　　　　　　900 000

　　预算会计：

　　借：其他预算收入——利息收入　　　　　　　　　900 000

　　　　贷：其他结余　　　　　　　　　　　　　　　　　　900 000

4.3.3　租金收入

一、核算内容

　　"租金收入"科目用于核算单位经批准利用国有资产出租取得并按照规定纳入本单位预算管理的租金收入。

　　"租金收入"科目应当按照出租国有资产类别和收入来源等进行明细核算。

二、账务处理

1. 预收租金方式

（1）业务概述。

预收租金是负债科目。单位在收到这笔租金时，租赁合同尚未履行，因而不能作为收入入账，只能确认为一项负债，即借记"银行存款"等科目，贷记"预收账款"科目。行政单位按合同规定提供租赁服务后，再根据合同的履行情况，逐期将未实现收入转成已实现收入，即借记"预收账款"科目，贷记有关收入科目。

（2）账务处理。

对于国有资产出租收入，应当在租赁期内各个期间按照直线法予以确认。

采用预收租金方式的，预收租金时，在财务会计中，按照收到的金额，借记"银行存款"等科目，贷记"预收账款"等科目；分期确认租金收入时，按照各期租金金额，借记"预收账款"科目，贷记"租金收入"科目。涉及增值税业务的，相关账务处理参见"应交增值税"科目。在预算会计中，在收到预付的租金时，借记"资金结存——货币资金"科目，贷记"其他预算收入——租金收入"科目。预收租金方式下的账务处理如表4-12所示。

表4-12　　　　　　　　　预收租金方式下的账务处理

序号	业务	财务会计处理	预算会计处理
（1）	收到预付的租金时	借：银行存款等 　贷：预收账款等	借：资金结存——货币资金 　贷：其他预算收入——租金收入
（2）	按照直线法分期确认租金收入时	借：预收账款 　贷：租金收入	—

（3）案例解析。

【例4-12】某行政单位和A公司签订了一份办公楼租赁合同，约定租金支付方式为预收租金方式，当期预收款项为100 000元，租期为10个月。该单位的账务处理如下。

财务会计：

借：银行存款　　　　　　　　　　　　　　　　　　　100 000

　　贷：预收账款　　　　　　　　　　　　　　　　　　　100 000

预算会计：

借：资金结存——货币资金 100 000

　　贷：其他预算收入——租金收入 100 000

2．后付租金方式

（1）业务概述。

后付租金，是指承租人在各付租间隔期的期末支付租金的方式。采用这种方式，能使租金支付时间向后推迟整整一个间隔期（半年或 1 年），对资金短缺的承租人有利。

（2）账务处理。

采用后付租金方式的，在每期确认租金收入时，在财务会计中，按照各期租金金额，借记"应收账款"科目，贷记"租金收入"科目；收到租金时，按照实际收到的金额，借记"银行存款"等科目，贷记"应收账款"科目。涉及增值税业务的，相关账务处理参见"应交增值税"科目。在预算会计中，在收到租金时，借记"资金结存——货币资金"科目，贷记"其他预算收入——租金收入"科目。后付租金方式下的账务处理如表 4-13 所示。

表 4-13　　　　　　　　　　后付租金方式下的账务处理

序号	业务	财务会计处理	预算会计处理
（1）	确认租金收入时	借：应收账款 　　贷：租金收入	—
（2）	收到租金时	借：银行存款等 　　贷：应收账款	借：资金结存——货币资金 　　贷：其他预算收入——租金收入

（3）案例解析。

【例 4-13】某行政单位和另一单位签订了一份办公楼租赁合同，约定租金支付方式为后付租金方式，租金总额为 100 000 元，租期为 10 个月，每期确认 10 000 元租金收入，款项尚未收到。该单位在每期确认租金收入时的账务处理如下。

财务会计：

借：应收账款 10 000

　　贷：租金收入 10 000

3．分期收取租金

（1）业务概述。

分期收取租金是指出租人按合同或条款上规定的期间收取租金的方式。

（2）账务处理。

采用分期收取租金方式的，在财务会计中，每期收取租金时，按照租金金额，借记"银行存款"等科目，贷记"租金收入"科目。涉及增值税业务的，相关账务处理参见"应交增值税"科目。在预算会计中，在收到租金时，借记"资金结存——货币资金"科目，贷记"其他预算收入——租金收入"科目。分期收取租金的账务处理如表4-14所示。

表4-14 分期收取租金的账务处理

业务	财务会计处理	预算会计处理
分期收取租金	借：银行存款等 贷：租金收入	借：资金结存——货币资金 贷：其他预算收入——租金收入

（3）案例解析。

【例4-14】某行政单位和A公司签订了一份办公楼租赁合同，约定租金支付方式为分期收取租金方式，租金总额为100 000元，租期为10个月，每期收取10 000元租金，本期已收到租金。该单位的账务处理如下。

财务会计：

借：银行存款 10 000

　　贷：租金收入 10 000

预算会计：

借：资金结存——货币资金 10 000

　　贷：其他预算收入——租金收入 10 000

4. 期末／年末结转

（1）业务概述。

单位在各期期末或每年年末都需要将"租金收入"科目进行结转，使其余额为零。

（2）账务处理。

期末，将"租金收入"科目的本期发生额转入本期盈余，在财务会计中，借记"租金收入"科目，贷记"本期盈余"科目。在预算会计中，借记"其他预算收入——租金收入"科目，贷记"其他结余"科目。期末／年末结转"租金收入"科目时的账务处理如表4-15所示。

表 4-15　　　　期末／年末结转"租金收入"科目时的账务处理

业务	财务会计处理	预算会计处理
期末／年末结转	借：租金收入 　　贷：本期盈余	借：其他预算收入——租金收入 　　贷：其他结余

（3）案例解析。

【例 4-15】某行政单位年终进行结账时，"租金收入"科目的贷方余额为 400 000 元。该单位的账务处理如下。

财务会计：

借：租金收入　　　　　　　　　　　　　　　　　　　400 000

　　贷：本期盈余　　　　　　　　　　　　　　　　　　　400 000

预算会计：

借：其他预算收入——租金收入　　　　　　　　　　　400 000

　　贷：其他结余　　　　　　　　　　　　　　　　　　　400 000

4.3.4　其他收入和其他预算收入

一、核算内容

"其他收入"科目用于核算单位取得的除财政拨款收入、非同级财政拨款收入、捐赠收入、利息收入、租金收入以外的各项收入，包括现金盘盈收入、按照规定纳入单位预算管理的科技成果转化收入、行政单位收回已核销的其他应收款、无法偿付的应付及预收款项、置换换出资产评估增值等。

"其他预算收入"科目用于核算单位除财政拨款预算收入、非同级财政拨款预算收入之外的被纳入部门预算管理的现金流入，包括捐赠预算收入、利息预算收入、租金预算收入、现金盘盈预算收入等。

单位发生的捐赠预算收入、利息预算收入、租金预算收入金额较大或业务较多的，可单独设置"捐赠预算收入""利息预算收入""租金预算收入"等科目。

二、账务处理

1. 现金盘盈收入

（1）业务概述。

现金盘盈是指现金实物比正确的账面记录的现金数量多，其一般是由单位管理的疏失和收款人员的工作失误造成的，不存在恶意作弊的问题。

（2）账务处理。

每日现金账款核对中发现的现金溢余，属于无法查明原因的部分，报经批准后，借记"待处理财产损溢"科目，贷记"其他收入"科目。现金盘盈时的账务处理如表4-16所示。

表4-16　　　　　　　　　　　　现金盘盈时的账务处理

业务		财务会计处理	预算会计处理
现金盘盈	属于无法查明原因的部分，报经批准后	借：待处理财产损溢 贷：其他收入	—

（3）案例解析。

【例4-16】某行政单位某日在进行现金账款核对时，盘盈现金10 000元，无法查明原因，报经批准后，其账务处理如下。

财务会计：

借：待处理财产损溢　　　　　　　　　　　　　　　10 000

　　贷：其他收入　　　　　　　　　　　　　　　　　　　　10 000

2．科技成果转化收入

（1）业务概述。

科技成果转化，是指为提高生产力水平而对科学研究与技术开发所产生的具有实用价值的科技成果进行后续试验、开发、应用、推广，直至形成新产品、新工艺、新材料，发展新产业等活动。科技成果转化收入即因科技成果转化实现的收入。

（2）账务处理。

按照规定留归本单位的因科技成果转化而取得收入时，在财务会计中，按照所取得收入扣除相关费用之后的净收益，借记"银行存款"等科目，贷记"其他收入"科目。在预算会计中，借记"资金结存——货币资金"科目，贷记"其他预算收入"科目。取得科技成果转化收入时的账务处理如表4-17所示。

表4-17　　　　　　　　　　取得科技成果转化收入时的账务处理

业务		财务会计处理	预算会计处理
科技成果转化收入	按照规定留归本单位的	借：银行存款等 贷：其他收入	借：资金结存——货币资金 贷：其他预算收入

（3）案例解析。

【**例 4-17**】某行政单位进行科技成果转化，取得转化收入 100 000 元。其账务处理如下。

财务会计：

借：银行存款　　　　　　　　　　　　　　　　　　　100 000

　　贷：其他收入　　　　　　　　　　　　　　　　　　　　100 000

预算会计：

借：资金结存——货币资金　　　　　　　　　　　　　100 000

　　贷：其他预算收入　　　　　　　　　　　　　　　　　　100 000

3. 收回已核销的其他应收款

（1）业务概述。

已核销的其他应收款是指行政单位某笔其他应收款确认无法收回，凭相关法律文书进行注销的其他应收款。收回已核销的其他应收款指已核销的其他应收款在以后期间收回。

（2）账务处理。

行政单位已核销的其他应收款在以后期间收回的，在财务会计中，按照实际收回的金额，借记"银行存款"等科目，贷记"其他收入"科目。在预算会计中，借记"资金结存——货币资金"科目，贷记"其他预算收入"科目。收回已核销的其他应收款时的账务处理如表 4-18 所示。

表 4-18　　　　　　　　收回已核销的其他应收款时的账务处理

业务		财务会计处理	预算会计处理
行政单位收回已核销的其他应收款	按照实际收回的金额	借：银行存款等 　　贷：其他收入	借：资金结存——货币资金 　　贷：其他预算收入

（3）案例解析。

【**例 4-18**】某行政单位收回了一笔已核销的其他应收款，金额为 50 000 元，其账务处理如下。

财务会计：

借：银行存款　　　　　　　　　　　　　　　　　　　50 000

　　贷：其他收入　　　　　　　　　　　　　　　　　　　　50 000

预算会计：

借：资金结存——货币资金   50 000

    贷：其他预算收入   50 000

4．无法偿付的应付及预收款项

（1）业务概述。

无法偿付的应付及预收款项是指单位确实无法偿付或者债权人豁免偿还的应付及预收款项。

（2）账务处理。

无法偿付或债权人豁免偿还应付账款、其他应付款及长期应付款时，借记"应付账款""其他应付款""长期应付款"等科目，贷记"其他收入"科目。无法偿付的应付及预收款项时的账务处理如表4-19所示。

表4-19   无法偿付的应付及预收款项时的账务处理

业务	财务会计处理	预算会计处理
无法偿付的应付及预收款项	借：应付账款/其他应付款/长期应付款等 贷：其他收入	—

（3）案例解析。

【例4-19】某行政单位于2×19年4月30日从A公司购入业务用设备一批，总价为100 000元。因设备未达到使用要求，所以该单位未支付剩余50 000元。2×23年年底清理往来账款时，该单位发现A公司已经注销工商登记，该款项无法支付。该单位2×23年12月31日的账务处理如下。

财务会计：

借：应付账款——A公司   50 000

    贷：其他收入——无法支付的应付款   50 000

无预算会计分录。

5．置换换出资产评估增值

（1）业务概述。

单位在进行资产置换的过程中，可能会出现资产评估增值的情况。资产评估增值是指对单位的资产进行评估，并按资产评估确认的价值调增单位相应资产的原账面价值的过程。

（2）账务处理。

资产置换过程中，换出资产评估增值的，按照评估价值高于资产的账面价值的金额，借记有关科目，贷记"其他收入"科目。具体账务处理参见"库存物品"等科目。

置换换出资产评估增值时的账务处理如表 4-20 所示。

表 4-20　　　　　　　　　　置换换出资产评估增值时的账务处理

业务		财务会计处理	预算会计处理
置换换出资产评估增值	按照换出资产评估价值高于资产账面价值的金额	借：有关科目 　　贷：其他收入	—

（3）案例解析。

【例 4-20】某行政单位在进行固定资产置换的过程中，换出的固定资产被评估为增值，评估价值高于固定资产账面价值 10 000 元。该单位的账务处理如下。

财务会计：

借：固定资产　　　　　　　　　　　　　　　　　　　　　10 000

　　贷：其他收入　　　　　　　　　　　　　　　　　　　　　10 000

无预算会计分录。

6. 确认其他情况下的收入

（1）业务概述。

其他情况是指除了现金盘盈收入、科技成果转化收入、收回已核销的其他应收款、无法偿付的应付及预收款项和置换换出资产评估增值之外的收入。

（2）账务处理。

确认上述 5 种收入以外的其他收入时，在财务会计中，按照应收或实际收到的金额，借记"其他应收款""银行存款""库存现金"等科目，贷记"其他收入"科目；在预算会计中，按照实际收到的金额，借记"资金结存——货币资金"科目，贷记"其他预算收入"科目。涉及增值税业务的，相关账务处理参见"应交增值税"科目。确认其他情况下的收入时的账务处理如表 4-21所示。

表 4-21　　　　　　　　　　确认其他情况下的收入时的账务处理

业务	财务会计处理	预算会计处理
按照应收或实际收到的金额	借：其他应收款 / 银行存款 / 库存现金等 　　贷：其他收入	借：资金结存——货币资金 [按照实际收到的金额] 　　贷：其他预算收入

7. 期末 / 年末结转

（1）业务概述。

单位在各期期末或每年年末都需要将"其他收入"科目进行结转，使其余额为零。

（2）账务处理。

在财务会计中，期末，将"其他收入"科目的本期发生额转入本期盈余，借记"其他收入"科目，贷记"本期盈余"科目。

期末，在预算会计中，借记"其他预算收入"科目，贷记"非财政拨款结转——本年收支结转"科目或"其他结余"科目。期末 / 年末结转"其他收入"科目的账务处理如表 4-22 所示。

表 4-22   期末 / 年末结转"其他收入"科目的账务处理

业务		财务会计处理	预算会计处理
期末 / 年末 结转	专项资金	借：其他收入 贷：本期盈余	借：其他预算收入 　　贷：非财政拨款结转——本年收支结转
	非专项资金		借：其他预算收入 　　贷：其他结余

（3）案例解析。

【例 4-21】某行政单位年终进行结账时，"其他收入"科目的贷方余额为 900 000 元，其中，专项资金收入为 500 000 元，非专项资金收入为 400 000 元。该单位的账务处理如下。

财务会计：

借：其他收入   900 000

　　贷：本期盈余   900 000

预算会计：

借：其他预算收入   900 000

　　贷：非财政拨款结转——本年收支结转   500 000

　　　　其他结余   400 000

第 5 章　费用与预算支出

5.1　费用与预算支出概述

5.1.1　费用与预算支出的概念

一、费用

《基本准则》第四十五条指出，费用是指报告期内导致政府会计主体净资产减少的、含有服务潜力或者经济利益的经济资源的流出。

二、预算支出

《基本准则》第二十一条指出，预算支出是指政府会计主体在预算年度内依法发生并纳入预算管理的现金流出。

5.1.2　费用与预算支出的确认

一、费用

根据《基本准则》第四十六条的规定，费用的确认应当同时满足以下条件：

（1）与费用相关的含有服务潜力或者经济利益的经济资源很可能流出政府会计主体；

（2）含有服务潜力或者经济利益的经济资源流出会导致政府会计主体资产减少或者负债增加；

（3）流出金额能够可靠地计量。

二、预算支出

根据《基本准则》第二十二条的规定，预算支出一般在实际支付时予以确认，以实际支付的金额计量。

5.2 业务活动费用与业务预算支出的核算

业务活动费用是指单位为实现其职能目标，依法履职或开展专业业务活动及其辅助活动所发生的各项费用。"业务活动费用"科目应当按照项目、服务或者业务类别、支付对象等进行明细核算。为了满足成本核算的需要，"业务活动费用"科目下还可按照"工资福利费用""商品和服务费用""对个人和家庭的补助费用""对企业补助费用""固定资产折旧费""无形资产摊销费""公共基础设施折旧（摊销）费""保障性住房折旧费"等成本项目设置明细科目，归集能够直接计入业务活动或采用一定方法计算后计入业务活动的费用。期末结转后，"业务活动费用"科目应无余额。

行政单位应当设置"行政支出"科目以核算行政单位为履行其职责实际发生的各项现金流出。"行政支出"科目应当分别按照"财政拨款支出""非财政专项资金支出""其他资金支出""基本支出""项目支出"等进行明细核算。

5.2.1 为履职或开展业务活动的本单位人员以及外部人员计提并支付薪酬和劳务费

一、业务概述

该业务所指的"薪酬和劳务费"不包括计入在建工程、加工物品、无形资产成本的人员费用。其中，本单位人员的薪酬通过"应付职工薪酬"科目核算，外部人员的劳务费通过"其他应付款"科目核算。

二、账务处理

1. 计提薪酬和劳务费

为履职或开展业务活动的本单位人员以及外部人员计提薪酬和劳务费时，按照计算的金额，借记"业务活动费用"科目，贷记"应付职工薪酬"或"其他应付款"科目。计提时没有实际的现金流出，因此不做预算会计的账务处理。计提薪酬和劳务费时的账务处理如表 5-1 所示。

表 5-1　　　　　　　　　　　计提薪酬和劳务费时的账务处理

业务	财务会计处理	预算会计处理
从事专业及其辅助活动人员的职工薪酬和劳务费	借：业务活动费用 　　贷：应付职工薪酬 / 其他应付款	—

2. 实际支付并代扣代缴个人所得税

实际支付时，在财务会计中，借记"应付职工薪酬"或"其他应付款"科目，按照代扣代缴个人所得税的金额，贷记"其他应交税费——应交个人所得税"科目；按照扣税后应付或实际支付的金额，贷记"财政拨款收入""零余额账户用款额度""银行存款"等科目。

同时，在预算会计中，按照实际支付给个人的金额，借记"行政支出"等科目，贷记"财政拨款预算收入""资金结存"等科目。实际支付工资、津贴补贴等薪酬并代扣代缴个人所得税时的账务处理如表 5-2 所示。

表 5-2　实际支付工资、津贴补贴等薪酬并代扣代缴个人所得税时的账务处理

业务	财务会计处理	预算会计处理
向职工支付工资、津贴补贴等薪酬并代扣代缴个人所得税时	借：应付职工薪酬 / 其他应付款 　　贷：财政拨款收入 / 零余额账户用款额度 / 银行存款等 　　　　其他应交税费——应交个人所得税	借：行政支出等 　　贷：财政拨款预算收入 / 资金结存等

3. 实际缴纳税款时

在财务会计中，实际缴纳税款时，按实际缴纳的金额，借记"其他应交税费——应交个人所得税"科目，贷记"银行存款""零余额账户用款额度""财政拨款收入"等科目。

同时，在预算会计中，按照实际缴纳的金额，借记"行政支出"等科目，贷记"资金结存""财政拨款预算收入"等科目。实际缴纳税款时的账务处理如表 5-3 所示。

表 5-3　　　　　　　　　　　实际缴纳税款时的账务处理

业务	财务会计处理	预算会计处理
实际缴纳已代扣代缴的个人所得税时	借：其他应交税费——应交个人所得税 　　贷：财政拨款收入 / 零余额账户用款额度 / 银行存款等	借：行政支出等 　　贷：财政拨款预算收入 / 资金结存等

三、案例解析

【例5-1】某行政单位本月职工薪酬总额为900 000元，代扣代缴个人所得税36 000元。假设使用财政直接支付方式支付职工薪酬和个人所得税，则该单位的账务处理如下：

（1）计提工资时。

财务会计：

借：业务活动费用——工资福利费用　　　　　　　　　　　　　900 000

　　贷：应付职工薪酬——工资　　　　　　　　　　　　　　　　900 000

（2）实际支付给职工工资并代扣个人所得税时。

财务会计：

借：应付职工薪酬——工资　　　　　　　　　　　　　　　　　900 000

　　贷：财政拨款收入——基本支出拨款（人员经费）　　　　　　864 000

　　　　其他应交税费——应交个人所得税　　　　　　　　　　　 36 000

预算会计：

借：行政支出　　　　　　　　　　　　　　　　　　　　　　　864 000

　　贷：财政拨款预算收入——基本支出拨款（人员经费）　　　　864 000

（3）实际缴纳税款时。

财务会计：

借：其他应交税费——应交个人所得税　　　　　　　　　　　　 36 000

　　贷：银行存款　　　　　　　　　　　　　　　　　　　　　　36 000

预算会计：

借：行政支出　　　　　　　　　　　　　　　　　　　　　　　 36 000

　　贷：资金结存——货币资金　　　　　　　　　　　　　　　　36 000

5.2.2　为履职或开展业务活动发生的预付款项

一、业务概述

为履职或开展业务活动发生的预付款项包括：单位按照购货、服务合同或协议规定预付给供应单位（或个人）的款项，即预付账款；单位在业务活动中与其他单位、所属单位或本单位职工发生的临时性待结算款项，如职工预借的差旅费、报销单位领用的备用金等，即暂付款项。

二、账务处理

1. 预付账款

在财务会计中，发生预付账款时，按照预付的金额，借记"预付账款"科目，贷记"财政拨款收入""零余额账户用款额度""银行存款"等科目；结算时，按照实际的成本，借记"业务活动费用"科目，按照相关预付账款的账面余额，贷记"预付账款"科目，并按照实际补付的金额，贷记"财政拨款收入""零余额账户用款额度""银行存款"等科目。

在预算会计中，发生预付账款时，按照预付的金额，借记"行政支出"科目，贷记"财政拨款预算收入""资金结存"科目；结算时，按照补付的金额，借记"行政支出"科目，贷记"财政拨款预算收入""资金结存"科目。

预付账款的账务处理如表 5-4 所示。

表 5-4　　　　　　　　　　　　预付账款的账务处理

业务	财务会计处理	预算会计处理
预付账款	发生时： 借：预付账款 　　贷：财政拨款收入 / 零余额账户用款额度 / 银行存款等 结算时： 借：业务活动费用 　　贷：预付账款 　　　　财政拨款收入 / 零余额账户用款额度 / 银行存款等 [补付金额]	发生时： 借：行政支出 　　贷：财政拨款预算收入 / 资金结存 结算时： 借：行政支出 　　贷：财政拨款预算收入 / 资金结存 [补付金额]

2. 暂付款项

在财务会计中，支付款项时，借记"其他应收款"科目，贷记"银行存款"等科目；结算或报销时，借记"业务活动费用"科目，贷记"其他应收款"科目。

在预算会计中，在支付款项时，不做账务处理；结算或报销时，借记"行政支出"科目，贷记"资金结存"等科目。

暂付款项的账务处理如表 5-5 所示。

表 5-5 暂付款项的账务处理

业务	财务会计处理	预算会计处理
暂付账款	支付时: 借:其他应收款 　　贷:银行存款等 结算或报销时: 借:业务活动费用 　　贷:其他应收款	发生时: 不做账务处理 结算或报销时: 借:行政支出 　　贷:资金结存等

三、案例解析

【例 5-2】某行政单位与 A 公司签订与业务相关的劳务合同,约定一个月内完成,价款共 500 000 元。该单位先使用财政授权方式预付 30% 的款项,A 公司收到预付款后开始提供劳务。一个月后,该项目结束,该单位支付剩余 70% 的价款。该单位的账务处理如下:

(1)预付 30% 价款时。

财务会计:

借:预付账款——A 公司　　　　　　　　　　　　　　　　150 000

　　贷:零余额账户用款额度　　　　　　　　　　　　　　　150 000

预算会计:

借:行政支出　　　　　　　　　　　　　　　　　　　　　150 000

　　贷:资金结存——零余额账户用款额度　　　　　　　　　150 000

(2)项目结束,支付剩余 70% 价款时。

财务会计:

借:业务活动费用——商品和服务费用　　　　　　　　　　500 000

　　贷:预付账款——A 公司　　　　　　　　　　　　　　150 000

　　　　零余额账户用款额度　　　　　　　　　　　　　　350 000

预算会计:

借:行政支出　　　　　　　　　　　　　　　　　　　　　350 000

　　贷:资金结存——零余额账户用款额度　　　　　　　　　350 000

5.2.3　为履职或开展业务活动购买资产或支付在建工程款等

一、业务概述

为履职或开展业务活动购买存货、固定资产、无形资产等以及支付在建工程款项时，其初始成本不应直接计入业务活动费用，而应在未来期间通过计提折旧或摊销的方式计入业务活动费用。在预算会计中，应将实际支付的金额直接计入行政支出。在未来期间计提折旧或摊销时，不做预算会计账务处理。

二、账务处理

在财务会计中，为履职或开展业务活动而购买资产或支付在建工程款时，应按照实际支付或应付的价款，借记"库存物品""固定资产""无形资产""在建工程"等科目，贷记"财政拨款收入""零余额账户用款额度""银行存款""应付账款"等科目。

同时，在预算会计中，按照实际支付的金额，借记"行政支出"科目，贷记"财政拨款预算收入""资金结存"等科目。

为履职或开展业务购买资产或支付在建工程款时的账务处理如表5-6所示。

表 5-6　　　为履职或开展业务购买资产或支付在建工程款时的账务处理

业务		财务会计处理	预算会计处理
为履职或开展业务购买资产或支付在建工程款	按照实际支付或应付的价款	借：库存物品/固定资产/无形资产/在建工程等 贷：财政拨款收入/零余额账户用款额度/银行存款/应付账款等	借：行政支出 　　贷：财政拨款预算收入/资金结存等

三、案例解析

【例5-3】某行政单位购入不需要安装的设备一台，用于开展业务活动。设备价格为800 000元。为此，该单位支付运输及保险费为100 000元。全部价款使用财政直接支付方式进行支付。该单位的账务处理如下。

财务会计：

借：固定资产　　　　　　　　　　　　　　　　　　　　900 000

　　贷：财政拨款收入　　　　　　　　　　　　　　　　　　900 000

预算会计：

借：行政支出 900 000

　　贷：财政拨款预算收入——基本支出（日常公用经费） 900 000

5.2.4　为履职或开展业务活动领用库存物品

一、业务概述

该业务仅核算单位开展业务活动时领用的库存物品，不包括按照规定自主出售发出或加工发出的库存物品。

二、账务处理

为开展业务活动领用库存物品时，按照领用的库存物品的成本，借记"业务活动费用"科目，贷记"库存物品"等科目。由于没有实际的现金流出，不做预算会计账务处理。为开展业务活动领用库存物品时的账务处理如表5-7所示。

表 5-7　　　　　　　　　为开展业务活动领用库存物品时的账务处理

业务		财务会计处理	预算会计处理
为开展业务活动领用库存物品	按照领用库存物品的成本	借：业务活动费用 　　贷：库存物品等	—

三、案例解析

【例5-4】6月10日，某行政单位购入一批材料，价款为80 000元，单位使用财政授权支付方式进行支付，当日收到材料并验收合格入库。6月15日，该单位领用30 000元该材料用于开展业务活动。该单位的账务处理如下。

（1）购入材料时。

财务会计：

借：库存物品 80 000

　　贷：零余额账户用款额度 80 000

预算会计：

借：行政支出 80 000

　　贷：资金结存——零余额账户用款额度 80 000

（2）领用材料时。

财务会计：

借：业务活动费用——商品和服务费用　　　　　　　　　　30 000

　　贷：库存物品　　　　　　　　　　　　　　　　　　　　　　30 000

5.2.5　为履职或开展业务活动计提的固定资产、无形资产、公共基础设施、保障性住房的折旧（摊销）

一、业务概述

与业务活动相关的固定资产、无形资产、公共基础设施、保障性住房，其计提的累计折旧（摊销）应计入业务活动费用。计提折旧或摊销时不做预算会计账务处理。

二、账务处理

按照计提的金额，借记"业务活动费用"科目，贷记"固定资产累计折旧""无形资产累计摊销""公共基础设施累计折旧（摊销）""保障性住房累计折旧"科目。为履职或开展业务活动计提折旧或摊销时的账务处理如表 5-8 所示。

表 5-8　　　　　为履职或开展业务活动计提折旧或摊销时的账务处理

业务		财务会计处理	预算会计处理
为履职或开展业务活动计提折旧或摊销	按照计提的折旧、摊销额	借：业务活动费用 　　贷：固定资产累计折旧 / 无形资产累计摊销 / 公共基础设施累计折旧（摊销）/ 保障性住房累计折旧	—

三、案例解析

【例 5-5】某行政单位的设备 A 专门用于开展业务活动。该设备采用直线法计提折旧，其原价为 240 000 元，预计使用年限为 10 年，预计净残值为零。截至 2×19 年 4 月 30 日，该设备已计提折旧 120 000 元，则 2×19 年 5 月 31 日，计提折旧时的账务处理如下。

每月折旧金额 =240 000÷10÷12=2 000（元）。

财务会计：

借：业务活动费用——固定资产折旧费   2 000

    贷：固定资产累计折旧——设备 A   2 000

无预算会计分录。

5.2.6   为履职或开展业务活动发生应负担的税金及附加

一、业务概述

为履职或开展业务活动发生的税金及附加主要有城市维护建设税、教育费附加、地方教育费附加、车船税、房产税、城镇土地使用税等。

二、账务处理

在财务会计中，确认其他应交税费时，借记"业务活动费用"科目，贷记"其他应交税费"科目。实际支付时，借记"其他应交税费"科目，贷记"银行存款"等科目。

在预算会计中，在确认其他应交税费时，不做账务处理；实际支付时，借记"行政支出"科目，贷记"资金结存"等科目。与为履职或开展业务活动发生的税金及附加相关的账务处理如表 5-9 所示。

表 5-9   与为履职或开展业务活动发生的税金及附加相关的账务处理

业务	财务会计处理	预算会计处理

为履职或开展业务发生的税金及附加	确认时：
	借：业务活动费用
	    贷：其他应交税费
	支付时：
	借：其他应交税费
	    贷：银行存款等
		确认时：
		不做账务处理
		支付时：
		借：行政支出
		    贷：资金结存等

三、案例解析

【例 5-6】2×19 年 1 月，某行政单位因出租办公室产生应交增值税 5 000 元，城市维护建设税的税率为 7%，教育费附加的征收率为 3%，其账务处理如下。

应交城市维护建设税 =5 000×7%=350（元）。

教育费附加 =5 000×3%=150（元）。

（1）计算应交税费时。

财务会计：

借：业务活动费用   500

  贷：其他应交税费——城市维护建设税   350

    ——教育费附加   150

（2）支付税费时。

财务会计：

借：其他应交税费——城市维护建设税   350

    ——教育费附加   150

  贷：银行存款   500

预算会计：

借：行政支出   500

  贷：资金结存——货币资金   500

5.2.7 购货退回等

一、业务概述

发生当年购货退回等业务时，如果已领用并计入业务活动费用，应冲减业务活动费用；如果还未领用，应减少相应的库存物品，同时按照收回或应收的方式增加相应的收入或资产。

二、账务处理

在财务会计中，发生当年购货退回等业务时，已计入本年业务活动费用的，按照收回或应收的金额，借记"财政拨款收入""零余额账户用款额度""银行存款""其他应收款"等科目，贷记"业务活动费用"科目。

在预算会计中，因购货退回等发生款项退回，或者发生差错更正的，并属于当年支出收回的，按照收回或更正的金额，借记"财政拨款预算收入""资金结存"等科目，贷记"行政支出"科目。

当年发生购货退回时的账务处理如表 5-10 所示。

表 5-10　　　　　　　　　当年发生购货退回时的账务处理

业务	财务会计处理	预算会计处理
当年发生的购货退回	借：财政拨款收入 / 零余额账户用款额度 / 银行存款 / 其他应收款等 　　贷：业务活动费用	借：财政拨款预算收入 / 资金结存等 　　贷：行政支出

三、案例解析

【例 5-7】某行政单位已领用的部分库存物品存在质量问题，价值为 5 000 元，系当年用财政授权支付方式购入的存货，领用当时计入业务活动费用，已做退回处理，收到来自供应商的退款，其账务处理如下。

财务会计：

借：零余额账户用款额度　　　　　　　　　　　　　　　　　5 000

　　贷：业务活动费用——商品和服务费用　　　　　　　　　　5 000

预算会计：

借：资金结存——零余额账户用款额度　　　　　　　　　　　5 000

　　贷：行政支出　　　　　　　　　　　　　　　　　　　　　5 000

5.2.8　为履职或开展业务活动发生其他各项费用

一、业务概述

除上述业务之外，对于为履职或开展业务活动发生的其他各项费用，应按照费用确认金额计入业务活动费用。

二、账务处理

在财务会计中，按照费用确认的金额，借记"业务活动费用"科目，贷记"财政拨款收入""零余额账户用款额度""银行存款""应付账款""其他应付款"等科目。同时，在预算会计中，按照实际支付的金额，借记"行政支出"科目，贷记"财政拨款预算收入""资金结存"等科目。为履职或开展业务活动发生其他各项费用时的账务处理如表 5-11 所示。

表 5-11　　　　为履职或开展业务活动发生其他各项费用时的账务处理

业务	财务会计处理	预算会计处理
为履职或开展业务活动发生其他各项费用	借：业务活动费用 　　贷：财政拨款收入 / 零余额账户用款额度 / 　　　　银行存款 / 应付账款 / 其他应付款等	借：行政支出 　　贷：财政拨款预算收入 / 　　　　资金结存等

三、案例解析

【例 5-8】某行政单位用于开展业务活动的固定资产发生日常维修费用 1 000 元。该费用不计入固定资产成本，用财政授权支付方式进行支付。该单位的账务处理如下。

财务会计：

借：业务活动费用　　　　　　　　　　　　　　　　　　1 000

　　贷：零余额账户用款额度　　　　　　　　　　　　　1 000

预算会计：

借：行政支出　　　　　　　　　　　　　　　　　　　　1 000

　　贷：资金结存——零余额账户用款额度　　　　　　　1 000

5.2.9　期末 / 年末结转

一、业务概述

期末，"业务活动费用"科目的本期发生额应转入本期盈余，期末应无余额；年末，"行政支出"科目本年发生额分类结转至相应科目，年末应无余额。

二、账务处理

期末，"业务活动费用"科目的本期发生额转入本期盈余，借记"本期盈余"科目，贷记"业务活动费用"科目。

年末，将"行政支出"科目本年发生额中的财政拨款支出转入财政拨款结转，借记"财政拨款结转——本年收支结转"科目，贷记"行政支出"科目下各财政拨款支出明细科目；将"行政支出"科目本年发生额中的非同级财政专项资金支出转入非财政拨款结转，借记"非财政拨款结转——本年收支结转"科目，贷记"行政支出"科目下各非同级财政专项资金支出明细科目；将"行政支出"科目本年发生额中的其他资金支出（非同级财政、非专项资金支出）转入其他结余，借记"其他结余"科目，贷记"行政支出"科目下其他资金支出明细科目。期末／年末结转时的账务处理如表 5-12 所示。

表 5-12　　　　　　　　　　期末／年末结转时的账务处理

业务	财务会计处理	预算会计处理
期末／年末结转	借：本期盈余 　　贷：业务活动费用	借：财政拨款结转——本年收支结转 [财政拨款支出] 　　　非财政拨款结转——本年收支结转 [非同级财政专项资金支出] 　　　其他结余 [非同级财政、非专项资金支出] 　　贷：行政支出

三、案例解析

【例 5-9 】2×19 年 11 月 30 日，某行政单位的"业务活动费用"科目的余额为 5 000 元，"资产处置费用"科目的余额为 1 000 元，"其他费用"科目的余额为 5 000 元。该单位进行期末结转时的账务处理如下。

财务会计：

借：本期盈余　　　　　　　　　　　　　　　　　　　　　　11 000

　　贷：业务活动费用　　　　　　　　　　　　　　　　　　　5 000

　　　　资产处置费用　　　　　　　　　　　　　　　　　　　1 000

　　　　其他费用　　　　　　　　　　　　　　　　　　　　　5 000

无预算会计分录。

【例 5-10 】某行政单位 2×19 年行政支出共计 200 000 元，其中，财政拨款支出 100 000 元，非同级财政专项资金支出 60 000 元，非同级财政、非专项资金支出 40 000 元。该单位进行年末结转时的账务处理如下。

预算会计：

借：财政拨款结转——本年收支结转　　　　　　　　　　　100 000

　　非财政拨款结转——本年收支结转　　　　　　　　　　　60 000

　　其他结余　　　　　　　　　　　　　　　　　　　　　　40 000

　　贷：行政支出　　　　　　　　　　　　　　　　　　　200 000

无财务会计分录。

第 6 章　净资产

6.1　净资产概述

6.1.1　净资产概述

净资产是指行政单位资产扣除负债后的净额。

6.1.2　净资产的计量

净资产金额取决于资产和负债的计量。

净资产 = 资产 − 负债

6.2　盈余及分配的核算

6.2.1　累计盈余

一、累计盈余概述

"累计盈余"科目用于核算单位历年实现的盈余扣除盈余分配后滚存的金额，以及因无偿调入、调出资产产生的净资产变动额。按照规定上缴、缴回、单位间调剂结转结余资金产生的净资产变动额，以及对以前年度盈余的调整金额，也通过本科目核算。

二、累计盈余的账务处理

1. 年末将"本年盈余分配"科目余额结转

（1）业务概述。

单位应设置"本年盈余分配"科目，用于反映单位本年度盈余分配的情况和结果。

（2）账务处理。

单位在年末需要将"本年盈余分配"科目的余额转入"累计盈余"科目，

借记或贷记"本年盈余分配"科目，贷记或借记"累计盈余"科目。年末结转"本年盈余分配"科目余额时的账务处理如表 6-1 所示。

表 6-1　　　　　年末结转"本年盈余分配"科目余额时的账务处理

业务	财务会计处理	预算会计处理
年末，将"本年盈余分配"科目余额转入累计盈余	借：本年盈余分配 　　贷：累计盈余 或做相反的会计分录	—

（3）案例解析。

【例 6-1】2×19 年 12 月 31 日，某行政单位的"本年盈余分配"科目的余额为 50 000 元。该单位年末结转时的账务处理如下。

财务会计：

借：本年盈余分配　　　　　　　　　　　　　　　　　50 000

　　贷：累计盈余　　　　　　　　　　　　　　　　　50 000

2．年末将"无偿调拨净资产"科目的余额结转

（1）业务概述。

单位在各会计年度中发生了无偿调入或调出净资产的业务后，除了在专设的"无偿调拨净资产"科目中予以日常核算外，在年度终了时还要将"无偿调拨净资产"科目的年终余额转入"累计盈余"科目，从而将"无偿调拨净资产"科目余额结平。

（2）账务处理。

单位在年末需要将"无偿调拨净资产"科目的余额转入累计盈余，借记或贷记"无偿调拨净资产"科目，贷记或借记"累计盈余"科目。年末将无偿调拨净资产转入累计盈余时的账务处理如表 6-2 所示。

表 6-2　　　　　年末将无偿调拨净资产转入累计盈余时的账务处理

业务	财务会计处理	预算会计处理
年末，将"无偿调拨净资产"科目余额转入累计盈余	借：无偿调拨净资产 　　贷：累计盈余 或做相反的会计分录	—

（3）案例解析。

【例 6-2】2×19 年 12 月 31 日，某行政单位的"无偿调拨净资产"科目的余额为 150 000 元。该单位进行年末结转时的账务处理如下。

财务会计：

| 借：无偿调拨净资产 | 150 000 |
| 贷：累计盈余 | 150 000 |

3. 结转与其他单位发生的调入、调出资金

（1）业务概述。

财政拨款结余资金是指支出预算工作目标已完成，或由于受政策变化、计划调整等因素影响工作终止，当年剩余的财政拨款资金。非财政拨款结转资金是指行政单位除财政拨款收支以外的各专项资金收入与其相关支出相抵后剩余滚存的、须按规定用途使用的结转资金。财政拨款结转资金是指当年支出预算已执行但尚未完成，或因故未执行，下年需按原用途继续使用的财政拨款资金。

（2）账务处理。

单位在年末需要按照规定上缴财政拨款结转结余、缴回非财政拨款结转资金、向其他单位调出财政拨款结转资金时，按照实际上缴、缴回、调出的金额，借记"累计盈余"科目，贷记"财政应返还额度""零余额账户用款额度""银行存款"等科目。

单位在年末需要按照规定从其他单位调入财政拨款结转资金时，按照实际调入的金额，借记"零余额账户用款额度""银行存款"等科目，贷记"累计盈余"科目。

结转与其他单位发生的调入、调出资金时的账务处理如表 6-3 所示。

表 6-3　　　　结转与其他单位发生的调入、调出资金时的账务处理

序号	业务	财务会计处理	预算会计处理
（1）	按照规定上缴财政拨款结转结余、缴回非财政拨款结转资金、向其他单位调出财政拨款结转资金	借：累计盈余 　贷：财政应返还额度/零余额账户用款额度/银行存款等	借：财政拨款结转/财政拨款结余/非财政拨款结转/非财政拨款结余 　贷：资金结存——财政应返还额度/零余额账户用款额度/货币资金
（2）	按照规定从其他单位调入财政拨款结转资金	借：零余额账户用款额度/银行存款等 　贷：累计盈余	借：资金结存——零余额账户用款额度/货币资金 　贷：财政拨款结转——归集调入

（3）案例解析。

【例6-3】某行政单位2×16年财政拨款远程可视化会议设备购置项目，因政府采购公开招标确定的采购中标价格低于财政拨款预算金额，形成结余资金120 000元。该款项一直挂账未被使用，也未编入下年预算。该项目使用财政授权支付方式支付相关款项。2×19年3月7日，该单位按照审计整改要求上缴该项财政拨款结余资金时的账务处理如下。

财务会计：

借：累计盈余　　　　　　　　　　　　　　　　　　　　　　120 000

　　贷：零余额账户用款额度——项目支出额度　　　　　　　　120 000

预算会计：

借：财政拨款结余——归集上缴　　　　　　　　　　　　　　120 000

　　贷：资金结存——零余额账户用款额度　　　　　　　　　　120 000

【例6-4】某行政单位在2×19年12月31日从其他单位调入资金20 000元，其账务处理如下。

财务会计：

借：零余额账户用款额度　　　　　　　　　　　　　　　　　　20 000

　　贷：累计盈余　　　　　　　　　　　　　　　　　　　　　　20 000

预算会计：

借：资金结存——零余额账户用款额度　　　　　　　　　　　　20 000

　　贷：财政拨款结转——归集调入　　　　　　　　　　　　　　20 000

4．年末结转"以前年度盈余调整"科目的余额

（1）业务概述。

以前年度盈余调整是对以前年度财务报表中的重大错误的更正。这种错误包括计算错误、会计分录差错以及漏记事项。

（2）账务处理。

将"以前年度盈余调整"科目的余额转入"累计盈余"科目，借记或贷记"以前年度盈余调整"科目，贷记或借记"累计盈余"科目。年末结转"以前年度盈余调整"科目的余额时的账务处理如表6-4所示。

表 6-4   年末结转"以前年度盈余调整"科目的余额时的账务处理

业务	财务会计处理	预算会计处理
将"以前年度盈余调整"科目的余额转入累计盈余	借：以前年度盈余调整 　贷：累计盈余 或做相反的会计分录	—

（3）案例解析。

【例 6-5】2×19 年 12 月 31 日，某行政单位的"以前年度盈余调整"科目的贷方余额为 20 000 元。该单位的账务处理如下。

财务会计：

借：以前年度盈余调整　　　　　　　　　　　　　　　　20 000

　　贷：累计盈余　　　　　　　　　　　　　　　　　　　　　20 000

无预算会计分录。

6.2.2 本期盈余

一、本期盈余的概念

本期盈余是指行政单位本期各项收入、费用相抵后的余额。"本期盈余"科目期末如为贷方余额，反映单位自年初至当期期末累计实现的盈余；如为借方余额，反映单位自年初至当期期末累计发生的亏损。年末结账后，该科目应无余额。

二、本期盈余的账务处理

1. 期末结转

（1）账务处理。

单位应该在期末将各类收入科目的本期发生额转入本期盈余，借记"财政拨款收入""非同级财政拨款收入""捐赠收入""利息收入""租金收入""其他收入"科目，贷记"本期盈余"科目；将各类费用科目的本期发生额转入本期盈余，借记"本期盈余"科目，贷记"业务活动费用""资产处置费用""其他费用"科目。期末结转时的账务处理如表 6-5 所示。

表 6-5   期末结转时的账务处理

业务		财务会计处理	预算会计处理
期末结转	结转收入	借：财政拨款收入 　　非同级财政拨款收入 　　捐赠收入 　　利息收入 　　租金收入 　　其他收入 　　贷：本期盈余	—
	结转费用	借：本期盈余 　　贷：业务活动费用 　　　　资产处置费用 　　　　其他费用	—

（2）案例解析。

【例6-6】某行政单位2×19年有关科目余额如下。

（1）12月18日，"财政拨款收入"科目的余额为20 000元，"捐赠收入"科目的余额为3 000元，"利息收入"科目的余额为2 000元。

（2）12月18日，"业务活动费用"科目的余额为9 000元，"资产处置费用"科目的余额为2 000元，"其他费用"科目的余额为2 000元。

该单位的账务处理如下。

（1）结转本年年度收入。

财务会计：

借：财政拨款收入　　　　　　　　　　　　　　　　　　　20 000

　　捐赠收入　　　　　　　　　　　　　　　　　　　　　3 000

　　利息收入　　　　　　　　　　　　　　　　　　　　　2 000

　　贷：本期盈余　　　　　　　　　　　　　　　　　　　　　25 000

无预算会计分录。

（2）结转本年年度费用。

财务会计：

借：本期盈余　　　　　　　　　　　　　　　　　　　　　13 000

　　贷：业务活动费用　　　　　　　　　　　　　　　　　　　9 000

　　　　资产处置费用　　　　　　　　　　　　　　　　　　　2 000

　　　　其他费用　　　　　　　　　　　　　　　　　　　　　2 000

无预算会计分录。

2. 年末结转

（1）业务概述。

单位在每年年末都需要将"本期盈余"科目进行结转，使其余额为零。

（2）账务处理。

完成上述结转后，单位应该于每年年末，将"本期盈余"科目的余额转入"本年盈余分配"科目，借记或贷记"本期盈余"科目，贷记或借记"本年盈余分配"科目。年末结转"本期盈余"科目时的账务处理如表 6-6 所示。

表 6-6　　　　　　年末结转"本期盈余"科目时的账务处理

业务		财务会计处理	预算会计处理
年末结转	"本期盈余"科目为贷方余额时	借：本期盈余 　　贷：本年盈余分配	—
	"本期盈余"科目为借方余额时	借：本年盈余分配 　　贷：本期盈余	—

（3）案例解析。

【例 6-7】 某行政单位 2×19 年 12 月 18 日之后没有发生其他的经济业务，12 月 31 日结转"本期盈余"科目的贷方余额 47 000 元，其账务处理如下。

财务会计：

借：本期盈余　　　　　　　　　　　　　　　　　　　47 000

　　贷：本年盈余分配　　　　　　　　　　　　　　　　　　47 000

6.2.3　本年盈余分配

一、本年盈余分配概述

"本年盈余分配"科目用于核算单位本年度盈余分配的情况和结果。

二、本年盈余分配的账务处理

1. 本期盈余的结转

（1）业务概述。

单位在每年年末都需要将"本期盈余"科目的余额进行结转，使其余额为零。

（2）账务处理。

单位应该在每年年末，将"本期盈余"科目余额转入"本年盈余分配"科目，借记或贷记"本期盈余"科目，贷记或借记"本年盈余分配"科目。结转本期盈余时的账务处理如表6-7所示。

表6-7　　　　　　　　　结转本期盈余时的账务处理

业务		财务会计处理	预算会计处理
年末将本期盈余转入本年盈余分配	"本期盈余"科目为贷方余额时	借：本期盈余 　贷：本年盈余分配	—
	"本期盈余"科目为借方余额时	借：本年盈余分配 　贷：本期盈余	—

（3）案例解析。

【例6-8】2×19年12月31日，某行政单位的"本期盈余"科目的贷方余额为23 000元。该单位年末结转本期盈余时的账务处理如下。

借：本期盈余　　　　　　　　　　　　　　　　　　　　23 000

　　贷：本年盈余分配　　　　　　　　　　　　　　　　　　　23 000

2."本年盈余分配"科目的余额转入累计盈余

（1）业务概述。

单位在每年年末，应当将"本年盈余分配"科目的余额进行结转，使其余额为零。

（2）账务处理。

单位应该于每年年末，按照规定结转"本期盈余"科目余额后，将"本年盈余分配"科目余额转入累计盈余，借记或贷记"本年盈余分配"科目，贷记或借记"累计盈余"科目。"本年盈余分配"科目的余额转入累计盈余时的账务处理如表6-8所示。

表6-8　　　　　"本年盈余分配"科目的余额转入累计盈余时的账务处理

业务		财务会计处理	预算会计处理
年末，将"本年盈余分配"科目余额转入累计盈余	"本年盈余分配"科目为贷方余额时	借：本年盈余分配 　贷：累计盈余	—
	"本年盈余分配"科目为借方余额时	借：累计盈余 　贷：本年盈余分配	—

（3）案例解析。

【例 6-9】2×19 年 12 月 31 日，某行政单位"本年盈余分配"科目的贷方余额为 43 000 元。该单位在进行年末结转时的账务处理如下。

借：本年盈余分配　　　　　　　　　　　　　　43 000
　　贷：累计盈余　　　　　　　　　　　　　　　　　　43 000

6.3　净资产调整的核算

6.3.1　以前年度盈余调整

一、以前年度盈余调整概述

"以前年度盈余调整"科目用于核算单位本年度发生的调整以前年度盈余的事项，包括本年度发生的重要前期差错更正涉及调整以前年度盈余的事项。

二、以前年度盈余调整的账务处理

1．以前年度收入调整

（1）业务概述。

当单位存在以前年度收入漏记的情况时，应当及时通过"以前年度盈余调整"科目进行账务处理。

（2）账务处理。

单位在调整增加以前年度收入时，按照调整增加的金额，借记有关科目，贷记"以前年度盈余调整"科目；调整减少的，做相反的会计分录。以前年度收入调整的账务处理如表 6-9 所示。

表 6-9　　　　　　　　　　以前年度收入调整的账务处理

业务		财务会计处理	预算会计处理
调整以前年度收入	增加以前年度收入时	借：有关资产或负债科目 　　贷：以前年度盈余调整	按照实际收到的金额 借：资金结存 　　贷：财政拨款结转/财政拨款结余/ 　　　　非财政拨款结转/非财政拨款 　　　　结余（年初余额调整）

续表

业务		财务会计处理	预算会计处理
调整以前年度收入	减少以前年度收入时	借：以前年度盈余调整 　　贷：有关资产或负债科目	按照实际支付的金额 借：财政拨款结转／财政拨款结余／非财政拨款结转／非财政拨款结余（年初余额调整） 　　贷：资金结存

2. 以前年度费用调整

（1）业务概述。

当单位存在以前年度费用漏记的情况时，应当及时通过"以前年度盈余调整"科目进行账务处理。

（2）账务处理。

单位在调整增加以前年度费用时，按照调整增加的金额，借记"以前年度盈余调整"科目，贷记有关科目；调整减少的，做相反的会计分录。以前年度费用调整的账务处理如表 6-10 所示。

表 6-10　　　　　　　　　　以前年度费用调整的账务处理

业务		财务会计处理	预算会计处理
调整以前年度费用	增加以前年度费用时	借：以前年度盈余调整 　　贷：有关资产或负债科目	按照实际支付的金额 借：财政拨款结转／财政拨款结余／非财政拨款结转／非财政拨款结余（年初余额调整） 　　贷：资金结存
	减少以前年度费用时	借：有关资产或负债科目 　　贷：以前年度盈余调整	按照实际收到的金额 借：资金结存 　　贷：财政拨款结转／财政拨款结余／非财政拨款结转／非财政拨款结余（年初余额调整）

（3）案例解析。

【例 6-10】2×20 年 5 月 2 日，审计部门审计时发现，某行政单位 2×19 年度因评估工作失误，多发某项财政贴息补助 500 000 元，责令其收回多发放的贴息补助并调账。9 月 1 日，该行政单位收回上述多发放贴息补助。该单位的账务处理如下。

（1）2×20 年 5 月 2 日，通知 ×× 单位退回多收到的贴息补助时。

借：其他应收款——×× 单位　　　　　　　　　　　　　　　500 000

　　贷：以前年度盈余调整　　　　　　　　　　　　　　　　　　500 000

无预算会计分录。

（2）2×20 年 9 月 1 日，实际收到退回款项时。

财务会计：

借：零余额账户用款额度——基本支出用款额度　　　　　　　500 000

　　贷：其他应收款——×× 单位　　　　　　　　　　　　　　　500 000

预算会计：

借：资金结存——零余额账户用款额度　　　　　　　　　　　500 000

　　贷：财政拨款结转——年初余额调整　　　　　　　　　　　　500 000

3．盘盈非流动资产

（1）业务概述。

非流动资产盘盈通过"以前年度盈余调整"科目核算。非流动资产出现盘盈基本也是因为以前的记录错误，所以不属于收入，而应该调整以前年度的损益。

（2）账务处理。

单位存在盘盈的各种非流动资产，报经批准后处理时，借记"待处理财产损溢"科目，贷记"以前年度盈余调整"科目。盘盈非流动资产时的账务处理如表 6-11 所示。

表 6-11　　　　　　　　　　盘盈非流动资产时的账务处理

业务		财务会计处理	预算会计处理
盘盈非流动资产	报经批准处理时	借：待处理财产损溢 　　贷：以前年度盈余调整	—

（3）案例解析。

【例 6-11】 2×18 年 12 月，某行政单位年终结算前进行资产盘点，盘盈台式计算机 3 台，按照重置成本确认这 3 台计算机价值为 24 000 元。2×19 年 6 月 1 日，这 3 台计算机经批准入账。该单位的账务处理如下。

财务会计：

借：固定资产——通用设备　　　　　　　　　　　　　　　24 000

　　贷：待处理财产损溢——固定资产——待处理资产价值　　　24 000

借：待处理财产损溢——固定资产——待处理资产价值　　　　24 000

　　贷：以前年度盈余调整　　　　　　　　　　　　　　　　　　24 000

无预算会计分录。

4．年末结转

（1）业务概述。

单位应当在每年年末将"以前年度盈余调整"科目的余额进行结转，使其年末余额为零。

（2）账务处理。

单位应该在每年年末将"以前年度盈余调整"科目的余额转入累计盈余，借记或贷记"累计盈余"科目，贷记或借记"以前年度盈余调整"科目。年末结转时的账务处理如表6-12所示。

表6-12　　　　　　　　　　　　年末结转时的账务处理

业务		财务会计处理	预算会计处理
将"以前年度盈余调整"科目余额转入累计盈余	"以前年度盈余调整"科目为借方余额时	借：累计盈余 　　贷：以前年度盈余调整	—
	"以前年度盈余调整"科目为贷方余额时	借：以前年度盈余调整 　　贷：累计盈余	—

（3）案例解析。

【例6-12】2×19年年末，某行政单位将"以前年度盈余调整"科目的贷方余额500 000元转入累计盈余，其账务处理如下。

财务会计：

借：以前年度盈余调整　　　　　　　　　　　　　　　　　　500 000

　　贷：累计盈余　　　　　　　　　　　　　　　　　　　　　　500 000

无预算会计分录。

6.3.2　无偿调拨净资产

一、无偿调拨净资产概述

"无偿调拨净资产"科目用于核算单位无偿调入或调出非现金资产所引起的净资产变动金额。

二、无偿调拨净资产的账务处理

1．调入净资产

（1）业务概述。

单位与单位之间调拨净资产存在调入和调出两种形式，分别是取得无偿调入的资产和经批准无偿调出资产。下面介绍有关调入净资产的账务处理。

（2）账务处理。

单位应该按照规定在取得无偿调入的存货、固定资产、无形资产、公共基础设施、政府储备物资、文物文化资产、保障性住房等时，在财务会计中，按照确定的成本，借记"库存物品""固定资产""无形资产""公共基础设施""政府储备物资""文物文化资产""保障性住房"等科目，按照调入过程中发生的归属于调入方的相关费用，贷记"零余额账户用款额度""银行存款"等科目，按照其差额，贷记"无偿调拨净资产"科目。在预算会计中，按照归属于调入方的相关费用，借记"其他支出"科目，贷记"资金结存"等科目。

调入净资产时的账务处理如表 6-13 所示。

表 6-13　　　　　　　　　　　调入净资产时的账务处理

业务	财务会计处理	预算会计处理
取得无偿调入的资产	借：库存物品 / 固定资产 / 无形资产 / 公共基础设施 / 政府储备物资 / 文物文化资产 / 保障性住房等 　贷：无偿调拨净资产 　　零余额账户用款额度 / 银行存款等 [发生的归属于调入方的相关费用]	借：其他支出 [发生的归属于调入方的相关费用] 　贷：资金结存等

（3）案例解析。

【例 6-13】2×19 年 8 月 1 日，某行政单位收到相关批复，无偿调入账面价值为 300 000 元的帐篷、账面价值为 500 000 元的救援医用设备。2×19 年 9 月，该单位收到上述资产划出方已减账的书面通知，并收到上述无偿调入资产。该单位承担调入设备的运输费用 20 000 元，以银行存款支付，当月为调入设备计提的折旧额为10 000 元。该单位账务处理如下。

财务会计：

借：库存物品　　　　　　　　　　　　　　　　　　　　　　　300 000

	固定资产	520 000
	贷：银行存款——基本账户存款	20 000
	无偿调拨净资产——库存物品	300 000
	无偿调拨净资产——固定资产	500 000
借：业务活动费用——固定资产累计折旧		10 000
贷：固定资产累计折旧		10 000

预算会计：

借：其他支出——运杂费	20 000
贷：资金结存——货币资金	20 000

2．调出净资产

（1）账务处理。

单位应该按照规定经批准无偿调出存货、固定资产、无形资产、公共基础设施、政府储备物资、文物文化资产、保障性住房等时，按照调出资产的账面余额或账面价值，借记"无偿调拨净资产"科目；按照固定资产累计折旧、无形资产累计摊销、公共基础设施累计折旧或摊销、保障性住房累计折旧的金额，借记"固定资产累计折旧""无形资产累计摊销""公共基础设施累计折旧（摊销）""保障性住房累计折旧"科目；按照调出资产的账面余额，贷记"库存物品""固定资产""无形资产""公共基础设施""政府储备物资""文物文化资产""保障性住房"等科目。同时，按照调出过程中发生的归属于调出方的相关费用，借记"资产处置费用"科目，贷记"零余额账户用款额度""银行存款"等科目。在预算会计中，借方和贷方的科目与调入资产时的相同。调出净资产的账务处理如表 6-14 所示。

表 6-14　　　　　　　　　　调出净资产时的账务处理

业务	财务会计处理	预算会计处理
经批准无偿调出资产	借：无偿调拨净资产 　　固定资产累计折旧/无形资产累计摊销/公共基础设施累计折旧（摊销）/保障性住房累计折旧 　　贷：库存物品/固定资产/无形资产/公共基础设施/政府储备物资/文物文化资产/保障性住房等[账面余额] 借：资产处置费用 　　贷：银行存款/零余额账户用款额度等[发生的归属于调出方的相关费用]	借：其他支出[发生的归属于调出方的相关费用] 贷：资金结存等

（2）案例解析。

【例6-14】某行政单位2×19年无偿调出的无形资产的原价为20 000元，累计摊销2 000元，无偿调出存货10 000元，无偿调出公共基础设施2 000元，其账务处理如下。

账务会计：

借：无偿调拨净资产　　　　　　　　　　　　　　　　　　30 000

　　无形资产累计摊销　　　　　　　　　　　　　　　　　 2 000

　　贷：无形资产　　　　　　　　　　　　　　　　　　　　　20 000

　　　　库存物品　　　　　　　　　　　　　　　　　　　　　10 000

　　　　公共基础设施　　　　　　　　　　　　　　　　　　　 2 000

无预算会计分录。

3. 年末余额结转

（1）业务概述。

单位如果在各会计年度中发生了无偿调入或调出净资产的业务，除了在专设的"无偿调拨净资产"科目中予以日常核算外，在年度终了还要将"无偿调拨净资产"科目的年终余额转入"累计盈余"科目，从而将"无偿调拨净资产"科目余额结平。

（2）账务处理。

单位应该于每年年末，将"无偿调拨净资产"科目的余额转入累计盈余，借记或贷记"无偿调拨净资产"科目，贷记或借记"累计盈余"科目。年末结转"无偿调拨净资产"科目的余额时的账务处理如表6-15所示。

表6-15　　　　　年末结转"无偿调拨净资产"科目的余额时的账务处理

业务	财务会计处理		预算会计处理
年末，将"无偿调拨净资产"科目余额转入累计盈余	科目余额在贷方时	借：无偿调拨净资产 　　贷：累计盈余	—
	科目余额在借方时	借：累计盈余 　　贷：无偿调拨净资产	—

（3）案例解析。

【例6-15】2×19年12月31日，某行政单位的"无偿调拨净资产"科目的贷方余额为5 000元。该单位的账务处理如下。

财务会计:

借: 无偿调拨净资产   5 000

    贷: 累计盈余   5 000

无预算会计分录。

第 7 章　预算结余

7.1　预算结余概述

7.1.1　预算结余的概念及分类

《基本准则》第二十三条指出："预算结余是指政府会计主体预算年度内预算收入扣除预算支出后的资金余额，以及历年滚存的资金余额。"

《基本准则》第二十四条指出："预算结余包括结余资金和结转资金。"

7.1.2　预算结余的确认

结余资金是指年度预算执行终了，预算收入实际完成数扣除预算支出和结转资金后剩余的资金。

结转资金是指预算安排项目的支出年终尚未执行完毕或者因故未执行，且下年需要按原用途继续使用的资金。

7.2　资金结存

7.2.1　核算内容

"资金结存"科目用于核算单位纳入部门预算管理的资金的流入、流出、调整和滚存等情况。

7.2.2　明细科目

单位应当为"资金结存"科目设置以下明细科目。

（1）"零余额账户用款额度"：本明细科目用于核算实行国库集中支付的单位根据财政部门批复的用款计划收到和支用的零余额账户用款额度。年末结账后，本明细科目应无余额。

（2）"货币资金"：本明细科目用于核算单位以库存现金、银行存款、其他货币资金形态存在的资金。本明细科目年末借方余额，反映单位尚未使用的货币资金。

（3）"财政应返还额度"：本明细科目用于核算实行国库集中支付的单位可以使用的以前年度财政直接支付资金额度和财政应返还的财政授权支付资金额度。本明细科目下可设置"财政直接支付""财政授权支付"两个明细科目进行明细核算。本明细科目年末借方余额，反映单位应收财政返还的资金额度。

7.2.3　主要账务处理

一、取得预算收入

1. 业务概述

根据财政部门的相关规定，单位每年会获得一部分财政划转资金，即单位获得的预算收入。

2. 账务处理

财政授权支付方式下，单位根据代理银行转来的财政授权支付到账通知书，按照该通知书中的授权支付额度，借记"资金结存"科目（零余额账户用款额度），贷记"财政拨款预算收入"科目。

以国库集中支付以外的其他支付方式取得预算收入时，按照实际收到的金额，借记"资金结存"科目（货币资金），贷记"财政拨款预算收入"等科目。

取得预算收入时的账务处理如表 7-1 所示。

表 7-1　　　　　　　　　　　取得预算收入时的账务处理

业务		财务会计处理	预算会计处理
取得预算收入	财政授权支付方式下	借：零余额账户用款额度 　贷：财政拨款收入	借：资金结存——零余额账户用款额度 　贷：财政拨款预算收入
	国库集中支付以外的其他支付方式下	借：银行存款 　贷：财政拨款收入等	借：资金结存——货币资金 　贷：财政拨款预算收入等

3. 案例解析

【例 7-1】某行政单位本年度取得财政授权支付方式下的预算收入为 5 000 000 元, 其账务处理如下。

财务会计:

借: 零余额账户用款额度　　　　　　　　　　　　　　5 000 000

　　贷: 财政拨款收入　　　　　　　　　　　　　　　　5 000 000

预算会计:

借: 资金结存——零余额账户用款额度　　　　　　　　5 000 000

　　贷: 财政拨款预算收入　　　　　　　　　　　　　　5 000 000

二、发生预算支出时

1. 业务概述

根据财政部门的相关规定, 单位每年会将财政划转资金用于本单位的发展及经营, 发生相应的支出, 即单位的预算支出。行政单位应该在实际发生预算支出时, 根据实际情况确认相关的预算支出。

2. 账务处理

财政授权支付方式下, 发生相关支出时, 按照实际支付的金额, 借记 “行政支出” 等科目, 贷记 “资金结存” 科目 (零余额账户用款额度)。

从零余额账户提取现金时, 借记 “资金结存” 科目 (货币资金), 贷记 “资金结存” 科目 (零余额账户用款额度)。退回现金时, 做相反的会计分录。

使用以前年度财政直接支付额度支付相关款项时, 按照实际支付的金额, 借记 “行政支出” 等科目, 贷记 “资金结存” 科目 (财政应返还额度)。

国库集中支付以外的其他支付方式下, 发生相关支出时, 按照实际支付的金额, 借记 “行政支出” 等科目, 贷记 “资金结存” 科目 (货币资金)。

发生预算支出时的账务处理如表 7-2 所示。

表 7-2 发生预算支出时的账务处理

序号	业务		财务会计处理	预算会计处理
（1）	从零余额账户提取现金		借：库存现金 　贷：零余额账户用款额度	借：资金结存——货币资金 　贷：资金结存——零余额账户用款额度
（2）	发生预算支出时	财政授权支付方式下	借：业务活动费用/库存物品/固定资产等 　贷：零余额账户用款额度	借：行政支出等 　贷：资金结存——零余额账户用款额度
		使用以前年度财政直接支付额度	借：业务活动费用/库存物品/固定资产等 　贷：财政应返还额度	借：行政支出等 　贷：资金结存——财政应返还额度
		国库集中支付以外的其他方式下	借：业务活动费用/库存物品/固定资产等 　贷：银行存款/库存现金等	借：行政支出等 　贷：资金结存——货币资金

3. 案例解析

【例 7-2】某行政单位使用本年度财政支付额度支付业务活动费用 300 000 元，其账务处理如下。

财务会计：

借：业务活动费用　　　　　　　　　　　　　　　　　　　300 000

　　贷：零余额账户用款额度　　　　　　　　　　　　　　　　300 000

预算会计：

借：行政支出　　　　　　　　　　　　　　　　　　　　　300 000

　　贷：资金结存——零余额账户用款额度　　　　　　　　　　300 000

三、预算结转结余调整

1. 业务概述及账务处理

按照规定上缴财政拨款结转结余资金或注销财政拨款结转结余资金额度的，按照实际上缴资金数额或注销的资金额度数额，借记"财政拨款结转——归集上缴"或"财政拨款结余——归集上缴"科目，贷记"资金结存"科目（财政应返还额度、零余额账户用款额度、货币资金）。

按规定向原资金拨入单位缴回非财政拨款结转资金的，按照实际缴回资金的数额，借记"非财政拨款结转——缴回资金"科目，贷记"资金结存"科目（货币资金）。

收到从其他单位调入的财政拨款结转资金的，按照实际调入资金的数额，借记"资金结存"科目（财政应返还额度、零余额账户用款额度、货币资金），贷记"财政拨款结转——归集调入"科目。

发生预算结转结余调整时的账务处理如表 7-3 所示。

表 7-3　　　　　　　　发生预算结转结余调整时的账务处理

	业务	财务会计处理	预算会计处理
预算结转结余调整	按照规定上缴财政拨款结转结余资金或注销财政拨款结转结余额度的	借：累计盈余 　贷：财政应返还额度 / 零余额账户用款额度 / 银行存款	借：财政拨款结转——归集上缴 / 财政结余——归集上缴 　贷：资金结存——财政应返还额度 / 零余额账户用款额度 / 货币资金
	按照规定缴回非财政拨款结转资金的	借：累计盈余 　贷：银行存款	借：非财政拨款结转——缴回资金 　贷：资金结存——货币资金
	收到调入的财政拨款结转资金的	借：财政应返还额度 / 零余额账户用款额度 / 银行存款 　贷：累计盈余	借：资金结存——财政应返还额度 / 零余额账户用款额度 / 货币资金 　贷：财政拨款结转——归集调入

2. 案例解析

【例 7-3】某行政单位本年度按照规定上缴财政拨款结余资金 200 000 元，其账务处理如下。

财务会计：

借：累计盈余　　　　　　　　　　　　　　　　　200 000

　　贷：零余额账户用款额度　　　　　　　　　　　　　200 000

预算会计：

借：财政拨款结余——归集上缴　　　　　　　　　200 000

　　贷：资金结存——零余额账户用款额度　　　　　　　200 000

四、会计差错更正、以前年度支出收回

1. 业务概述

单位因发生会计差错更正等退回或者购货退回国库直接支付、授权支付款项，或者收回货币资金的，需要进行相应的账务处理。

2. 账务处理

因购货退回、发生差错更正等退回国库直接支付、授权支付款项，或者收回货币资金的，属于本年度支付的，借记"财政拨款预算收入"科目或"资金结存"科目（零余额账户用款额度、货币资金），贷记相关支出科目；属于以前年度支付的，借记"资金结存"科目（财政应返还额度、零余额账户用款额度、货币资金），贷记"财政拨款结转""财政拨款结余""非财政拨款结转""非财政拨款结余"科目。

与会计差错更正、以前年度支出收回相关的账务处理如表7-4所示。

表7-4　　与会计差错更正、以前年度支出收回相关的账务处理（1）

业务		财务会计处理	预算会计处理
因购货退回、发生差错更正等退回国库直接支付、授权支付款项，或者收回货币资金的	属于本年度的	借：财政拨款收入/零余额账户用款额度/银行存款等 贷：业务活动费用/库存物品等	借：财政拨款预算收入/资金结存——零余额账户用款额度/货币资金 贷：行政支出等
	属于以前年度的	借：财政应返还额度/零余额账户用款额度/银行存款等 贷：以前年度盈余调整	借：资金结存——财政应返还额度/零余额账户用款额度/货币资金 贷：财政拨款结转/财政拨款结余/非财政拨款结转/非财政拨款结余（年初余额调整）

3. 案例解析

【例7-4】某行政单位本年度因发生购货退回而收回货币资金2 000 000元，应做如下账务处理。

财务会计：

借：银行存款　　　　　　　　　　　　　　　　　　　2 000 000

　　贷：库存物品　　　　　　　　　　　　　　　　　　　　　2 000 000

预算会计：

借：资金结存——货币资金　　　　　　　　　　　　　2 000 000

　　贷：行政支出　　　　　　　　　　　　　　　　　　　　　2 000 000

五、年末确认未下达的财政用款额度

1. 业务概述及账务处理

年末，根据本年度财政直接支付的预算指标数与当年财政直接支付的实际支出数的差额，借记"资金结存"科目（财政应返还额度），贷记"财政拨款预算收入"科目。

年末确认未下达的财政用款额度时的账务处理如表 7-5 所示。

表 7-5　　　　　　年末确认未下达的财政用款额度时的账务处理

业务		财务会计处理	预算会计处理
年末确认未下达的财政用款额度	财政直接支付方式	借：财政应返还额度——财政直接支付 　　贷：财政拨款收入	借：资金结存——财政应返还额度 　　贷：财政拨款预算收入
	财政授权支付方式	借：财政应返还额度——财政授权支付 　　贷：财政拨款收入	

2. 案例解析

【例 7-5】某行政单位本年度财政直接支付方式下的预算指标数与当年财政直接支付的实际支出数的差额为 200 000 元，年末确认未下达的财政用款额度时的账务处理如下。

财务会计：

借：财政应返还额度——财政直接支付　　　　　　　　200 000

　　贷：财政拨款收入　　　　　　　　　　　　　　　　　　　200 000

预算会计：

借：资金结存——财政应返还额度　　　　　　　　　　200 000

　　贷：财政拨款预算收入　　　　　　　　　　　　　　　　　200 000

六、注销及恢复零余额账户用款额度

1. 业务概述及账务处理

年末，单位依据代理银行提供的对账单做注销额度的相关账务处理，借记"资金结存"科目（财政应返还额度），贷记"资金结存"科目（零余额账户用款额度）；本年度财政授权支付预算指标数大于零余额账户用款额度下达数的，根据未下达的用款额度，借记"资金结存"科目（财政应返还额度），贷记"财政拨款预算收入"科目。

下年初，单位依据代理银行提供的上年度注销额度恢复到账通知书做恢复额度的相关账务处理，借记"资金结存"科目（零余额账户用款额度），贷记

"资金结存"科目（财政应返还额度）。单位收到财政部门批复的上年末未下达零余额账户用款额度，借记"资金结存"科目（零余额账户用款额度），贷记"资金结存"科目（财政应返还额度）。

注销及恢复零余额账户用款额度时的账务处理如表 7-6 所示。

表 7-6　　　　　　　注销及恢复零余额账户用款额度时的账务处理

序号	业务	财务会计处理	预算会计处理
（1）	年末注销零余额账户用款额度	借：财政应返还额度——财政授权支付 　贷：零余额账户用款额度	借：资金结存——财政应返还额度 　贷：资金结存——零余额账户用款额度
（2）	下年初，恢复零余额账户用款额度或收到上年末未下达的零余额账户用款额度的	借：零余额账户用款额度 　贷：财政应返还额度——财政授权支付	借：资金结存——零余额账户用款额度 　贷：资金结存——财政应返还额度

2. 案例解析

【例 7-6】某行政单位本年末注销零余额账户用款额度 700 000 元，其账务处理如下。

财务会计：

借：财政应返还额度——财政授权支付　　　　　　　　　700 000

　　贷：零余额账户用款额度　　　　　　　　　　　　　　700 000

预算会计：

借：资金结存——财政应返还额度　　　　　　　　　　　700 000

　　贷：资金结存——零余额账户用款额度　　　　　　　　700 000

7.3　财政拨款结转与结余

7.3.1　财政拨款结转

一、核算内容

财政拨款结转资金用于反映单位取得的同级财政拨款结转资金的调整、结转和滚存情况。"财政拨款结转"科目年末贷方余额，反映单位滚存的财政拨款结转资金数额。

二、明细科目

单位应该根据实际情况为"财政拨款结转"科目设置以下明细科目。

1. 与会计差错更正、以前年度支出收回相关的明细科目

"年初余额调整"：本明细科目用于核算因发生会计差错更正、以前年度支出收回等事项而需要调整的财政拨款结转的金额。年末结账后，该明细科目应无余额。

2. 与财政拨款调拨业务相关的明细科目

（1）"归集调入"：本明细科目用于核算按照规定从其他单位调入财政拨款结转资金时，实际调增的额度数额或调入的资金数额。年末结账后，本明细科目应无余额。

（2）"归集调出"：本明细科目用于核算按照规定向其他单位调出财政拨款结转资金时，实际调减的额度数额或调出的资金数额。年末结账后，本明细科目应无余额。

（3）"归集上缴"：本明细科目用于核算按照规定上缴财政拨款结转资金时，实际核销的额度数额或上缴的资金数额。年末结账后，本明细科目应无余额。

（4）"单位内部调剂"：本明细科目用于核算经财政部门批准对财政拨款结余资金改变用途，调整用于本单位其他未完成项目等的调整金额。年末结账后，本明细科目应无余额。

3. 与年末财政拨款结转业务相关的明细科目

（1）"本年收支结转"：本明细科目用于核算单位本年度财政拨款收支相抵后的余额。年末结账后，本明细科目应无余额。

（2）"累计结转"：本明细科目用于核算单位滚存的财政拨款结转资金。本明细科目年末贷方余额，反映单位财政拨款滚存的结转资金数额。

单位还应当为"财政拨款结转"科目设置"基本支出结转""项目支出结转"两个明细科目，并在"基本支出结转"明细科目下按照"人员经费""日常公用经费"进行明细核算，在"项目支出结转"明细科目下按照具体项目进行明细核算；同时，本科目还应按照《政府收支分类科目》中的"支出功能分类科目"的相关科目进行明细核算。

有一般公共预算财政拨款、政府性基金预算财政拨款等两种或两种以上财

政拨款的行政单位，还应当在"财政拨款结转"科目下按照财政拨款的种类进行明细核算。

三、主要账务处理

1. 与会计差错更正、以前年度支出收回相关的账务处理

（1）业务概述。

单位因发生会计差错更正退回或者购货退回以前年度国库直接支付、授权支付款项或财政性货币资金，或者因发生会计差错更正增加以前年度国库直接支付、授权支付支出或财政性货币资金支出，属于以前年度财政拨款结转资金的，需要进行相应的财政拨款结转资金的账务处理。

（2）账务处理。

因发生会计差错更正退回以前年度国库直接支付、授权支付款项或财政性货币资金，或者因发生会计差错更正增加以前年度国库直接支付、授权支付支出或财政性货币资金支出，属于以前年度财政拨款结转资金的，借记或贷记"资金结存"科目（财政应返还额度、零余额账户用款额度、货币资金等），贷记或借记"财政拨款结转"科目（年初余额调整）。

因购货退回、预付款项收回等发生以前年度支出又收回国库直接支付、授权支付款项或收回财政性货币资金，属于以前年度财政拨款结转资金的，借记"资金结存"科目（财政应返还额度、零余额账户用款额度、货币资金等），贷记"财政拨款结转"科目（年初余额调整）。

与会计差错更正、以前年度支出收回相关的账务处理如表7-7所示。

表7-7　　与会计差错更正、以前年度支出收回相关的账务处理（2）

业务		财务会计处理	预算会计处理
因会计差错更正、购货退回、预付款项收回等发生以前年度调整事项	调整增加相关资产	借：零余额账户用款额度／银行存款等 贷：以前年度盈余调整	借：资金结存——财政应返还额度／零余额账户用款额度／货币资金等 贷：财政拨款结转——年初余额调整
	因会计差错更正调整减少相关资产	借：以前年度盈余调整 贷：零余额账户用款额度／银行存款等	借：财政拨款结转——年初余额调整 贷：资金结存——财政应返还额度／零余额账户用款额度／货币资金等

（3）案例解析。

【例 7-7】2×19 年年末，某行政单位的"财政拨款预算收入"科目的贷方余额为 200 000 000 元，"行政支出——财政拨款支出"科目的借方余额为 179 000 000 元。该单位年末结转财政拨款预算收入和行政支出时的账务处理如下。

借：财政拨款预算收入　　　　　　　　　　　　　　　200 000 000

　　贷：行政支出——财政拨款支出　　　　　　　　　　179 000 000

　　　　财政拨款结转——本年收支结转　　　　　　　　 21 000 000

2. 调入、调出财政拨款结转资金

（1）业务概述及账务处理。

按照规定从其他单位调入财政拨款结转资金的，按照实际调增的额度数额或调入的资金数额，借记"资金结存"科目（财政应返还额度、零余额账户用款额度、货币资金），贷记"财政拨款结转"科目（归集调入）。

按照规定向其他单位调出财政拨款结转资金的，按照实际调减的额度数额或调出的资金数额，借记"财政拨款结转"科目（归集调出），贷记"资金结存"科目（财政应返还额度、零余额账户用款额度、货币资金）。

调入、调出财政拨款结转资金时的账务处理如表 7-8 所示。

表 7-8　　　　　　　　　　调入、调出财政拨款结转资金时的账务处理

序号	业务		财务会计处理	预算会计处理
（1）	从其他单位调入财政拨款结转资金	按照实际调增的额度数额或调入的资金数额	借：财政应返还额度/零余额账户用款额度/银行存款 　　贷：累计盈余	借：资金结存——财政应返还额度/零余额账户用款额度/货币资金 　　贷：财政拨款结转——归集调入
（2）	向其他单位调出财政拨款结转资金	按照实际调减的额度数额或调出的资金数额	借：累计盈余 　　贷：财政应返还额度/零余额账户用款额度/银行存款	借：财政拨款结转——归集调出 　　贷：资金结存——财政应返还额度/零余额账户用款额度/货币资金

（2）案例解析。

【例 7-8】某行政单位本年向其他单位调出财政拨款结转资金 5 000 000 元，其账务处理如下。

财务会计：

借：累计盈余   5 000 000

      贷：零余额账户用款额度   5 000 000

预算会计：

借：财政拨款结转——归集调出   5 000 000

      贷：资金结存——零余额账户用款额度   5 000 000

3. 上缴财政拨款结转资金或注销额度

（1）业务概述。

行政单位根据财政部门规定需要上缴本单位的结转资金或注销财政拨款结转资金额度的，需要对财政拨款结转进行调整。

（2）账务处理。

按照规定上缴财政拨款结转资金或注销财政拨款结转资金额度的，按照实际上缴资金数额或注销的资金额度数额，借记"财政拨款结转"科目（归集上缴），贷记"资金结存"科目（财政应返还额度、零余额账户用款额度、货币资金）。

上缴财政拨款结转资金或注销额度时的账务处理如表7-9所示。

表7-9   上缴财政拨款结转资金或注销额度时的账务处理

业务		财务会计处理	预算会计处理

按照规定上缴财政拨款结转资金或注销财政拨款结转资金额度	按照实际上缴资金数额或注销的资金额度	借：累计盈余
		  贷：财政应返还额度 /
		      零余额账户用款
		      额度 / 银行存款
			借：财政拨款结转——归集上缴
			  贷：资金结存——财政应
			      返还额度 / 零余额账户
			      用款额度 / 货币资金

（3）案例解析。

【例7-9】某行政单位本年度按照规定上缴财政拨款结转资金300 000元，上述款项通过银行缴纳，其账务处理如下。

财务会计：

借：累计盈余   300 000

      贷：银行存款   300 000

预算会计：

借：财政拨款结转——归集上缴   300 000

      贷：资金结存——货币资金   300 000

4.内部调剂财政拨款结转资金

（1）业务概述。

经财政部门的批准对财政拨款结余资金改变用途，调整用于本单位基本支出或其他未完成项目支出的，需要对财政拨款结转资金进行调整。

（2）账务处理。

按照批准调剂的金额，借记"财政拨款结余"科目（单位内部调剂），贷记"财政拨款结转"科目（单位内部调剂）。

内部调剂财政拨款结转资金时的账务处理如表 7-10 所示。

表 7-10　　　　　　　　内部调剂财政拨款结转资金时的账务处理

业务	财务会计处理	预算会计处理
单位内部调剂财政拨款结转资金	按照调整的金额	借：财政拨款结余——单位内部调剂 　　贷：财政拨款结转——单位内部调剂
	—	

（3）案例解析。

【例 7-10】某行政单位本年度经财政部门批准将原用作办公经费支出的 1 000 000 元改为购买固定资产，其账务处理如下。

预算会计：

借：财政拨款结余——单位内部调剂　　　　　　1 000 000

　　贷：财政拨款结转——单位内部调剂　　　　　　　　1 000 000

5.年末财政拨款结转冲销和结余业务

（1）业务概述。

单位在每年年末进行账务处理时，需要对本年度发生的全部收入、费用科目进行相应的结转。同时，针对"财政拨款结余"科目特征，年末只有"累计结余"子科目下有相应的余额，所以需要对年度其他子科目下发生的业务进行相应的科目内结转。

（2）账务处理。

年末，将财政拨款预算收入的本年发生额转入"财政拨款结转"科目，借记"财政拨款预算收入"科目，贷记"财政拨款结转"科目（本年收支结转）；将各项支出中财政拨款支出本年发生额转入"财政拨款结转"科目，借记"财政拨款结转"科目（本年收支结转），贷记各项支出（财政拨款支出）科目。

年末冲销有关明细科目余额时，将"财政拨款结转"科目（本年收支结转、年初余额调整、归集调入、归集调出、归集上缴、单位内部调剂）余额转入"财政拨款结转"科目（累计结转）。结转后，"财政拨款结转"科目除"累计结转"明细科目外，其他明细科目应无余额。

年末完成上述结转后，应当对财政拨款结转各明细项目执行情况进行分析，按照有关规定将符合财政拨款结余性质的项目余额转入财政拨款结余，借记"财政拨款结转"科目（累计结转），贷记"财政拨款结余——结转转入"科目。

与年末财政拨款结转冲销和结余业务相关的账务处理如表 7-11 所示。

表 7-11　　　　与年末财政拨款结转和结余业务相关的账务处理

序号	业务		财务会计处理	预算会计处理
（1）	年末结转	结转财政拨款预算收入	—	借：财政拨款预算收入 　　贷：财政拨款结转——本年收支结转
		结转财政拨款预算支出	—	借：财政拨款结转——本年收支结转 　　贷：行政支出等 [财政拨款支出部分]
（2）	年末冲销有关明细科目余额		—	借：财政拨款结转——年初余额调整 [该明细科目为贷方余额时]/ 归集调入 / 单位内部调剂 / 本年收支结转 [该明细科目为贷方余额时] 　　贷：财政拨款结转——累计结转 借：财政拨款结转——累计结转 　　贷：财政拨款结转——归集上缴 / 年初余额调整 [该明细科目为借方余额时]/ 归集调出 / 本年收支结转 [该明细科目为借方余额时]
（3）	转入财政拨款结余	按照有关规定将符合财政拨款结余性质的项目余额转入财政拨款结余	—	借：财政拨款结转——累计结转 　　贷：财政拨款结余——结转转入

（3）案例解析。

【例 7-11】某行政单位本年度发生财政拨款预算收入 1 000 000 元，发生行政支出 500 000 元，其进行年末结转时的账务处理如下。

　　财务会计：

不做处理。

预算会计：

借：财政拨款预算收入　　　　　　　　　　　　　　　　　1 000 000

　　贷：财政拨款结转——本年收支结转　　　　　　　　　　　1 000 000

借：财政拨款结转——本年收支结转　　　　　　　　　　　500 000

　　贷：行政支出　　　　　　　　　　　　　　　　　　　　500 000

借：财政拨款结转——本年收支结转　　　　　　　　　　　500 000

　　贷：财政拨款结转——累计结转　　　　　　　　　　　　500 000

7.3.2　财政拨款结余

一、核算内容

　　"财政拨款结余"科目用于核算单位取得的同级财政拨款项目支出结余资金的调整、结转和滚存情况。本科目年末贷方余额，反映单位滚存的财政拨款结余资金数额。

二、明细科目

　　单位应该根据实际情况为"财政拨款结余"科目设置以下明细科目。

　　1. 与会计差错更正、以前年度支出收回相关的明细科目

　　"年初余额调整"：本明细科目用于核算因发生会计差错更正、以前年度支出收回等事项，需要调整财政拨款结余的金额。年末结账后，本明细科目应无余额。

　　2. 与财政拨款结余资金调整业务相关的明细科目

　　（1）"归集上缴"：本明细科目用于核算按照规定上缴财政拨款结余资金时，实际核销的额度数额或上缴的资金数额。年末结账后，本明细科目应无余额。

　　（2）"单位内部调剂"：本明细科目用于核算经财政部门批准对财政拨款结余资金改变用途，调整用于本单位其他未完成项目等的调整金额。年末结账后，本明细科目应无余额。

　　3. 与年末财政拨款结余业务相关的明细科目

　　（1）"结转转入"：本明细科目用于核算单位按照规定转入财政拨款结余的财政拨款结转资金。年末结账后，本明细科目应无余额。

（2）"累计结余"：本明细科目用于核算单位滚存的财政拨款结余资金。本明细科目年末贷方余额，反映单位财政拨款滚存的结余资金数额。

"财政拨款结余"科目还应当按照具体项目、《政府收支分类科目》中"支出功能分类科目"的相关科目等进行明细核算。

有一般公共预算财政拨款、政府性基金预算财政拨款等两种或两种以上财政拨款的行政单位，还应当在"财政拨款结余"科目下按照财政拨款的种类进行明细核算。

三、主要账务处理

1. 与会计差错更正、以前年度支出收回相关的账务处理

（1）业务概述。

单位或部门因发生以前年度或本年度的会计差错更正退回或者购货退回事项涉及以前年度国库直接支付、授权支付款项或财政性货币资金，或者因发生会计差错更正增加以前年度国库直接支付、授权支付支出或财政性货币资金支出，属于以前年度财政拨款结余资金的，需要进行与财政拨款结余资金相关的账务处理。

（2）账务处理。

发生会计差错更正退回以前年度国库直接支付、授权支付款项或财政性货币资金，或者因发生会计差错更正增加以前年度国库直接支付、授权支付支出或财政性货币资金支出，属于以前年度财政拨款结余资金的，借记或贷记"资金结存"科目（财政应返还额度、零余额账户用款额度、货币资金），贷记或借记"财政拨款结余"科目（年初余额调整）。

因购货退回、预付款项收回等发生以前年度支出又收回国库直接支付、授权支付款项或收回财政性货币资金，属于以前年度财政拨款结余资金的，借记"资金结存"科目（财政应返还额度、零余额账户用款额度、货币资金），贷记"财政拨款结余"科目（年初余额调整）。

与会计差错更正、以前年度支出收回相关的账务处理如表 7-12 所示。

表 7-12　　　与会计差错更正、以前年度支出收回相关的账务处理（3）

业务		财务会计处理	预算会计处理
因会计差错更正、购货退回、预付款项收回等发生以前年度调整事项	调整增加相关资产	借：零余额账户用款额度/银行存款等 贷：以前年度盈余调整	借：资金结存——财政应返还额度/零余额账户用款额度/货币资金等 贷：财政拨款结余——年初余额调整
	因会计差错更正调整减少相关资产	借：以前年度盈余调整 贷：零余额账户用款额度/银行存款等	借：财政拨款结余——年初余额调整 贷：资金结存——财政应返还额度/零余额账户用款额度/货币资金等

（3）案例解析。

【例 7-12】某行政单位于年初发生了 100 000 元的购货退回收回国库直接支付额度，其账务处理如下。

财务会计：

借：零余额账户用款额度　　　　　　　　　　　　　　　100 000

　　贷：以前年度盈余调整　　　　　　　　　　　　　　　　100 000

预算会计：

借：资金结存——零余额账户用款额度　　　　　　　　　100 000

　　贷：财政拨款结余——年初余额调整　　　　　　　　　　100 000

2．内部调剂财政拨款结余资金

（1）业务概述。

"财政拨款结余——单位内部调剂"科目，核算行政事业单位按规定转入财政拨款结余的财政拨款结转资金。核算单位批准对财政拨款结余资金改变用途，调整用于单位其他未完成项目等的金额。

（2）账务处理。

按照规定，对财政拨款结余资金调整用于单位其他未完成项目时，借记"财政拨款结余——单位内部调剂"科目，贷记"财政拨款结转——单位内部调剂"科目。

3．上缴财政拨款结余资金或注销额度

（1）业务概述。

单位或者部门根据财政部门的规定需要上缴本单位的结余资金或注销财政拨款结余资金额度的，需要对财政拨款结余资金进行调整。

（2）账务处理。

按照规定上缴财政拨款结余资金或注销财政拨款结余资金额度的，按照实际上缴资金数额或注销的资金额度数额，借记"财政拨款结余"科目（归集上缴），贷记"资金结存"科目（财政应返还额度、零余额账户用款额度、货币资金）。

上缴财政拨款结余资金或注销额度时的账务处理如表7-13所示。

表7-13　　　　上缴财政拨款结余资金或注销额度时的账务处理

业务		财务会计处理	预算会计处理
按照规定上缴财政拨款结余资金或注销财政拨款结余资金额度	按照实际上缴资金数额或注销的资金额度	借：累计盈余 　贷：财政应返还额度/零余额账户用款额度/银行存款	借：财政拨款结余——归集上缴 　贷：资金结存——财政应返还额度/零余额账户用款额度/货币资金

（3）案例解析。

【例7-13】某行政单位本年上缴财政授权结转资金5 000 000元，其账务处理如下。

财务会计：

借：累计盈余　　　　　　　　　　　　　　　　　　　5 000 000

　　贷：零余额账户用款额度　　　　　　　　　　　　　　5 000 000

预算会计：

借：财政拨款结余——归集上缴　　　　　　　　　　　5 000 000

　　贷：资金结存——零余额账户用款额度　　　　　　　　5 000 000

4. 年末财政拨款结转冲销和结余业务

（1）账务处理。

年末，对财政拨款结转各明细项目执行情况进行分析，按照有关规定将符合财政拨款结余性质的项目余额转入财政拨款结余，借记"财政拨款结转——累计结转"科目，贷记"财政拨款结余"科目（结转转入）。

年末冲销有关明细科目余额时，将"财政拨款结余"科目（年初余额调整、归集上缴、单位内部调剂、结转转入）余额转入"财政拨款结余"科目（累计结余）。结转后，"财政拨款结余"科目除"累计结余"明细科目外，其他明细科目应无余额。

与年末财政拨款结转冲销和结余业务相关的账务处理如表7-14所示。

表 7–14　　　　　　与年末财政拨款结转冲销和结余业务相关的账务处理

序号	业务		财务会计处理	预算会计处理
（1）	年末，转入财政拨款结余	按照有关规定将符合财政拨款结余性质的项目余额转入财政拨款结余	—	借：财政拨款结转——累计结转 　　贷：财政拨款结余——结转转入
（2）	年末冲销有关明细科目余额		—	借：财政拨款结余——年初余额调整[该明细科目为贷方余额时] 　　贷：财政拨款结余——累计结转 借：财政拨款结余——累计结转 　　贷：财政拨款结余——年初余额调整 [该明细科目为借方余额时]/归集上缴/单位内部调剂 借：财政拨款结余——结转转入 　　贷：财政拨款结余——累计结转

（2）案例解析。

【例 7–14】某行政单位本年年末按照有关规定将符合财政拨款结余性质的项目余额 300 000 元进行结转，其账务处理如下。

财务会计：

不做处理。

预算会计：

借：财政拨款结转——累计结转　　　　　　　　　　300 000

　　贷：财政拨款结余——结转转入　　　　　　　　　　300 000

借：财政拨款结余——结转转入　　　　　　　　　　300 000

　　贷：财政拨款结余——累计结转　　　　　　　　　　300 000

7.4　非财政拨款结转与结余

非财政拨款结转与结余是指单位除财政补助收支以外的各项收入与各项支出相抵后的余额。

7.4.1 非财政拨款结转

一、核算内容

"非财政拨款结转"科目用于核算单位除财政拨款收支以外各非同级财政拨款专项资金的调整、结转和滚存情况。本科目年末贷方余额,反映单位滚存的非同级财政拨款专项结转资金数额。

二、明细科目

单位应该根据实际情况为"非财政拨款结转"科目设置以下明细科目。

(1)"年初余额调整":本明细科目用于核算因发生会计差错更正、以前年度支出收回等事项,需要调整非财政拨款结转的资金。年末结账后,本明细科目应无余额。

(2)"缴回资金":本明细科目用于核算按照规定缴回非财政拨款结转资金时,实际缴回的资金数额。年末结账后,本明细科目应无余额。

(3)"项目间接费用或管理费":本明细科目用于核算单位取得的科研项目预算收入中,按照规定计提项目间接费用或管理费的数额。年末结账后,本明细科目应无余额。

(4)"本年收支结转":本明细科目用于核算单位本年度非同级财政拨款专项收支相抵后的余额。年末结账后,本明细科目应无余额。

(5)"累计结转":本明细科目用于核算单位滚存的非同级财政拨款专项结转资金。本明细科目年末贷方余额,反映单位非同级财政拨款滚存的专项结转资金数额。

三、主要账务处理

1.提取项目间接费用或管理费

(1)业务概述。

行政单位根据财政部门的相关规定,每年在单位内部的"非财政拨款结转"科目余额中提取一定的项目间接费用或管理费,用于项目的运转。

(2)账务处理。

按照规定从科研项目预算收入中提取项目间接费用或管理费时,按照提取的金额,借记"非财政拨款结转"科目(项目间接费用或管理费),贷记"非财政拨款结余"科目(项目间接费用或管理费)。

提取项目间接费用或管理费时的账务处理如表 7-15 所示。

表 7-15　　　　　　　提取项目间接费用或管理费时的账务处理

业务	财务会计处理	预算会计处理
按照规定从科研项目预算收入中提取项目间接费用或管理费	借：业务活动费用 　贷：预提费用——项目间接费用或管理费	借：非财政拨款结转——项目间接费用或管理费 　贷：非财政拨款结余——项目间接费用或管理费

（3）案例解析。

【例 7-15】某行政单位从单位的科研项目预算收入中提取项目管理费 100 000 元，其账务处理如下。

财务会计：

借：业务活动费用　　　　　　　　　　　　　　　　100 000

　贷：预提费用——项目管理费　　　　　　　　　　　　　100 000

预算会计：

借：非财政拨款结转——项目管理费　　　　　　　　100 000

　贷：非财政拨款结余——项目管理费　　　　　　　　　　100 000

2. 与会计差错更正、以前年度支出收回相关的账务处理

（1）业务概述。

单位因发生以前年度或本年度的会计差错更正收到或支出非同级财政拨款货币资金，或者因收回以前年度支出等收到非同级财政拨款货币资金，属于非财政拨款结转资金的，需要进行相应的非财政拨款结转资金的账务处理。

（2）账务处理。

因会计差错更正收到或支出非同级财政拨款货币资金，属于非财政拨款结转资金的，按照收到或支出的金额，借记或贷记"资金结存——货币资金"科目，贷记或借记"非财政拨款结转"科目（年初余额调整）。

因收回以前年度支出等收到非同级财政拨款货币资金，属于非财政拨款结转资金的，按照收到的金额，借记"资金结存——货币资金"科目，贷记"非财政拨款结转"科目（年初余额调整）。

与会计差错更正、以前年度支出收回相关的账务处理如表 7-16 所示。

表 7-16　　　　与会计差错更正、以前年度支出收回相关的账务处理（4）

业务		财务会计处理	预算会计处理
因会计差错更正、购货退回等发生以前年度调整事项	调整增加相关资产	借：银行存款等 　　贷：以前年度盈余调整	借：资金结存——货币资金 　　贷：非财政拨款结转——年初余额调整
	调整减少相关资产	借：以前年度盈余调整 　　贷：银行存款等	借：非财政拨款结转——年初余额调整 　　贷：资金结存——货币资金

（3）案例解析。

【例 7-16】某行政单位销售退回涉及以前年度收入，退回金额为 300 000 元，其账务处理如下。

财务会计：

借：以前年度盈余调整　　　　　　　　　　　　　　　300 000

　　贷：银行存款　　　　　　　　　　　　　　　　　　　300 000

预算会计：

借：非财政拨款结转——年初余额调整　　　　　　　　300 000

　　贷：资金结存——货币资金　　　　　　　　　　　　　300 000

3. 缴回非财政拨款结转资金

（1）业务概述。

行政单位根据财政部门规定需要对本单位的非财政拨款结转资金进行上缴的，需要对非财政拨款结转资金进行调整。

（2）账务处理。

按照规定缴回非财政拨款结转资金的，按照实际缴回的资金数额，借记"非财政拨款结转"科目（缴回资金），贷记"资金结存——货币资金"科目。

缴回非财政拨款结转资金时的账务处理如表 7-17 所示。

表 7-17　　　　　　缴回非财政拨款结转资金时的账务处理

业务		财务会计处理	预算会计处理
按照规定缴回非财政拨款结转资金	按照实际缴回的资金	借：累计盈余 　　贷：银行存款等	借：非财政拨款结转——缴回资金 　　贷：资金结存——货币资金

（3）案例解析。

【例 7-17】某行政单位按照规定缴回非财政拨款结转资金为 300 000 元。其账务处理如下。

财务会计：

借：累计盈余　　　　　　　　　　　　　　　　　　　300 000

　　贷：银行存款　　　　　　　　　　　　　　　　　　　　300 000

预算会计：

借：非财政拨款结转——缴回资金　　　　　　　　　　300 000

　　贷：资金结存——货币资金　　　　　　　　　　　　　　300 000

4. 年末非财政拨款结转冲销和结余业务

（1）业务概述。

单位在每年年末进行账务处理时，需要对本年度发生的全部收入、费用科目进行相应的结转。同时，针对"非财政拨款结转"科目特征，年末只有"累计结余"子科目下有相应的余额，所以需要对年度其他子科目下发生的业务进行相应的科目内结转。

（2）账务处理。

年末，将"非同级财政拨款预算收入""其他预算收入"科目本年发生额中的专项资金收入转入"非财政拨款结转"科目，借记"非同级财政拨款预算收入""其他预算收入"科目下各专项资金收入明细科目，贷记"非财政拨款结转"科目（本年收支结转）；将行政支出、其他支出本年发生额中的非财政拨款专项资金支出转入"非财政拨款结转"科目，借记"非财政拨款结转"科目（本年收支结转），贷记"行政支出""其他支出"科目下各非财政拨款专项资金支出明细科目。

年末冲销有关明细科目余额时，将"非财政拨款结转"科目（年初余额调整、项目间接费用或管理费、缴回资金、本年收支结转）余额转入"非财政拨款结转"科目（累计结转）。结转后，"非财政拨款结转"科目除"累计结转"明细科目外，其他明细科目应无余额。

与年末非财政拨款结转冲销和结余业务相关的账务处理如表 7-18 所示。

表 7-18　　　　　　　与年末非财政拨款结转冲销和结余业务相关的账务处理

序号	业务		财务会计处理	预算会计处理
（1）	年末结转	结转非财政拨款专项收入	—	借：非同级财政拨款预算收入／其他预算收入 　　贷：非财政拨款结转——本年收支结转
		结转非财政拨款专项支出	—	借：非财政拨款结转——本年收支结转 　　贷：行政支出／其他支出
（2）	年末冲销本科目有关明细科目余额		—	借：非财政拨款结转——年初余额调整 [该明细科目为贷方余额时]／本年收支结转 [该明细科目为贷方余额时] 　　贷：非财政拨款结转——累计结转 借：非财政拨款结转——累计结转 　　贷：非财政拨款结转——年初余额调整 [该明细科目为借方余额时]／缴回资金／项目间接费用或管理费／本年收支结转 [该明细科目为借方余额时]

（3）案例解析。

【例 7-18】某行政单位年末"非财政拨款结转"科目下的明细科目的情况如下："年初余额调整"明细科目的贷方余额为 100 000 元，"项目管理费"明细科目的借方余额为 70 000 元，"本年收支结转"明细科目的贷方余额为 200 000 元。结转"非财政拨款结转"科目的账务处理如下。

财务会计：

不做处理。

预算会计：

借：非财政拨款结转——年初余额调整　　　　　　　100 000
　　　　　　　　——本年收支结转　　　　　　　　200 000
　　贷：非财政拨款结转——累计结转　　　　　　　　　　300 000
借：非财政拨款结转——累计结转　　　　　　　　　70 000
　　贷：非财政拨款结转——项目管理费　　　　　　　　　70 000

5．划转非财政拨款专项剩余资金

年末完成上述结转后，应当对非财政拨款专项结转资金各项目情况进行分析，将留归本单位使用的非财政拨款专项（项目已完成）剩余资金转入非财政拨款结余，借记"非财政拨款结转"科目（累计结转），贷记"非财政拨款结余——结转转入"科目。

划转非财政拨款专项剩余资金时的账务处理如表 7-19 所示。

表 7-19　　　　　　　　划转非财政拨款专项剩余资金时的账务处理

业务	财务会计处理	预算会计处理
将留归本单位使用的非财政拨款专项剩余资金转入非财政拨款结余	—	借：非财政拨款结转——累计结转 　　贷：非财政拨款结余——结转转入

7.4.2　非财政拨款结余

一、核算内容

"非财政拨款结余"科目用于核算单位历年滚存的非限定用途的非同级财政拨款结余资金，主要为非财政拨款结余扣除结余分配后滚存的金额。

二、明细科目

单位应该根据实际情况为"非财政拨款结余"科目设置以下明细科目。

（1）年初余额调整"：本明细科目用于核算因发生会计差错更正、以前年度支出收回等事项，需要调整非财政拨款结余的资金。年末结账后，本明细科目应无余额。

（2）"项目间接费用或管理费"：本明细科目用于核算单位取得的科研项目预算收入中，按照规定计提的项目间接费用或管理费。年末结账后，本明细科目应无余额。

（3）"结转转入"：本明细科目用于核算按照规定留归单位使用，由单位统筹调配，纳入单位非财政拨款结余的非同级财政拨款专项剩余资金。年末结账后，本明细科目应无余额。

（4）"累计结余"：本明细科目用于核算单位历年滚存的非同级财政拨款、非专项结余资金。本明细科目年末贷方余额，反映单位非同级财政拨款滚存的非专项结余资金数额。

"非财政拨款结余"科目应当按照《政府收支分类科目》中"支出功能分类科目"的相关科目进行明细核算。

三、主要账务处理

1. 提取项目间接费用或管理费

（1）业务概述。

单位根据财政部门的相关规定，每年在单位内部的"非财政拨款结转"科目余额中提取一定的项目间接费用或管理费，用于项目的运转。

（2）账务处理。

按照规定从科研项目预算收入中提取项目间接费用或管理费时，借记"非财政拨款结转——项目间接费用或管理费"科目，贷记"非财政拨款结余"科目（项目间接费用或管理费）。

提取项目间接费用或管理费时的账务处理如表7-20所示。

表 7-20　　　　　　　　提取项目间接费用或管理费时的账务处理

业务	财务会计处理	预算会计处理
按照规定从科研项目预算收入中提取项目间接费用或管理费	借：业务活动费用 　贷：预提费用——项目间接费用或管理费	借：非财政拨款结转——项目间接费用或管理费 　贷：非财政拨款结余——项目间接费用或管理费

（3）案例解析。

【例7-19】某行政单位按照规定从科研项目预算收入中提取项目管理费200 000元，其账务处理如下。

财务会计：

借：业务活动费用　　　　　　　　　　　　　　　　200 000

　　贷：预提费用——项目管理费　　　　　　　　　　　　　200 000

预算会计：

借：非财政拨款结转——项目管理费　　　　　　　　200 000

　　贷：非财政拨款结余——项目管理费　　　　　　　　　　200 000

2. 与会计差错更正、以前年度支出收回相关的账务处理

（1）业务概述。

单位因发生以前年度或本年度的会计差错更正收到或支出非同级财政拨款货币资金，或者因收回以前年度支出等收到非同级财政拨款货币资金，属于非财政拨款结余资金的，需要进行相应的非财政拨款结余资金的账务处理。

（2）账务处理。

因会计差错更正收到或支出非同级财政拨款货币资金，属于非财政拨款结余资金的，按照收到或支出的金额，借记或贷记"资金结存——货币资金"科目，贷记或借记"非财政拨款结余"科目（年初余额调整）。

因收回以前年度支出等收到非同级财政拨款货币资金，属于非财政拨款结余资金的，按照收到的金额，借记"资金结存——货币资金"科目，贷记"非财政拨款结余"科目（年初余额调整）。

与会计差错更正、以前年度支出收回相关的账务处理如表 7-21 所示。

表 7-21　　　与会计差错更正、以前年度支出收回相关的账务处理（5）

业务		财务会计处理	预算会计处理
因会计差错更正、购货退回等发生以前年度调整事项	调整增加相关资产	借：银行存款等 　贷：以前年度盈余调整	借：资金结存——货币资金 　贷：非财政拨款结余——年初余额调整
	调整减少相关资产	借：以前年度盈余调整 　贷：银行存款等	借：非财政拨款结余——年初余额调整 　贷：资金结存——货币资金

3. 与年末非财政拨款结余、冲销和结转业务相关的账务处理

（1）账务处理。

年末冲销有关明细科目余额时，将"非财政拨款结余"科目（年初余额调整、项目间接费用或管理费、结转转入）的余额结转入"非财政拨款结余"科目（累计结余）。结转后，"非财政拨款结余"科目除"累计结余"明细科目外，其他明细科目应无余额。

年末，单位将"其他结余"科目的余额转入非财政拨款结余。"其他结余"科目为借方余额的，借记"非财政拨款结余"科目（累计结余），贷记"其他结余"科目；"其他结余"科目为贷方余额的，借记"其他结余"科目，贷记"非财政拨款结余"科目（累计结余）。

与年末非财政拨款结余、冲销和结转业务相关的账务处理如表 7-22 所示。

表 7-22 与年末非财政拨款结余、冲销和结转业务相关的账务处理

序号	业务	财务会计处理	预算会计处理
（1）	年末冲销"非财政拨款结余"科目有关明细科目余额	—	借：非财政拨款结余——年初余额调整 [该明细科目为贷方余额时]/ 项目间接费用或管理费 / 结转转入 　　贷：非财政拨款结余——累计结余 借：非财政拨款结余——累计结余 　　贷：非财政拨款结余——年初余额调整 [该明细科目为借方余额时]/ 缴回资金
（2）	年末将"其他结余"科目余额转入非财政拨款结余	—	借：非财政拨款结余——累计结余 　　贷：其他结余 [该科目为借方余额时] 借：其他结余 [该科目为贷方余额时] 　　贷：非财政拨款结余——累计结余

（2）案例解析。

【例 7-20】年末，某行政单位的"非财政拨款结余"科目下的明细科目情况如下："年初余额调整"明细科目的贷方余额为 700 000 元，"项目间接费用"明细科目的借方余额为 400 000 元。该单位年末结转"非财政拨款结余"科目时的账务处理如下。

预算会计：

借：非财政拨款结余——年初余额调整　　　　　　　　　700 000

　　贷：非财政拨款结余——累计结余　　　　　　　　　　　700 000

借：非财政拨款结余——累计结余　　　　　　　　　　　400 000

　　贷：非财政拨款结余——项目间接费用　　　　　　　　　400 000

4．划转非财政拨款专项剩余资金

年末，将留归本单位使用的非财政拨款专项（项目已完成）剩余资金转入"非财政拨款结余"科目，借记"非财政拨款结转——累计结转"科目，贷记"非财政拨款结余"科目（结转转入）。

划转非财政拨款专项剩余资金时的账务处理如表 7-23 所示。

表 7-23 划转非财政拨款专项剩余资金时的账务处理

业务	财务会计处理	预算会计处理
将留归本单位使用的非财政拨款专项剩余资金转入非财政拨款结余	—	借：非财政拨款结转——累计结转 　　贷：非财政拨款结余——结转转入

7.4.3　其他结余

一、核算内容

　　"其他结余"科目用于核算单位本年度除财政拨款收支、非同级财政专项资金收支以外的各项收支相抵后的余额。年末结账后，"其他结余"科目应无余额。

　　行政单位根据核算需求需要设置明细科目。

二、年末结转预算收入及支出

　　1．业务概述

　　单位在每年年末进行账务处理时，需要对本年度发生的全部符合其他结余核算条件的收入、支出科目进行相应的结转，以反映单位本年度的其他结余的实际情况。

　　2．账务处理

　　年末，将非同级财政拨款预算收入、其他预算收入的本年发生额中的非专项资金收入的本年发生额转入"其他结余"科目，借记"非同级财政拨款预算收入""其他预算收入"科目下各非专项资金收入明细科目，贷记"其他结余"科目；将行政支出、其他支出的本年发生额中的非同级财政、非专项资金支出本年发生额转入"其他结余"科目，借记"其他结余"科目，贷记"行政支出""其他支出"科目下各非同级财政、非专项资金支出明细科目。

　　年末结转预算收入及支出时的账务处理如表 7-24 所示。

表 7-24　　　　　　　年末结转预算收入及支出时的账务处理

序号	业务	财务会计处理	预算会计处理
（1）	年末结转预算收入（除财政拨款收入、非同级财政专项收入以外）	—	借：非同级财政拨款预算收入 / 其他预算收入 [非专项资金收入部分] 　　贷：其他结余
（2）	年末结转预算支出（除同级财政拨款支出、非同级财政专项支出以外）	—	借：其他结余 　　贷：行政支出 / 其他支出 [非同级财政、非专项资金支出部分]

三、其他结余的年末转出

1. 业务概述及账务处理

单位将"其他结余"科目余额转入"非财政拨款结余——累计结余"科目。当"其他结余"科目为贷方余额时,借记"其他结余"科目,贷记"非财政拨款结余——累计结余"科目;当"其他结余"科目为借方余额时,借记"非财政拨款结余——累计结余"科目,贷记"其他结余"科目。

年末转出其他结余时的账务处理如表 7-25 所示。

表 7-25 年末转出其他结余时的账务处理

序号	业务	财务会计处理	预算会计处理
(1)	其他结余为贷方余额	—	借:其他结余 贷:非财政拨款结余——累计结余
(2)	其他结余为借方余额	—	借:非财政拨款结余——累计结余 贷:其他结余

2. 案例解析

【例 7-21】2×19 年年末,某行政单位的"其他预算收入"科目的贷方余额为 690 000 元(捐赠收入 100 000 元、利息收入 80 000 元、租金收入 500 000 元、其他收入 10 000 元);"其他支出"科目的贷方余额为 13 000 元(资产处置费用 8 000 元、其他费用 5 000 元)。该单位年末结转其他预算收支时的账务处理如下。

预算会计:

借:其他预算收入——捐赠收入   100 000

      ——利息收入   80 000

      ——租金收入   500 000

      ——其他收入   10 000

  贷:其他结余   690 000

借:其他结余   13 000

  贷:其他支出——资产处置费用   8 000

      ——其他费用   5 000

借:其他结余   677 000

  贷:非财政拨款结余——累计结余   677 000

第 8 章　政府财务报告和决算报告

8.1　年终清理结算和结账

年终清理结算和结账，是行政单位编报年度决算的重要环节，也是保证单位决算报表数字准确、真实、完整的一项基础工作。行政单位在年度终了前，应根据财政部门或上级主管部门的决算编报要求，对各项收支项目、往来款项、货币资金及财产物资进行全面的年终清理结算，并在此基础上进行年度结算、编报决算。

8.1.1　年终清理

年终清理是对单位全年预算资金收支、其他资金收支活动进行全面清查、核对、整理和结算的工作。对任何一个单位来说，年终清理都包括对本单位财产的全面清理及财务活动的总清理。

年终清理主要包括以下几方面工作。

1. 清理核对年度预算收支数字和预算领拨款数字

年终前，财政机关、上级单位和所属各单位之间，应当认真清理核对全年预算数。同时要逐笔清理核对上下级之间的预算拨款和预算缴款数字，按核定的预算或调整的预算，该拨付的拨付，该交回的交回，保证上下级之间的年度预算数、领拨款经费数和上缴、下拨数一致。

为了保证会计年度按公历年制划期，凡属本年的应拨、应交款项，必须在当年的 12 月 31 日前汇达对方。主管会计单位对所属各单位的预算拨款，截至当年的 12 月 25 日，逾期一般不再下拨。凡是预拨下年度的款项，应注明款项所属年度，以免造成跨年错账。

2. 清理核对各项收支款项

凡属本年的各项收入，都要及时入账。本年的各项应缴预算收入和应上缴上级的款项，要在年终前全部上缴。属于本年的各项支出，要按规定的支出渠道如实列报。年度单位支出决算，一律以基层用款单位截至 12 月 31 日的本年实际支出数为准，不得将年终前预拨下一年的预算拨款列入本年的支出，也不得以上级会计单位的拨款数代替基层会计单位的实际支出数。

3. 清理各项往来款项

对单位的各种暂存、暂付等往来款项，要按照"严格控制、及时结算"的原则，分类清理。对各项应收款和应付款，原则上不宜跨年度挂账，做到"人欠收回、欠人归还"；对外单位委托代办业务，凡托办业务已结束的，要及时向委托单位清算结报，委托单位不得以拨代支，受托单位不得以领代报。应转为各项收入和应列支出的往来款项，要及时转入有关收支账户，编入本年决算。对没有合法手续的各种往来款项，要查明原因并采取措施，该追回的追回，该退还的退还。

4. 清查货币资金和财产物资

年终要及时同开户银行对账。银行存款账面余额要同银行对账单的余额核对相符；现金的账面余额要同库存现金核对相符；有价证券的账面数字要同实存的有价证券核对相符。各种财产物资年终都必须全部入账，各单位应配备专人对全部财产物资进行全面的清查盘点。固定资产和材料的盘点结果和账面数如有差异，应在年终结账前查明原因，并按规定做出处理，调整账务，做到账账、账实相符。

8.1.2　年终结账

行政单位要在年终清理的基础上进行年终结账。各个账户核对无误后，先办理 12 月的月结工作，结出各账户的本月合计数和全年累计数，再以此为基础进行年终结账工作。年终结账工作包括年终转账、结清旧账和记入新账。

1. 年终转账

行政单位在确认全年发生的所有经济业务已经全部登记入账，经核对无误后，首先计算出各账户借方、贷方的 12 月的发生额和全年累计数，结出 12 月末余额；然后编制结账前的资产负债表。试算平衡后，行政单位结转各收支账户年终余额，根据各收支账户 12 月 31 日的余额填制记账凭证，按年终冲转办法办理冲转结账。

2. 结清旧账

结清旧账是指将上述处理年终转账业务的凭证内容记入各有关账户后，结出各账户借方和贷方的全年累计数及其余额，以结清旧账的过程。

3．记入新账

根据年终结账后各账户余额，编制年终决算的资产负债表和有关明细账户余额表，将表列各账户的余额数直接记入下一会计年度新建有关会计账簿的第一行余额栏内，并在摘要栏注明"上年结账"字样。

8.2　资产负债表

8.2.1　资产负债表概述

资产负债表是反映单位某一特定日期财务状况的报表，用于反映单位在某一特定日期的全部资产、负债和净资产的情况。

资产负债表是会计报表的重要组成部分，可以提供反映会计期末单位占有或使用的资源、承担的债务和形成的净资产情况的会计信息，进而反映单位的偿债能力和财务前景。单位应当定期编制资产负债表，披露单位在会计期末的财务状况。

行政单位的资产负债表由表首标题和报表主体构成。报表主体部分包括编报项目、栏目及金额。

1．表首标题

资产负债表的表首标题包括报表名称、编号（会政财 01 表）、编制单位、编表时间和金额单位等内容。资产负债表反映行政单位在某一时点的财务状况，属于静态报表，需要注明是某年某月某日的报表。按编报的时间的不同，资产负债表分为月度资产负债表和年度资产负债表。

2．报表主体

（1）编报项目。

资产负债表的编报项目包括资产、负债和净资产 3 个会计要素，按资产（左侧）与负债和净资产（右侧）排列，平衡等式为"资产 = 负债 + 净资产"。资产项目分别按流动资产、非流动资产排列；负债项目分别按流动负债、非流动负债排列；净资产项目分别按基金净资产、结转（余）净资产排列。

（2）栏目及金额。

资产负债表包括"期末余额"和"年初余额"两栏数字。"期末余额"栏的数额根据本期各账户的期末余额直接填列，或经过分析、计算后填列；"年初余额"栏的数额根据上年年末资产负债表"期末余额"栏内的数字填列。

8.2.2 填列说明

资产负债表的"年初余额"栏内各项数字，应当根据上年年末资产负债表"期末余额"栏内的数字填列。如果本年度资产负债表规定的各个项目的名称和内容同上年度的不一致，应当对上年年末资产负债表项目的名称和数字按照本年度的规定进行调整，将调整后的数字填入资产负债表的"年初余额"栏内。如果本年度单位发生了因前期差错更正、会计政策变更等调整以前年度盈余的事项，还应当对"年初余额"栏中的有关项目金额进行相应调整。资产负债表中的"资产总计"项目的期末（年初）余额应当与"负债和净资产总计"项目的期末（年初）余额相等。

1. 资产类项目

资产类项目反映单位占用或者使用的资产情况，一般根据会计账簿中资产类账户的期末借方余额直接填列、合并填列、分析填列。

（1）"货币资金"项目，反映单位期末库存现金、银行存款、零余额账户用款额度、其他货币资金的合计数。本项目应当根据"库存现金""银行存款""零余额账户用款额度""其他货币资金"科目的期末余额的合计数填列；单位若存在通过"库存现金""银行存款"科目核算的受托代理资产，还应当按照前述合计数扣减"库存现金""银行存款"科目下"受托代理资产"明细科目的期末余额后的金额填列。

（2）"财政应返还额度"项目，反映单位期末财政应返还额度的金额。本项目应当根据"财政应返还额度"科目的期末余额填列。

（3）"预付账款"项目，反映单位期末预付给商品或者劳务供应单位的款项。本项目应当根据"预付账款"科目的期末余额填列。

（4）"其他应收款净额"项目，反映单位期末尚未收回的其他应收款减去已计提的坏账准备后的净额。本项目应当根据"其他应收款"科目的期末余额减去"坏账准备"科目中对其他应收款计提的坏账准备的期末余额后的金额填列。

（5）"存货"项目，反映单位期末存储的存货的实际成本。本项目应当根据"在途物品""库存物品""加工物品"科目的期末余额的合计数填列。

（6）"待摊费用"项目，反映单位期末已经支出，但应当由本期和以后各期负担的分摊期在 1 年以内（含 1 年）的各项费用。本项目应当根据"待摊费用"科目的期末余额填列。

（7）"一年内到期的非流动资产"项目，反映单位期末非流动资产项目中将在 1 年内（含 1 年）到期的金额。

（8）"其他流动资产"项目，反映单位期末除上述各项之外的其他流动资产的合计金额。本项目应当根据有关科目的期末余额合计数填列。

（9）"流动资产合计"项目，反映单位期末流动资产的合计数。本项目应当根据本表中"货币资金""财政应返还额度""应收账款净额""预付账款""其他应收款净额""存货""待摊费用""一年内到期的非流动资产""其他流动资产"项目金额的合计数填列。

（10）"固定资产原值"项目，反映单位期末固定资产的原值，应当根据"固定资产"科目的期末余额填列。

"固定资产累计折旧"项目，反映单位期末固定资产已计提的累计折旧金额，应当根据"固定资产累计折旧"科目的期末余额填列。

"固定资产净值"项目，反映单位期末固定资产的账面价值，应当根据"固定资产"科目期末余额减去"固定资产累计折旧"科目期末余额后的金额填列。

（11）"工程物资"项目，反映单位期末为在建工程准备的各种物资的实际成本。本项目应当根据"工程物资"科目的期末余额填列。

（12）"在建工程"项目，反映单位期末所有的建设项目工程的实际成本。本项目应当根据"在建工程"科目的期末余额填列。

（13）"无形资产原值"项目，反映单位期末无形资产的原值，应当根据"无形资产"科目的期末余额填列。

"无形资产累计摊销"项目，反映单位期末无形资产已计提的累计摊销金额，应当根据"无形资产累计摊销"科目的期末余额填列。

"无形资产净值"项目，反映单位期末无形资产的账面价值，应当根据"无形资产"科目期末余额减去"无形资产累计摊销"科目期末余额后的金额填列。

（14）"研发支出"项目，反映单位期末正在进行的无形资产开发项目开发阶段发生的累计支出数。本项目应当根据"研发支出"科目的期末余额填列。

（15）"公共基础设施原值"项目，反映单位期末控制的公共基础设施的原值，应当根据"公共基础设施"科目的期末余额填列。

"公共基础设施累计折旧（摊销）"项目，反映单位期末控制的公共基础设施已计提的累计折旧和累计摊销金额，应当根据"公共基础设施累计折旧（摊销）"科目的期末余额填列。

"公共基础设施净值"项目，反映单位期末控制的公共基础设施的账面价值，应当根据"公共基础设施"科目期末余额减去"公共基础设施累计折旧（摊销）"科目期末余额后的金额填列。

（16）"政府储备物资"项目，反映单位期末控制的政府储备物资的实际成本。本项目应当根据"政府储备物资"科目的期末余额填列。

（17）"文物文化资产"项目，反映单位期末控制的文物文化资产的成本。本项目应当根据"文物文化资产"科目的期末余额填列。

（18）"保障性住房原值"项目，反映单位期末控制的保障性住房的原值，应当根据"保障性住房"科目的期末余额填列。

"保障性住房累计折旧"项目，反映单位期末控制的保障性住房已计提的累计折旧金额，应当根据"保障性住房累计折旧"科目的期末余额填列。

"保障性住房净值"项目，反映单位期末控制的保障性住房的账面价值，应当根据"保障性住房"科目期末余额减去"保障性住房累计折旧"科目期末余额后的金额填列。

（19）"长期待摊费用"项目，反映单位期末已经支出，但应由本期和以后各期负担的分摊期限在1年以上（不含1年）的各项费用。本项目应当根据"长期待摊费用"科目的期末余额填列。

（20）"待处理财产损溢"项目，反映单位期末尚未处理完毕的各种资产的净损失或净溢余。本项目应当根据"待处理财产损溢"科目的期末借方余额填列；如"待处理财产损溢"科目期末为贷方余额，以"-"号填列。

（21）"其他非流动资产"项目，反映单位期末除本表中上述各项之外的其他非流动资产的合计数。本项目应当根据有关科目的期末余额合计数填列。

（22）"非流动资产合计"项目，反映单位期末非流动资产的合计数。本项目应当根据本表中"固定资产净值""工程物资""在建工程""无形资产净值""研发支出""公共基础设施净值""政府储备物资""文物文化资产""保障性住房净值""长期待摊费用""待处理财产损溢""其他非流动资产"项目金额的合计数填列。

（23）"受托代理资产"项目，反映单位期末受托代理资产的价值。本项目应当根据"受托代理资产"科目的期末余额与"库存现金""银行存款"科目下"受托代理资产"明细科目的期末余额的合计数填列。

（24）"资产总计"项目，反映单位期末资产的合计数。本项目应当根据本表中"流动资产合计""非流动资产合计""受托代理资产"项目金额的合计数填列。

2. 负债类项目

负债类项目反映单位承担债务的情况，一般根据会计账簿中负债账户的期末贷方余额直接填列，或在分析债务的偿还期后填列。

（1）"应交增值税"项目，反映单位期末应缴未缴的增值税额。本项目应当根据"应交增值税"科目的期末余额填列；如"应交增值税"科目期末为借方余额，以"-"号填列。

（2）"其他应交税费"项目，反映单位期末应缴未缴的除增值税以外的税费金额。本项目应当根据"其他应交税费"科目的期末余额填列；如"其他应交税费"科目期末为借方余额，以"-"号填列。

（3）"应缴财政款"项目，反映单位期末应当上缴财政但尚未缴纳的款项。本项目应当根据"应缴财政款"科目的期末余额填列。

（4）"应付职工薪酬"项目，反映单位期末按有关规定应付给职工及为职工支付的各种薪酬。本项目应当根据"应付职工薪酬"科目的期末余额填列。

（5）"应付账款"项目，反映单位期末应当支付但尚未支付的偿还期限在 1 年以内（含 1 年）的应付账款的金额。本项目应当根据"应付账款"科目的期末余额填列。

（6）"应付政府补贴款"项目，反映负责发放政府补贴的行政单位期末按照规定应当支付给政府补贴接受者的各种政府补贴款余额。本项目应当根据"应付政府补贴款"科目的期末余额填列。

（7）"其他应付款"项目，反映单位期末其他各项偿还期限在 1 年内（含 1 年）的应付及暂收款项余额。本项目应当根据"其他应付款"科目的期末余额填列。

（8）"预提费用"项目，反映单位期末已预先提取的已经发生但尚未支付的各项费用。本项目应当根据"预提费用"科目的期末余额填列。

（9）"一年内到期的非流动负债"项目，反映单位期末将于1年内（含1年）偿还的非流动负债的余额。本项目应当根据"长期应付款"等科目的明细科目的期末余额分析填列。

（10）"其他流动负债"项目，反映单位期末除本表中上述各项之外的其他流动负债的合计数。本项目应当根据有关科目的期末余额的合计数填列。

（11）"流动负债合计"项目，反映单位期末流动负债合计数。本项目应当根据本表"应交增值税""其他应交税费""应缴财政款""应付职工薪酬""应付账款""应付政府补贴款""其他应付款""预提费用""一年内到期的非流动负债""其他流动负债"项目金额的合计数填列。

（12）"长期应付款"项目，反映单位期末长期应付款的余额。本项目应当根据"长期应付款"科目的期末余额减去其中将于1年内（含1年）到期的长期应付款余额后的金额填列。

（13）"预计负债"项目，反映单位期末已确认但尚未偿付的预计负债的余额。本项目应当根据"预计负债"科目的期末余额填列。

（14）"其他非流动负债"项目，反映单位期末除本表中上述各项之外的其他非流动负债的合计数。本项目应当根据有关科目的期末余额合计数填列。

（15）"非流动负债合计"项目，反映单位期末非流动负债合计数。本项目应当根据本表中"长期应付款""预计负债""其他非流动负债"项目金额的合计数填列。

（16）"受托代理负债"项目，反映单位期末受托代理负债的金额。本项目应当根据"受托代理负债"科目的期末余额填列。

（17）"负债合计"项目，反映单位期末负债的合计数。本项目应当根据本表中"流动负债合计""非流动负债合计""受托代理负债"项目金额的合计数填列。

3. 净资产类项目

净资产类项目反映单位净资产金额的情况，一般根据会计账簿中净资产账户的期末贷方余额直接填列。

（1）"累计盈余"项目，反映单位期末未分配盈余（或未弥补亏损）以及无偿调拨净资产变动的累计数。本项目应当根据"累计盈余"科目的期末余额填列。

（2）"无偿调拨净资产"项目，反映单位本年度截至报告期期末无偿调入的非现金资产价值扣减无偿调出的非现金资产价值后的净值。本项目仅在月度报表中列示，年度报表中不列示。月度报表中本项目应当根据"无偿调拨净资产"科目的期末余额填列；"无偿调拨净资产"科目期末为借方余额时，以"－"号填列。

（3）"本期盈余"项目，反映单位本年度截至报告期期末实现的累计盈余或亏损。本项目仅在月度报表中列示，在年度报表中不列示。月度报表中本项目应当根据"本期盈余"科目的期末余额填列；"本期盈余"科目期末为借方余额时，以"－"号填列。

（4）"净资产合计"项目，反映单位期末净资产合计数。本项目应当根据本表中"累计盈余""无偿调拨净资产"（月度报表）"本期盈余"（月度报表）项目金额的合计数填列。

（5）"负债和净资产总计"项目，应当按照本表中"负债合计""净资产合计"项目金额的合计数填列。

8.2.3　案例分析

【例 8-1】2×20 年 12 月 31 日，某行政单位结账后，各资产、负债和净资产类会计科目及其余额如表 8-1 所示。据此编制该单位的资产负债表。

表 8-1　　　　　　　　　　　　　　科目余额表

2×20 年 12 月 31 日　　　　　　　　　　　　　　单位：元

资产	借方余额	负债和净资产	贷方余额
库存现金	3 500	应交增值税	0
银行存款	161 500	其他应交税费	0
零余额账户用款额度	0	应缴财政款	0
财政应返还额度	36 000	应付职工薪酬	0
应收账款	40 000	应付账款	9 500
预付账款	13 000	应付政府补贴款	1 219 500

续表

资产	借方余额	负债和净资产	贷方余额
其他应收款	4 500	其他应付款	3 500
存货	331 000	长期应付款	0
固定资产	1 957 500	累计盈余	1 106 000
固定资产累计折旧	−507 500		
在建工程	86 000		
无形资产	266 000		
无形资产累计摊销	−53 000		
合计	2 338 500	合计	2 338 500

12月31日编制的资产负债表为年末资产负债表时，"年初余额"栏内的各项数字，应当根据上年年末资产负债表"期末余额"栏内的数字填列。"期末余额"栏内的各项数字根据各账户的期末余额直接填列、合并填列或分析填列。主要项目的填列说明如下。

（1）货币资金项目。

货币资金的数额为库存现金、银行存款和零余额账户用款额度的合计数。

货币资金 =3 500+161 500+0=165 000（元）

（2）固定资产净值、无形资产净值项目。

固定资产净值、无形资产净值按扣除累计折旧、累计摊销的数额填列。

固定资产净值 =1 957 500−507 500=1 450 000（元）

无形资产净值 =266 000−53 000=213 000（元）

（3）其他项目。

其他各项目均可根据各账户的期末余额直接填列。资产总计、负债合计、净资产合计等项目的数额按其内容汇总后填列。编制完成的年度资产负债表见表8-2。

表 8-2　　　　　　　　　　　　　　**资产负债表**

会政财 01 表

编制单位：×××　　　　　　　　2×20 年 12 月 31 日　　　　　　　　　　　单位：元

资产	期末余额	年初余额	负债和净资产	期末余额	年初余额
流动资产：			流动负债：		
货币资金	165 000	142 000	应交增值税	0	0
财政应返还额度	36 000	21 000	其他应交税费	0	0
应收账款净额	40 000	60 000	应缴财政款	0	0
预付账款	13 000	6 000	应付职工薪酬	0	0
其他应收款净额	4 500	3 000	应付账款	9 500	5 000
存货	331 000	323 500	应付政府补贴款	1 219 500	1 047 500
待摊费用	0	0	其他应付款	3 500	3 000
一年内到期的非流动资产	0	0	预提费用	0	0
其他流动资产	0	0	一年内到期的非流动负债	0	0
流动资产合计	589 500	555 500	其他流动负债	0	0
非流动资产：			流动负债合计	1 232 500	1 055 500
固定资产原值	1 957 500	1 512 000	非流动负债：		
减：固定资产累计折旧	507 500	392 000	长期应付款	0	0
固定资产净值	1 450 000	1 120 000	预计负债	0	0
工程物资	0	0	其他非流动负债	0	0
在建工程	86 000	150 000	非流动负债合计	0	0
无形资产原值	266 000	287 500	受托代理负债	0	0
减：无形资产累计摊销	53 000	57 500	负债合计	1 232 500	1 055 500
无形资产净值	213 000	230 000			
研发支出	0	0			
公共基础设施原值	0	0			
减：公共基础设施累计折旧（摊销）	0	0			

资产	期末余额	年初余额	负债和净资产	期末余额	年初余额
公共基础设施净值	0	0			
政府储备物资	0	0			
文物文化资产	0	0			
保障性住房原值	0	0			
减：保障性住房累计折旧	0	0			
保障性住房净值	0	0			
长期待摊费用	0	0	净资产：		
待处置资产损溢	0	0	累计盈余	1 106 000	1 000 000
其他非流动资产	0	0	无偿调拨净资产	—	
非流动资产合计	1 749 000	1 500 000	本期盈余	—	
受托代理资产	0	0	净资产合计	1 106 000	1 000 000
资产总计	2 338 500	2 055 500	负债和净资产总计	2 338 500	2 055 500

8.3　收入费用表

8.3.1　收入费用表概述

收入费用表是反映单位在某一会计期间内发生的收入、费用及当期盈余情况的报表。收入费用表是单位会计报表的重要组成部分，可以提供一定时期单位收入总额及构成情况、费用总额及构成情况，以及盈余及其分配内容的会计信息。单位应当定期编制收入费用表，披露单位在一定会计期间的业务活动成果。

单位的收入费用表由表首标题和报表主体构成。报表主体部分包括编报项目、栏目及金额。

1. 表首标题

收入费用表的表首标题包括报表名称、编号（会政财 02 表）、编制单位、编表时间和金额单位等内容。由于收入费用表反映单位在某一时期的业务活动成果，属于动态报表，需要注明报表所属的期间，如××××年××月、××××年度等。按编报时间的不同，收入费用表分为月度收入费用表和年度收入费用表。

2．报表主体

（1）编报项目。

收入费用表应当按照收入、费用的构成和盈余分配情况分别列示，按本期收入、本期费用和本期盈余等项目分层次排列。

（2）栏目及金额。

月度收入费用表由"本月数"和"本年累计数"两栏组成，年度收入费用表由"上年数"和"本年数"两栏组成。收入费用表的各栏数额，应当根据相关收支账户的"本月合计数"和"本年累计数"的发生额填列，或经过计算、分析后填列。

8.3.2　填列说明

收入费用表反映单位在某一会计期间内发生的收入、费用及当期盈余情况。

本表"本月数"栏反映各项目的本月实际发生数。编制年度收入费用表时，应当将"本月数"栏改为"本年数"，反映本年度各项目的实际发生数。

本表"本年累计数"栏反映各项目自年初至报告期期末的累计实际发生数。编制年度收入费用表时，应当将"本年累计数"栏改为"上年数"，反映上年度各项目的实际发生数，"上年数"栏应当根据上年度收入费用表中"本年数"栏内所列数字填列。

如果本年度收入费用表规定的项目的名称和内容同上年度的不一致，应当对上年度收入费用表项目的名称和数字按照本年度的规定进行调整，将调整后的金额填入本年度收入费用表的"上年数"栏内。

如果本年度单位发生了因前期差错更正、会计政策变更等调整以前年度盈余的事项，还应当对年度收入费用表中"上年数"栏中的有关项目金额进行相应调整。

1．本期收入

（1）"本期收入"项目，反映单位本期收入总额。本项目应当根据本表中"财政拨款收入""非同级财政拨款收入""捐赠收入""利息收入""租金收入""其他收入"项目金额的合计数填列。

（2）"财政拨款收入"项目，反映单位本期从同级政府财政部门取得的各类财政拨款，应当根据"财政拨款收入"科目的本期发生额填列。

"政府性基金收入"项目，反映单位本期取得的财政拨款收入中属于政府性基金预算拨款的金额，应当根据"财政拨款收入"相关明细科目的本期发生额填列。

（3）"非同级财政拨款收入"项目，反映单位本期从非同级政府财政部门取得的财政拨款。本项目应当根据"非同级财政拨款收入"科目的本期发生额填列。

（4）"捐赠收入"项目，反映单位本期接受捐赠取得的收入。本项目应当根据"捐赠收入"科目的本期发生额填列。

（5）"利息收入"项目，反映单位本期取得的银行存款利息收入。本项目应当根据"利息收入"科目的本期发生额填列。

（6）"租金收入"项目，反映单位本期经批准利用国有资产出租取得并按规定纳入本单位预算管理的租金收入。本项目应当根据"租金收入"科目的本期发生额填列。

（7）"其他收入"项目，反映单位本期取得的除以上收入项目外的其他收入的总额。本项目应当根据"其他收入"科目的本期发生额填列。

2. 本期费用

（1）"本期费用"项目，反映单位本期费用总额。本项目应当根据本表中"业务活动费用""资产处置费用""其他费用"项目金额的合计数填列。

（2）"业务活动费用"项目，反映单位本期为实现其职能目标，依法履职或开展专业业务活动及其辅助活动所发生的各项费用。本项目应当根据"业务活动费用"科目的本期发生额填列。

（3）"资产处置费用"项目，反映单位本期经批准处置资产时转销的资产价值以及在处置过程中发生的相关费用或者处置收入小于处置费用形成的净支出。本项目应当根据"资产处置费用"科目的本期发生额填列。

（4）"其他费用"项目，反映单位本期发生的除以上费用项目外的其他费用的总额。本项目应当根据"其他费用"科目的本期发生额填列。

3. 本期盈余

"本期盈余"项目，反映单位本期收入扣除本期费用后的净额。本项目应当根据本表中"本期收入"项目金额减去"本期费用"项目金额后的金额填列；如为负数，以"-"号填列。

8.3.3　案例分析

【例8-2】某行政单位2×20年收入、费用类科目的发生额见表8-3。该单位无所得税缴纳义务。

表 8-3　　　　　　　　　　收入、费用类科目的发生额

2×20 年度　　　　　　　　　　　　　　　单位：元

费用类	本年累计数	收入类	本年累计数
业务活动费用	11 000 000	财政拨款收入	12 500 000
资产处置费用	280 000	其中：政府性基金收入	12 500 000
其他费用	60 000	非同级财政拨款收入	200 000
		捐赠收入	75 000
		利息收入	20 000
		租金收入	20 000
		其他收入	144 000
费用合计	11 340 000	收入合计	12 959 000

编制该行政单位的2×20年度收入费用表时，省略了"上年数"这一栏的数字。"本年数"这一栏的主要项目的填列说明如下。

1.本期收入

本期收入 =12 500 000+200 000+75 000+20 000+20 000+144 000=12 959 000（元）

2.本期费用

本期费用 =11 000 000+280 000+60 000=11 340 000（元）

3.本期盈余

本期盈余 =12 959 000-11 340 000=1 619 000（元）

编制的该行政单位2×20年度收入费用表见表8-4。

表 8-4　　　　　　　　　　收入费用表

会政财 02 表

编制单位：×××　　　　　　　2×20 年度　　　　　　　　单位：元

项目	本年数	上年数（略）
一、本期收入	12 959 000	
（一）财政拨款收入	12 500 000	
其中：政府性基金收入	12 500 000	
（二）非同级财政拨款收入	200 000	
（三）捐赠收入	75 000	
（四）利息收入	20 000	
（五）租金收入	20 000	
（六）其他收入	144 000	
二、本期费用	11 340 000	
（一）业务活动费用	11 000 000	
（二）资产处置费用	280 000	
（三）其他费用	60 000	
三、本期盈余	1 619 000	

8.4　净资产变动表

8.4.1　净资产变动表概述

净资产变动表是反映单位在某一会计年度内净资产项目变动情况的报表。

净资产变动表是单位会计报表的重要组成部分，可以反映一定时期单位净资产各个组成项目金额的变动情况。单位应当定期编制净资产变动表，披露单位在一定会计期间的资产结存状况。

单位的净资产变动表由表首标题和报表主体构成。报表主体部分包括编报项目、栏目及金额。

1．表首标题

净资产变动表的表首标题包括报表名称、编号（会政财 03 表）、编制单位、编表时间和金额单位等内容。由于净资产变动表反映单位在某一时期的资产结存情况，属于动态报表，需要注明报表所属的期间，如 ×××× 年度等。

2．报表主体

（1）编报项目。

净资产变动表应当按本年数、上年数分项列示，按上年年末余额、以前年度盈余调整、本年年初余额、本年变动金额和本年年末余额等项目分层次排列。

（2）栏目及金额。

年度净资产变动表由"本年数"和"上年数"两栏组成。净资产变动表的各栏数额，应当根据相关账户的"上年数"和"本年数"的发生额填列，或经过计算、分析后填列。

8.4.2　填列说明

净资产变动表"本年数"栏反映本年度各项目的实际变动数。本表"上年数"栏反映上年度各项目的实际变动数，应当根据上年度净资产变动表中"本年数"栏内所列数字填列。如果上年度净资产变动表规定的项目的名称和内容与本年度的不一致，应对上年度净资产变动表项目的名称和数字按照本年度的规定进行调整，将调整后的金额填入本年度净资产变动表"上年数"栏内。

（1）"上年年末余额"行，反映单位净资产各项目上年年末的余额。本行各项目应当根据"累计盈余"科目上年年末余额填列。

（2）"以前年度盈余调整"行，反映单位本年度调整以前年度盈余的事项对累计盈余进行调整的金额。本行"累计盈余"项目应当根据本年度"以前年度盈余调整"科目转入"累计盈余"科目的金额填列；如调整减少累计盈余，以"-"号填列。

（3）"本年年初余额"行，反映经过以前年度盈余调整后，单位净资产各项目的本年年初余额。本行"累计盈余"项目应当根据其各自在"上年年末余额"和"以前年度盈余调整"行对应项目金额的合计数填列。

（4）"本年变动金额"行，反映单位净资产各项目本年变动总金额。本行"累计盈余"项目应当根据其在"本年盈余""无偿调拨净资产""归集调整预算结转结余"行对应项目金额的合计数填列。

（5）"本年盈余"行，反映单位本年发生的收入、费用对净资产的影响。本行"累计盈余"项目应当根据年末由"本期盈余"科目转入"本年盈余分配"科目的金额填列；如转入时借记"本年盈余分配"科目，则以"–"号填列。

（6）"无偿调拨净资产"行，反映单位本年无偿调入、调出非现金资产事项对净资产的影响。本行"累计盈余"项目应当根据年末由"无偿调拨净资产"科目转入"累计盈余"科目的金额填列；如转入时借记"累计盈余"科目，则以"–"号填列。

（7）"归集调整预算结转结余"行，反映单位本年财政拨款结转结余资金归集调入、归集上缴或调出，以及非财政拨款结转资金缴回对净资产的影响。本行"累计盈余"项目应当根据"累计盈余"科目明细账记录分析填列；如归集调整减少预算结转结余，则以"–"号填列。

（8）"本年年末余额"行，反映单位本年各净资产项目的年末余额。本行"累计盈余"项目应当根据其在"本年年初余额""本年变动金额"行对应项目金额的合计数填列。

（9）本表各行"净资产合计"项目，应当根据所在行"累计盈余"项目金额的合计数填列。

8.4.3　案例分析

【例8-3】某行政单位2×20年运营增加的累计盈余为106 000元，其中，本年盈余增加100 000元，无偿调拨净资产增加6 000元。该单位上年年末累计盈余1 000 000元，净资产合计1 000 000元，本年未进行以前年度盈余调整。据此编制的该单位净资产变动表如表8-5所示。

表 8-5 净资产变动表

会政财 03 表

编制单位：×××　　　　　　　　2×20 年　　　　　　　　　　单位：元

项目	本年数		上年数（略）	
	累计盈余	净资产合计	累计盈余	净资产合计
一、上年年末余额	1 000 000	1 000 000		
二、以前年度盈余调整（减少以 "-" 号填列）	0	0		
三、本年年初余额	1 000 000	1 000 000		
四、本年变动金额（减少以 "-" 号填列）	106 000	106 000		
（一）本年盈余	100 000	100 000		
（二）无偿调拨净资产	6 000	6 000		
（三）归集调整预算结转结余	0	0		
五、本年年末余额	1 106 000	1 106 000		

8.5　现金流量表

8.5.1　现金流量表概述

现金流量表是反映单位在某一会计年度内现金流入和流出情况的报表。

现金流量表是单位会计报表的重要组成部分，可以提供一定时期单位现金流入流出情况的会计信息。单位应当定期编制现金流量表，披露单位在一定会计期间的现金流入流出情况。

单位的现金流量表由表首标题和报表主体构成。报表主体部分包括编报项目、栏目及金额。

1. 表首标题

现金流量表的表首标题包括报表名称、编号（会政财 04 表）、编制单位、编表时间和金额单位等内容。由于现金流量表反映单位在某一时期的现金流入流出情况，属于动态报表，需要注明报表所属的期间，如 ×××× 年度等。

2. 报表主体

（1）编报项目。

现金流量表应当按照日常活动产生的现金流量、投资活动产生的现金流量和筹资活动产生的现金流量等项目分层次排列。

（2）栏目及金额。

年度现金流量表由"本年金额"和"上年金额"两栏组成。现金流量表的各栏数额，应当根据相关账户的"上年金额"和"本年金额"的发生额填列，或经过计算、分析后填列。

8.5.2 填列说明

现金流量表反映行政单位在某一会计年度内现金流入和流出的信息。

现金流量表所指的现金，是指单位的库存现金以及其他可以随时用于支付的款项，包括库存现金、可以随时用于支付的银行存款、其他货币资金、零余额账户用款额度、财政应返还额度，以及通过财政直接支付方式支付的款项。

现金流量表应当按照日常活动、投资活动、筹资活动的现金流量分别反映。本表所指的现金流量，是指现金的流入和流出。

本表"本年金额"栏反映各项目的本年实际发生数；"上年金额"栏反映各项目的上年实际发生数，应当根据上年现金流量表中"本年金额"栏内所列数字填列。

行政单位应当采用直接法编制现金流量表。

1. 日常活动产生的现金流量

（1）"财政基本支出拨款收到的现金"项目，反映单位本年接受财政基本支出拨款取得的现金。本项目应当根据"零余额账户用款额度""财政拨款收入""银行存款"等科目及其所属明细科目的记录分析填列。

（2）"财政非资本性项目拨款收到的现金"项目，反映单位本年接受除用于购建固定资产、无形资产、公共基础设施等资本性项目以外的财政项目拨款取得的现金。本项目应当根据"银行存款""零余额账户用款额度""财政拨款收入"等科目及其所属明细科目的记录分析填列。

（3）"收到的其他与日常活动有关的现金"项目，反映单位本年收到的除以上项目之外的与日常活动有关的现金。本项目应当根据"库存现金""银行存款""其他货币资金""非同级财政拨款收入""捐赠收入""利息收入""租金收入""其他收入"等科目及其所属明细科目的记录分析填列。

（4）"日常活动的现金流入小计"项目，反映单位本年日常活动产生的现金流入的合计数。本项目应当根据本表中"财政基本支出拨款收到的现金""财政非资本性项目拨款收到的现金""收到的其他与日常活动有关的现金"项目金额的合计数填列。

（5）"购买商品、接受劳务支付的现金"项目，反映单位本年在日常活动中用于购买商品、接受劳务支付的现金。本项目应当根据"库存现金""银行存款""财政拨款收入""零余额账户用款额度""预付账款""在途物品""库存物品""应付账款""业务活动费用"等科目及其所属明细科目的记录分析填列。

（6）"支付给职工以及为职工支付的现金"项目，反映单位本年支付给职工以及为职工支付的现金。本项目应当根据"库存现金""银行存款""零余额账户用款额度""财政拨款收入""应付职工薪酬""业务活动费用"等科目及其所属明细科目的记录分析填列。

（7）"支付的各项税费"项目，反映单位本年用于缴纳日常活动相关税费而支付的现金。本项目应当根据"库存现金""银行存款""零余额账户用款额度""应交增值税""其他应交税费""业务活动费用"等科目及其所属明细科目的记录分析填列。

（8）"支付的其他与日常活动有关的现金"项目，反映单位本年支付的除上述项目之外与日常活动有关的现金。本项目应当根据"库存现金""银行存款""零余额账户用款额度""财政拨款收入""其他应付款""业务活动费用""其他费用"等科目及其所属明细科目的记录分析填列。

（9）"日常活动的现金流出小计"项目，反映单位本年日常活动产生的现金流出的合计数。本项目应当根据本表中"购买商品、接受劳务支付的现金""支付给职工以及为职工支付的现金""支付的各项税费""支付的其他与日常活动有关的现金"项目金额的合计数填列。

（10）"日常活动产生的现金流量净额"项目，应当按照本表中"日常活动的现金流入小计"项目金额减去"日常活动的现金流出小计"项目金额后的金额填列；如为负数，以"－"号填列。

2．投资活动产生的现金流量

（1）"处置固定资产、无形资产、公共基础设施等收回的现金净额"项目，反映单位本年处置固定资产、无形资产、公共基础设施等非流动资产所取得的现金，减去为处置这些资产而支付的有关费用之后的净额。由自然灾害所造成的固定资产等长期资产损失而收到的保险赔款收入，也在本项目中反映。本项目应当根据"库存现金""银行存款""待处理财产损溢"等科目的记录分析填列。

（2）"收到的其他与投资活动有关的现金"项目，反映单位本年收到的除上述项目之外与投资活动有关的现金。对于金额较大的现金流入，应当单列项目反映。本项目应当根据"库存现金""银行存款"等有关科目的记录分析填列。

（3）"投资活动的现金流入小计"项目，反映单位本年投资活动产生的现金流入的合计数。本项目应当根据本表中"处置固定资产、无形资产、公共基础设施等收回的现金净额""收到的其他与投资活动有关的现金"项目金额的合计数填列。

（4）"购建固定资产、无形资产、公共基础设施等支付的现金"项目，反映单位本年购买和建造固定资产、无形资产、公共基础设施等非流动资产所支付的现金；融资租入固定资产支付的租赁费不在本项目中反映，而在筹资活动的现金流量中反映。本项目应当根据"库存现金""银行存款""固定资产""工程物资""在建工程""无形资产""研发支出""公共基础设施""保障性住房"等科目的记录分析填列。

（5）"上缴处置固定资产、无形资产、公共基础设施等净收入支付的现金"项目，反映本年单位将处置固定资产、无形资产、公共基础设施等非流动资产所收回的现金净额予以上缴财政所支付的现金。本项目应当根据"库存现金""银行存款""应缴财政款"等科目的记录分析填列。

（6）"支付的其他与投资活动有关的现金"项目，反映单位本年支付的除上述项目之外与投资活动有关的现金。对于金额较大的现金流出，应当单列项目反映。本项目应当根据"库存现金""银行存款"等有关科目的记录分析填列。

（7）"投资活动的现金流出小计"项目，反映单位本年投资活动产生的现金流出的合计数。本项目应当根据本表中"购建固定资产、无形资产、公共基础设施等支付的现金""上缴处置固定资产、无形资产、公共基础设施等净收入支付的现金""支付的其他与投资活动有关的现金"项目金额的合计数填列。

（8）"投资活动产生的现金流量净额"项目，应当按照本表中"投资活动的现金流入小计"项目金额减去"投资活动的现金流出小计"项目金额后的金额填列；如为负数，以"－"号填列。

3．筹资活动产生的现金流量

（1）"财政资本性项目拨款收到的现金"项目，反映单位本年接受用于购建固定资产、无形资产、公共基础设施等资本性项目的财政项目拨款取得的现金。本项目应当根据"银行存款""零余额账户用款额度""财政拨款收入"等科目及其所属明细科目的记录分析填列。

（2）"收到的其他与筹资活动有关的现金"项目，反映单位本年收到的除上述项目之外与筹资活动有关的现金。对于金额较大的现金流入，应当单列项目反映。本项目应当根据"库存现金""银行存款"等有关科目的记录分析填列。

（3）"筹资活动的现金流入小计"项目，反映单位本年筹资活动产生的现金流入的合计数。本项目应当根据本表中"财政资本性项目拨款收到的现金""收到的其他与筹资活动有关的现金"项目金额的合计数填列。

（4）"支付的其他与筹资活动有关的现金"项目，反映单位本年支付的除上述项目之外与筹资活动有关的现金，如融资租入固定资产所支付的租赁费等。本项目应当根据"库存现金""银行存款""长期应付款"等科目的记录分析填列。

（5）"筹资活动的现金流出小计"项目，反映单位本年筹资活动产生的现金流出的合计数。本项目应当根据本表中"支付的其他与筹资活动有关的现金"项目金额的合计数填列。

（6）"筹资活动产生的现金流量净额"项目，应当按照本表中"筹资活动的现金流入小计"项目金额减去"筹资活动的现金流出小计"项目金额后的金额填列；如为负数，以"－"号填列。

4．"汇率变动对现金的影响额"项目

"汇率变动对现金的影响额"项目反映单位本年外币现金流量折算为人民币时，所采用的现金流量发生日的汇率折算的人民币金额与外币现金流量净额按期末汇率折算的人民币金额之间的差额。

5．"现金净增加额"项目

"现金净增加额"项目反映单位本年现金变动的净额。本项目应当根据本表中"日常活动产生的现金流量净额""投资活动产生的现金流量净额""筹资活动产生的现金流量净额"和"汇率变动对现金的影响额"项目金额的合计数填列；如为负数，以"－"号填列。

8.5.3 案例分析

【例8-4】某行政单位2×20年与日常活动、投资活动、筹资活动相关的主要事项及其相关资料如表8-6所示。该单位无汇率变动影响。

表8-6 与日常活动、投资活动、筹资活动相关的事项的发生额

2×20年

单位：元

日期	摘要	借	贷	现金流入	现金流出
2月1日	支付工资		11 000		支付给职工以及为职工支付的现金
2月3日	提现		800		
3月4日	财政基本拨款	100 000		财政基本支出拨款收到的现金	
3月4日	购买固定资产		3 000		购建固定资产、无形资产、公共基础设施等支付的现金
3月7日	财政非资本性项目拨款	200 000		财政非资本性项目拨款收到的现金	
3月10日	购买商品		10 600		购买商品、接受劳务支付的现金
4月1日	支付工资		11 000		支付给职工以及为职工支付的现金
4月5日	收到3月应收款项	1 030		收到的其他与日常活动有关的现金	
4月6日	支付税金		420		支付的各项税费
4月8日	进行公共基础设施投资		5 000		购建固定资产、无形资产、公共基础设施等支付的现金
5月1日	支付工资		11 000		支付给职工以及为职工支付的现金

日期	摘要	借	贷	现金流入	现金流出
5 月 2 日	为职工购买计算机		2 600		支付给职工以及为职工支付的现金
5 月 3 日	处置专利权	30 000		处置固定资产、无形资产、公共基础设施等收回的现金净额	
5 月 10 日	上缴处置专利权净收入		3 000		上缴处置固定资产、无形资产、公共基础设施等净收入支付的现金
5 月 15 日	收到财政资本性项目拨款	10 000		财政资本性项目拨款收到的现金	

编制该单位的 2×20 年现金流量表时，省略了"上年金额"这一列的数字。"本年金额"这一列的主要项目的填列说明如下。

（1）日常活动的现金流入。

日常活动的现金流入 =100 000+200 000+1 030=301 030（元）

（2）日常活动的现金流出。

日常活动的现金流出 =11 000+10 600+11 000+420+11 000+2 600=46 620（元）

（3）日常活动产生的现金流量净额。

本年日常活动产生的现金流量净额 =301 030−46 620=254 410（元）

（4）投资活动的现金流入。

投资活动的现金流入 =30 000（元）

（5）投资活动的现金流出。

投资活动的现金流出 =3 000+5 000+3 000=11 000（元）

（6）投资活动产生的现金流量净额。

投资活动产生的现金流量净额 =30 000−11 000=19 000（元）

（7）筹资活动的现金流入。

筹资活动的现金流入 =10 000（元）

（8）筹资活动的现金流出。

筹资活动的现金流出 =0（元）

（9）筹资活动产生的现金流量净额。

筹资活动产生的现金流量净额 =10 000-0=10 000（元）

编制完成的行政单位2×20年度现金流量表见表8-7。

表 8-7　　　　　　　　　　　　　现金流量表

会政财 04 表

编制单位：×××　　　　　　　　2×20年度　　　　　　　　　单位：元

项目	本年金额	上年金额(略)
一、日常活动产生的现金流量：		
财政基本支出拨款收到的现金	100 000	
财政非资本性项目拨款收到的现金	200 000	
收到的其他与日常活动有关的现金	1 030	
日常活动的现金流入小计	301 030	
购买商品、接受劳务支付的现金	10 600	
支付给职工以及为职工支付的现金	35 600	
支付的各项税费	420	
支付的其他与日常活动有关的现金	0	
日常活动的现金流出小计	46 620	
日常活动产生的现金流量净额	254 410	
二、投资活动产生的现金流量：		
处置固定资产、无形资产、公共基础设施等收回的现金净额	30 000	
收到的其他与投资活动有关的现金	0	
投资活动的现金流入小计	30 000	
购建固定资产、无形资产、公共基础设施等支付的现金	8 000	
上缴处置固定资产、无形资产、公共基础设施等净收入支付的现金	3 000	
支付的其他与投资活动有关的现金	0	
投资活动的现金流出小计	11 000	
投资活动产生的现金流量净额	19 000	
三、筹资活动产生的现金流量：		

项目	本年金额	上年金额(略)
财政资本性项目拨款收到的现金	10 000	
收到的其他与筹资活动有关的现金	0	
筹资活动的现金流入小计	10 000	
支付的其他与筹资活动有关的现金	0	
筹资活动的现金流出小计	0	
筹资活动产生的现金流量净额	10 000	
四、汇率变动对现金的影响额	0	
五、现金净增加额	283 410	

8.6　附注

8.6.1　附注概述

附注是对在会计报表中列示的项目所做的进一步说明，以及对未能在会计报表中列示项目的说明。附注是财务报表的重要组成部分。凡对报表使用者的决策有重要影响的会计信息，不论《政府会计制度》是否有明确规定，行政单位均应当充分披露。

附注主要包括下列内容。

1．单位的基本情况

单位应当简要披露其基本情况，包括单位主要职能、主要业务活动、所在地、预算管理关系等。

2．会计报表编制基础

财务报表的编制基础是指财务报表是在持续经营基础上还是非持续经营基础上编制的。政府和行政事业单位一般是在持续经营基础上编制财务报表，清算、破产属于非持续经营基础。政府和行政事业单位应当以文字和数字描述相结合的方式披露报表重要项目的构成或当期增减变动情况，并且报表重要项目的明细金额合计应当与报表项目金额相衔接。

3. 遵循政府会计准则、制度的声明

单位应当遵循《中华人民共和国会计法》《会计基础工作规范》《会计档案管理办法》《行政事业单位内部控制规范（试行）》等规定执行会计机构设置、会计人员配备、会计基础工作、会计档案管理、内部控制、会计报告编制工作。

4. 重要会计政策和会计估计

单位应当采用与其业务特点相适应的具体会计政策，并充分披露报告期内采用的重要会计政策和会计估计，主要包括以下内容。

（1）会计期间。

（2）记账本位币，外币折算汇率。

（3）坏账准备的计提方法。

（4）存货类别、发出存货的计价方法、存货的盘存制度，以及低值易耗品和包装物的摊销方法。

（5）固定资产分类、折旧方法、折旧年限和年折旧率；融资租入固定资产的计价和折旧方法。

（6）无形资产的计价方法；使用寿命有限的无形资产，其使用寿命估计情况；使用寿命不确定的无形资产，其使用寿命不确定的判断依据；单位内部研究开发项目划分研究阶段和开发阶段的具体标准。

（7）公共基础设施的分类、折旧（摊销）方法、折旧（摊销）年限，以及其确定依据。

（8）政府储备物资分类，以及确定其发出成本所采用的方法。

（9）保障性住房的分类、折旧方法、折旧年限。

（10）其他重要的会计政策和会计估计。

（11）本期发生重要会计政策和会计估计变更的，变更的内容和原因、受其重要影响的报表项目名称和金额、相关审批程序，以及会计估计变更开始适用的时点。

8.6.2 会计报表重要项目的说明

单位应当按照资产负债表和收入费用表项目列示顺序，采用文字和数据描述相结合的方式披露重要项目的明细信息。报表重要项目的明细金额合计，应当与报表项目金额相衔接。报表重要项目说明应包括但不限于下列内容。

（1）货币资金的披露格式如表 8-8 所示。

表 8-8   货币资金的披露格式

单位：元

项目	期末余额	年初余额
库存现金		
银行存款		
其他货币资金		
合计		

（2）应收账款按照债务人类别披露的格式如表 8-9 所示。

表 8-9   应收账款按照债务人类别披露的格式

单位：元

债务人类别	期末余额	年初余额
政府会计主体：		
部门内部单位		
单位 1		
……		
部门外部单位		
单位 1		
……		
其他：		
单位 1		
……		
合计		

注 1："部门内部单位"是指纳入单位所属部门财务报告合并范围的单位（下同）。

注 2：有预付账款、其他应收款的，可比照应收账款进行披露。

（3）存货的披露格式如表 8-10 所示。

表 8-10 存货的披露格式

单位：元

存货种类	期末余额	年初余额
1.		
……		
合计		

（4）其他流动资产的披露格式如表 8-11 所示。

表 8-11 其他流动资产的披露格式

单位：元

项目	期末余额	年初余额
1.		
……		
合计		

注：有长期待摊费用、其他非流动资产的，可比照其他流动资产进行披露。

（5）固定资产。

①固定资产的披露格式如表 8-12 所示。

表 8-12 固定资产的披露格式

单位：元

项目	年初余额	本期增加额	本期减少额	期末余额
一、原值合计				
其中：房屋及构筑物				
通用设备				
专用设备				
文物和陈列品				
图书、档案				
家具、用具、装具及动植物				
二、累计折旧合计				
其中：房屋及构筑物				

项目	年初余额	本期增加额	本期减少额	期末余额
通用设备				
专用设备				
家具、用具、装具				
三、账面价值合计				
其中：房屋及构筑物				
通用设备				
专用设备				
文物和陈列品				
图书、档案				
家具、用具、装具及动植物				

②已提足折旧的固定资产名称、数量等情况。

③出租、出借固定资产以及固定资产对外投资等情况。

（6）在建工程的披露格式如表 8-13 所示。

表 8-13　　　　　　　　　　　　　在建工程的披露格式

单位：元

项目	年初余额	本期增加额	本期减少额	期末余额
1.				
……				
合计				

（7）无形资产。

①各类无形资产的披露格式如表 8-14 所示。

表 8-14　　　　　　　　　　　　各类无形资产的披露格式

单位：元

项目	年初余额	本期增加额	本期减少额	期末余额
一、原值合计				
1.				

项目	年初余额	本期增加额	本期减少额	期末余额
……				
二、累计摊销合计				
1.				
……				
三、账面价值合计				
1.				
……				

②计入当期损益的研发支出金额、确认为无形资产的研发支出金额。

③无形资产出售、对外投资等处置情况。

（8）公共基础设施。

①公共基础设施的披露格式如表 8-15 所示。

表 8-15　　　　　　　　　公共基础设施的披露格式

单位：元

项目	年初余额	本期增加额	本期减少额	期末余额
原值合计				
市政基础设施				
1.				
……				
交通基础设施				
1.				
……				
水利基础设施				
1.				
……				
其他				
……				

项目	年初余额	本期增加额	本期减少额	期末余额
累计折旧合计				
市政基础设施				
1.				
……				
交通基础设施				
1.				
……				
水利基础设施				
1.				
……				
其他				
……				
账面价值合计				
市政基础设施				
1.				
……				
交通基础设施				
1.				
……				
水利基础设施				
1.				
……				
其他				
……				

②确认为公共基础设施的单独计价入账的土地使用权的账面余额、累计摊销额及变动情况。

③已提取折旧继续使用的公共基础设施的名称、数量等。

（9）政府储备物资的披露格式如表 8-16 所示。

表 8-16　　　　　　　　政府储备物资的披露格式

单位：元

物资类别	年初余额	本期增加额	本期减少额	期末余额
1.				
……				
合计				

注：如单位有因动用而发出需要收回或者预期可能收回，但期末尚未收回的政府储备物资，应当单独披露其期末账面余额。

（10）受托代理资产的披露格式如表 8-17 所示。

表 8-17　　　　　　　　受托代理资产的披露格式

单位：元

资产类别	年初余额	本期增加额	本期减少额	期末余额
货币资金				
受托转赠物资				
受托存储保管物资				
罚没物资				
其他				
合计				

（11）应付账款按照债权人类别披露的格式如表 8-18 所示。

表 8-18　　　　　　　　应付账款按照债权人类别披露的格式

单位：元

债权人类别	期末余额	年初余额
政府会计主体：		
部门内部单位		
单位 1		
……		
部门外部单位		

续表

债权人类别	期末余额	年初余额
单位 1		
……		
其他:		
单位 1		
……		
合计		

注：有其他应付款、长期应付款的，可比照应付账款进行披露。

（12）其他流动负债的披露格式如表 8-19 所示。

表 8-19　　　　　　　　　　其他流动负债的披露格式

单位：元

项目	期末余额	年初余额
1.		
……		
合计		

注：有预计负债、其他非流动负债的，可以比照其他流动负债进行披露。

（13）非同级财政拨款收入按收入来源的披露格式如表 8-20 所示。

表 8-20　　　　　　　非同级财政拨款收入按收入来源的披露格式

单位：元

收入来源	本期发生额	上期发生额
本部门以外同级政府单位		
单位 1		
……		
本部门以外非同级政府单位		
单位 1		
……		
合计		

（14）其他收入按照收入来源的披露格式如表8-21所示。

表8-21　　　　　　　　　其他收入按照收入来源的披露格式

单位：元

收入来源	本期发生额	上期发生额
本部门内部单位		
单位1		
……		
本部门以外同级政府单位		
单位1		
……		
本部门以外非同级政府单位		
单位1		
……		
其他		
单位1		
……		
合计		

（15）业务活动费用。

①业务活动费用按经济分类的披露格式如表8-22所示。

表8-22　　　　　　　　　业务活动费用按经济分类的披露格式

单位：元

项目	本期发生额	上期发生额
工资福利费用		
商品和服务费用		
对个人和家庭的补助费用		
对企业补助费用		
固定资产折旧费		
无形资产摊销费		

续表

项目	本期发生额	上期发生额
公共基础设施折旧（摊销）费		
保障性住房折旧费		
合计		

②业务活动费用按支付对象的披露格式如表 8-23 所示。

表 8-23　　　　　　　　　　业务活动费用按支付对象的披露格式

单位：元

支付对象	本期发生额	上期发生额
本部门内部单位		
单位 1		
……		
本部门以外同级政府单位		
单位 1		
……		
其他		
单位 1		
……		
合计		

（16）其他费用按照类别披露的格式如表 8-24 所示。

表 8-24　　　　　　　　　　其他费用按照类别披露的格式

单位：元

费用类别	本期发生额	上期发生额
利息费用		
坏账损失		
罚没支出		
……		
合计		

（17）本期费用按照经济分类的披露格式如表8-25所示。

表 8-25 　　　　　　　　 本期费用按照经济分类的披露格式

单位：元

项目	本年数	上年数
工资福利费用		
商品和服务费用		
对个人和家庭的补助费用		
对企业补助费用		
固定资产折旧费		
无形资产摊销费		
公共基础设施折旧（摊销）费		
保障性住房折旧费		
资产处置费用		
其他费用		
本期费用合计		

注：单位在按照本制度规定编制收入费用表的基础上，可以根据需要按照此表披露的内容编制收入费用表。

8.6.3　本年盈余与预算结余的差异情况说明

为了反映单位财务会计和预算会计因核算基础和核算范围不同所产生的本年盈余数与本年预算结余数之间的差异，单位应当按照重要性原则，对本年度发生的各类影响收入（预算收入）和费用（预算支出）的业务进行适度归并和分析，披露将年度预算收入支出表中"本年预算收支差额"调节为年度收入费用表中"本期盈余"的信息。有关披露格式如表8-26所示。

表 8-26 　　　　　　　　 本年盈余与预算结余的差异情况披露格式

单位：元

项目	金额
一、本年预算结余（本年预算收支差额）	
二、差异调节	

项目	金额
（一）重要事项的差异	
加：1. 当期确认为收入但没有确认为预算收入	
（1）应收款项确认的收入	
（2）接受非货币性资产捐赠确认的收入	
2. 当期确认为预算支出但没有确认为费用	
（1）支付应付款项、预付账款的支出	
（2）为取得存货、政府储备物资等计入物资成本的支出	
（3）为购建固定资产等的资本性支出	
（4）偿还借款本息支出	
减：1. 当期确认为预算收入但没有确认为收入	
（1）收到应收款项确认的预算收入	
（2）取得借款确认的预算收入	
2. 当期确认为费用但没有确认为预算支出	
（1）发出存货、政府储备物资等确认的费用	
（2）计提的折旧费用和摊销费用	
（3）确认的资产处置费用（处置资产价值）	
（4）应付款项、预付账款确认的费用	
（二）其他事项差异	
三、本年盈余（本年收入与费用的差额）	

8.6.4　其他重要事项说明

（1）资产负债表日存在的重要或有事项说明。没有重要或有事项的，也应说明。

（2）以名义金额计量的资产名称、数量等情况，以及以名义金额计量理由的说明。

（3）通过债务资金形成的固定资产、公共基础设施、保障性住房等资产的账面价值、使用情况、收益情况及与此相关的债务偿还情况等的说明。

（4）重要资产置换、无偿调入（出）、捐入（出）、报废、重大毁损等情况的说明。

（5）政府会计具体准则中要求附注披露的其他内容。

（6）有助于理解和分析单位财务报表需要说明的其他事项。

8.7　预算收入支出表

8.7.1　预算收入支出表概述

预算收入支出表反映了单位在某一会计年度内各项预算收入、预算支出和预算收支差额的情况。

预算收入支出表是单位会计报表的重要组成部分，可以提供一定时期单位预算收入总额及构成情况、预算支出总额及构成情况，以及预算收支差额的数额等会计信息。单位应当定期编制预算收入支出表，披露单位在一定会计期间的预算情况。

单位的预算收入支出表由表首标题和报表主体构成。报表主体部分包括编报项目、栏目及金额。

1. 表首标题

预算收入支出表的表首标题包括报表名称、编号（会政预 01 表）、编制单位、编表时间和金额单位等内容。由于预算收入支出表反映单位在某一时期的预算收支情况，属于动态报表，需要注明报表所属的期间，如 ×××× 年度等。

2. 报表主体

（1）编报项目。

预算收入支出表应当按照本年预算收入、本年预算支出和本年预算收支差额等项目分层次列示。

（2）栏目及金额。

年度预算收入支出表由"本年数"和"上年数"两栏组成。预算收入支出表的各栏数额，应当根据相关收支账户的"上年预算数"和"本年预算数"的发生额填列，或经过计算、分析后填列。

8.7.2　填列说明

预算收入支出表反映单位在某一会计年度内各项预算收入、预算支出和预算收支差额的情况。

预算收入支出表"本年数"栏反映各项目的本年实际发生数；"上年数"栏反映各项目上年度的实际发生数，应当根据上年度预算收入支出表中"本年数"栏内所列数字填列。如果本年度预算收入支出表规定的项目的名称和内容同上年度的不一致，应当对上年度预算收入支出表项目的名称和数字按照本年度的规定进行调整，将调整后金额填入本年度预算收入支出表的"上年数"栏。

1. 本年预算收入

（1）"本年预算收入"项目，反映单位本年预算收入总额。本项目应当根据本表中"财政拨款预算收入""非同级财政拨款预算收入""其他预算收入"项目金额的合计数填列。

（2）"财政拨款预算收入"项目，反映单位本年从同级政府财政部门取得的各类财政拨款，应当根据"财政拨款预算收入"科目的本年发生额填列。

"政府性基金收入"项目，反映单位本年取得的财政拨款收入中属于政府性基金预算拨款的金额，应当根据"财政拨款预算收入"相关明细科目的本年发生额填列。

（3）"非同级财政拨款预算收入"项目，反映单位本年从非同级政府财政部门取得的财政拨款。本项目应当根据"非同级财政拨款预算收入"科目的本年发生额填列。

（4）"其他预算收入"项目，反映单位本年取得的除上述收入以外的纳入单位预算管理的各项预算收入，应当根据"其他预算收入"科目的本年发生额填列。

"利息预算收入"项目，反映单位本年取得的利息预算收入，应当根据"其他预算收入"科目的明细账记录分析填列。单位单设"利息预算收入"科目的，应当根据"利息预算收入"科目的本年发生额填列。

"捐赠预算收入"项目，反映单位本年取得的捐赠预算收入，应当根据"其他预算收入"科目明细账记录分析填列。单位单设"捐赠预算收入"科目的，应当根据"捐赠预算收入"科目的本年发生额填列。

"租金预算收入"项目，反映单位本年取得的租金预算收入，应当根据

"其他预算收入"科目明细账记录分析填列。单位单设"租金预算收入"科目的，应当根据"租金预算收入"科目的本年发生额填列。

2．本年预算支出

（1）"本年预算支出"项目，反映单位本年预算支出总额。本项目应当根据本表中"行政支出"和"其他支出"项目金额的合计数填列。

（2）"行政支出"项目，反映行政单位本年履行职责实际发生的支出。本项目应当根据"行政支出"科目的本年发生额填列。

（3）"其他支出"项目，反映单位本年除以上支出以外的各项支出，应当根据"其他支出"科目的本年发生额填列。

"利息支出"项目，反映单位本年发生的利息支出，应当根据"其他支出"科目明细账记录分析填列。单位单设"利息支出"科目的，应当根据"利息支出"科目的本年发生额填列。

"捐赠支出"项目，反映单位本年发生的捐赠支出，应当根据"其他支出"科目明细账记录分析填列。单位单设"捐赠支出"科目的，应当根据"捐赠支出"科目的本年发生额填列。

3．本年预算收支差额

"本年预算收支差额"项目，反映单位本年各项预算收支相抵后的差额。本项目应当根据本表中"本期预算收入"项目金额减去"本期预算支出"项目金额后的金额填列；如相减后金额为负数，以"－"号填列。

8.7.3　案例分析

【例8-5】某行政单位2×20年预算收入、支出类科目的发生额见表8-27。该行政单位无所得税缴纳义务。

表8-27　　　　　　　　　　　预算收入、支出类科目的发生额

2×20年　　　　　　　　　　　　　　　单位：元

支出类科目	本年数	收入类科目	本年数
行政支出	1 500 000	财政拨款预算收入	10 000 000
其他支出	30 000	其中：政府性基金收入	1 500 000
其中：利息支出	13 000	非同级财政拨款预算收入	70 000
捐赠支出	17 000	其他预算收入	70 000

续表

支出类科目	本年数	收入类科目	本年数
		其中：利息预算收入	20 000
		捐赠预算收入	30 000
		租金预算收入	20 000
支出合计	1 530 000	收入合计	10 140 000

编制该行政单位的 2×20 年预算收入支出表时，省略了"上年数"这一列的数字。"本年数"这一列的主要项目的填列说明如下。

（1）本年预算收入。

本年预算收入 =10 000 000+70 000+70 000=10 140 000（元）

（2）本年预算支出。

本年预算支出 =1 500 000+30 000=1 530 000（元）

（3）本年预算收支差额。

本年预算收支差额 =10 140 000−1 530 000=8 610 000（元）

编制完成的行政单位 2×20 年度预算收入支出表如表 8-28 所示。

表 8-28　　　　　　　　　　　**预算收入支出表**

会政预 01 表

编制单位：×××　　　　　　　　2×20 年度　　　　　　　　单位：元

项目	本年数	上年数（略）
一、本年预算收入	10 140 000	
（一）财政拨款预算收入	10 000 000	
其中：政府性基金收入	1 500 000	
（二）非同级财政拨款预算收入	70 000	
（三）其他预算收入	70 000	
其中：利息预算收入	20 000	
捐赠预算收入	30 000	
租金预算收入	20 000	
二、本年预算支出	1 530 000	
（一）行政支出	1 500 000	

项目	本年数	上年数（略）
（二）其他支出	30 000	
其中：利息支出	13 000	
捐赠支出	17 000	
三、本年预算收支差额	8 610 000	

8.8 预算结转结余变动表

8.8.1 预算结转结余变动表概述

预算结转结余变动表是反映单位在某一会计年度内预算结转结余的变动情况的报表。

预算结转结余变动表是单位会计报表的重要组成部分，可以提供一定时期单位预算结转结余各个组成项目金额的变动情况的会计信息。行政单位应当定期编制预算结转结余变动表，披露自身在一定会计期间的预算结转结余状况。

单位的预算结转结余变动表由表首标题和报表主体构成。报表主体部分包括编报项目、栏目及金额。

1. 表首标题

预算结转结余变动表的表首标题包括报表名称、编号（会政预02表）、编制单位、编表时间和金额单位等内容。由于预算结转结余变动表反映单位在某一时期的预算结转结余变动情况，属于动态报表，需要注明报表所属的期间，如××××年度等。

2. 报表主体

（1）编报项目。

预算结转结余变动表应当将本年数、上年数等情况分项列示，按年初预算结转结余、年初余额调整、本年变动金额、年末预算结转结余等项目分层次排列。

（2）栏目及金额。

年度预算结转结余变动表由"本年数"和"上年数"两栏组成。预算结转结余变动表的各栏数字，应当根据相关账户的"上年数"和"本年数"的发生额填列，或经过计算、分析后填列。

8.8.2　填列说明

预算结转结余变动表"本年数"栏反映各项目的本年实际发生数；"上年数"栏反映各项目的上年实际发生数，应当根据上年度预算结转结余变动表中"本年数"栏内所列数字填列。

如果本年度预算结转结余变动表规定的项目的名称和内容同上年度的不一致，应当对上年度预算结转结余变动表项目的名称和数字按照本年度的规定进行调整，将调整后的金额填入本年度预算结转结余变动表的"上年数"栏。预算结转结余变动表中"年末预算结转结余"项目金额等于"年初预算结转结余""年初余额调整""本年变动金额"3 个项目的合计数。

1．年初预算结转结余

"年初预算结转结余"项目，反映单位本年预算结转结余的年初余额。本项目应当根据本项目下"财政拨款结转结余""其他资金结转结余"项目金额的合计数填列。

（1）"财政拨款结转结余"项目，反映单位本年财政拨款结转结余资金的年初余额。本项目应当根据"财政拨款结转""财政拨款结余"科目本年年初余额合计数填列。

（2）"其他资金结转结余"项目，反映单位本年其他资金结转结余的年初余额。本项目应当根据"非财政拨款结转""非财政拨款结余"科目本年年初余额的合计数填列。

2．年初余额调整

"年初余额调整"项目，反映单位本年预算结转结余年初余额调整的金额。本项目应当根据本项目下"财政拨款结转结余""其他资金结转结余"项目金额的合计数填列。

（1）"财政拨款结转结余"项目，反映单位本年财政拨款结转结余资金的年初余额调整金额。本项目应当根据"财政拨款结转""财政拨款结余"科目下"年初余额调整"明细科目的本年发生额的合计数填列；如调整减少年初财政拨款结转结余，则以"－"号填列。

（2）"其他资金结转结余"项目，反映单位本年其他资金结转结余的年初余额调整金额。本项目应当根据"非财政拨款结转""非财政拨款结余"科目下"年初余额调整"明细科目的本年发生额的合计数填列；如调整减少年初其他资金结转结余，则以"－"号填列。

3．本年变动金额

"本年变动金额"项目，反映单位本年预算结转结余变动的金额。本项目应当根据本项目下"财政拨款结转结余""其他资金结转结余"项目金额的合计数填列。

（1）"财政拨款结转结余"项目，反映单位本年财政拨款结转结余资金的变动。本项目应当根据本项目下"本年收支差额""归集调入""归集上缴或调出"项目金额的合计数填列。

①"本年收支差额"项目，反映单位本年财政拨款资金收支相抵后的差额。本项目应当根据"财政拨款结转"科目下"本年收支结转"明细科目本年转入的预算收入与预算支出的差额填列；差额为负数的，以"－"号填列。

②"归集调入"项目，反映单位本年按照规定从其他单位归集调入的财政拨款结转资金。本项目应当根据"财政拨款结转"科目下"归集调入"明细科目的本年发生额填列。

③"归集上缴或调出"项目，反映单位本年按照规定上缴的财政拨款结转结余资金及按照规定向其他单位调出的财政拨款结转资金。本项目应当根据"财政拨款结转""财政拨款结余"科目下"归集上缴"明细科目，以及"财政拨款结转"科目下"归集调出"明细科目本年发生额的合计数填列。

（2）"其他资金结转结余"项目，反映单位本年其他资金结转结余的变动。本项目应当根据本项目下"本年收支差额""缴回资金"项目金额的合计数填列。

①"本年收支差额"项目，反映单位本年除财政拨款外的其他资金收支相抵后的差额。本项目应当根据"非财政拨款结转"科目下"本年收支结转"明细科目、"其他结余"科目的预算收入与预算支出的差额的合计数填列；如为负数，以"－"号填列。

②"缴回资金"项目，反映单位本年按照规定缴回的非财政拨款结转资金。本项目应当根据"非财政拨款结转"科目下"缴回资金"明细科目本年发生额的合计数填列，以"－"号填列。

4. 年末预算结转结余

"年末预算结转结余"项目,反映单位本年预算结转结余的年末余额。本项目应当根据本项目下"财政拨款结转结余""其他资金结转结余"项目金额的合计数填列。

(1)"财政拨款结转结余"项目,反映单位本年财政拨款结转结余的年末余额。本项目应当根据本项目下"财政拨款结转""财政拨款结余"项目金额的合计数填列。本项目下"财政拨款结转""财政拨款结余"项目,应当分别根据"财政拨款结转""财政拨款结余"科目的本年年末余额填列。

(2)"其他资金结转结余"项目,反映单位本年其他资金结转结余的年末余额。本项目应当根据本项目下"非财政拨款结转""非财政拨款结余"项目金额的合计数填列。本项目下"非财政拨款结转""非财政拨款结余"项目,应当分别根据"非财政拨款结转""非财政拨款结余"科目的本年年末余额填列。

8.8.3 案例分析

【例 8-6】2×20 年 12 月 31 日,某行政单位结账后,会计科目余额表如表 8-29 所示。据此编制该单位的预算结转结余变动表。

表 8-29
会计科目余额表

2×20 年 12 月 31 日　　　　　　　　　　　　　　　　单位:元

会计科目	年初数	年末数	本年变动数 (依据本年明细科目发生数)
财政拨款结转	600 000	1 100 000	500 000
——年初余额调整	0	0	0
——归集调入	0	0	550 000
——归集调出	0	0	20 000
——归集上缴	0	0	30 000
——单位内部调剂	0	0	0
——本年收支结转	0	0	0
——累计结转	600 000	1 100 000	500 000

续表

会计科目	年初数	年末数	本年变动数 （依据本年明细科目发生数）
财政拨款结余	800 000	1 000 000	200 000
——年初余额调整	0	0	200 000
——归集上缴	0	0	0
——单位内部调剂	0	0	0
——结转转入	0	0	0
——累计结转	800 000	1 000 000	200 000
非财政拨款结转	100 000	150 000	50 000
——年初余额调整	0	0	10 000
——缴回资金	0	0	10 000
——项目间接费用或管理费	0	0	0
——本年收支结转	0	0	50 000
——累计结转	100 000	150 000	50 000
非财政拨款结余	250 000	380 000	130 000
——年初余额调整	0	0	130 000
——项目间接费用或管理费	0	0	0
——结转转入	0	0	0
——累计结转	250 000	380 000	130 000
其他结余	100 000	110 000	10 000

编制完成的年度预算结转结余变动表如表 8-30 所示。

表 8-30 　　　　　　　　　　　　**预算结转结余变动表**

会政预 02 表

编制单位：×××　　　　　　　　2×20 年　　　　　　　　单位：元

项目	本年数	上年数（略）
一、年初预算结转结余	1 750 000	—
（一）财政拨款结转结余	1 400 000	—

项目	本年数	上年数（略）
（二）其他资金结转结余	350 000	—
二、年初余额调整（减少以"–"号填列）	340 000	—
（一）财政拨款结转结余	200 000	—
（二）其他资金结转结余	140 000	—
三、本年变动金额（减少以"–"号填列）	540 000	—
（一）财政拨款结转结余	500 000	—
1. 本年收支差额	0	—
2. 归集调入	550 000	—
3. 归集上缴或调出	–50 000	—
（二）其他资金结转结余	40 000	—
1. 本年收支差额	50 000	—
2. 缴回资金	–10 000	—
四、年末预算结转结余	2 630 000	—
（一）财政拨款结转结余	2 100 000	—
1. 财政拨款结转	1 100 000	—
2. 财政拨款结余	1 000 000	—
（二）其他资金结转结余	530 000	—
1. 非财政拨款结转	150 000	—
2. 非财政拨款结余	380 000	—

8.9　财政拨款预算收入支出表

8.9.1　财政拨款预算收入支出表概述

　　财政拨款预算收入支出表是反映单位本年财政拨款预算资金收入、支出及相关变动的具体情况的报表。

　　财政拨款预算收入支出表是单位会计报表的重要组成部分，可以提供一定时期单位财政拨款收入、支出各个组成项目金额的变动情况的会计信息。单位应当定期编制财政拨款预算收入支出表，披露单位在一定会计期间的财政拨款预算收入、支出的变动状况。

单位的财政拨款预算收入支出表由表首标题和报表主体构成。报表主体部分包括编报项目、栏目及金额。

1. 表首标题

财政拨款预算收入支出表的表首标题包括报表名称、编号（会政预 03 表）、编制单位、编表时间和金额单位等内容。财政拨款预算收入支出表反映单位在某一时期的财政拨款预算收入支出的变动情况，属于动态报表，单位需要注明报表所属的期间，如 ×××× 年度等。

2. 报表主体

（1）编报项目。

财政拨款预算收入支出表应当将年初财政拨款结转结余、本年归集调入等情况分项列示，按一般公共预算财政拨款、政府性基金预算财政拨款等项目分层次排列。

（2）栏目及金额。

财政拨款预算收入支出表的各栏数额，应当根据相关账户的发生额填列，或经过计算、分析后填列。

8.9.2 填列说明

财政拨款预算收入支出表"项目"栏内各项目，应当根据单位取得的财政拨款种类分项设置。其中"项目支出"项目下，根据每个项目设置；单位取得除一般公共财政预算拨款和政府性基金预算拨款以外的其他财政拨款的，应当按照财政拨款种类增加相应的资金项目及其明细项目。

（1）"年初财政拨款结转结余"栏中各项目，反映单位年初各项财政拨款结转结余的金额。各项目应当根据"财政拨款结转""财政拨款结余"及其明细科目的年初余额填列。本栏中各项目的数额应当与上年度财政拨款预算收入支出表中"年末财政拨款结转结余"栏中各项目的数额相等。

（2）"调整年初财政拨款结转结余"栏中各项目，反映单位对年初财政拨款结转结余的调整金额。各项目应当根据"财政拨款结转""财政拨款结余"科目下"年初余额调整"明细科目及其所属明细科目的本年发生额填列；

如调整减少年初财政拨款结转结余，以"－"号填列。

（3）"本年归集调入"栏中各项目，反映单位本年按规定从其他单位调入的财政拨款结转资金金额。各项目应当根据"财政拨款结转"科目下"归集调入"明细科目及其所属明细科目的本年发生额填列。

（4）"本年归集上缴或调出"栏中各项目，反映单位本年按规定实际上缴的财政拨款结转结余资金，及按照规定向其他单位调出的财政拨款结转资金金额。各项目应当根据"财政拨款结转""财政拨款结余"科目下"归集上缴"科目和"财政拨款结转"科目下"归集调出"明细科目，及其所属明细科目的本年发生额填列，以"－"号填列。

（5）"单位内部调剂"栏中各项目，反映单位本年财政拨款结转结余资金在单位内部不同项目等之间的调剂金额。各项目应当根据"财政拨款结转"和"财政拨款结余"科目下的"单位内部调剂"明细科目及其所属明细科目的本年发生额填列；对单位内部调剂减少的财政拨款结余金额，以"－"号填列。

（6）"本年财政拨款收入"栏中各项目，反映单位本年从同级财政部门取得的各类财政预算拨款金额。各项目应当根据"财政拨款预算收入"科目及其所属明细科目的本年发生额填列。

（7）"本年财政拨款支出"栏中各项目，反映单位本年发生的财政拨款支出金额。各项目应当根据"行政支出"等科目及其所属明细科目本年发生额中的财政拨款支出数的合计数填列。

（8）"年末财政拨款结转结余"栏中各项目，反映单位年末财政拨款结转结余的金额。各项目应当根据"财政拨款结转""财政拨款结余"科目及其所属明细科目的年末余额填列。

8.9.3　案例分析

【例8-7】某行政单位2×20年1月1日的部分净资产科目的余额如表8-31所示，2×20年度财政拨款收支科目的发生额如表8-32所示。2×20年该行政单位归集调入资金41 650元，并将公共财政预算资金中用于B项目的结余调入A项目。根据以上资料，编制2×20年度财政拨款预算收入支出表。

表 8-31　　　　　2×20 年 1 月 1 日某行政单位的部分净资产科目的余额

单位：元

科目名称	账户余额
财政拨款结转——基本支出（日常公用经费）——公共财政预算资金	300 000
财政拨款结转——项目支出（A 项目）——公共财政预算资金	64 500
财政拨款结余——基本支出（日常公用经费）——公共财政预算资金	136 300
财政拨款结余——项目支出（B 项目）——公共财政预算资金	56 200

表 8-32　　　　　2×20 年度某行政单位财政拨款收支科目的发生额

单位：元

科目名称	账户余额
财政拨款收入——基本支出拨款（人员经费）——公共财政预算资金	180 000
财政拨款收入——基本支出拨款（日常公用经费）——公共财政预算资金	268 960
财政拨款收入——项目支出拨款（D 项目）——政府性基金预算资金	500 000
经费支出——基本支出（人员经费）——公共财政预算资金	180 000
经费支出——基本支出（日常公用经费）——公共财政预算资金	242 910
经费支出——项目支出（A 项目）——公共财政预算资金	120 700
经费支出——项目支出（D 项目）——政府性基金预算资金	500 000

编制完成的行政单位 2×20 年度财政拨款预算收入支出表如表 8-33 所示。

表 8-33　　　　　　　　财政拨款预算收入支出表

会政预 03 表

编制单位：×××　　　　　　　　2×20 年　　　　　　　　单位：元

项目	年初财政拨款结转结余		调整年初财政拨款结转结余	归集调入或上缴	单位内部调剂		本年财政拨款收入	本年财政拨款支出	年末财政拨款结转结余	
	结转	结余			结转	结余			结转	结余
一、一般公共预算财政拨款	364 500	192 500	—	41 650	56 200	-56 200	448 960	543 610	315 600	188 400
（一）基本支出	300 000	136 300	—	41 650	—	—	448 960	422 910	315 600	188 400

项目	年初财政拨款结转结余		调整年初财政拨款结转结余	归集调入或上缴	单位内部调剂		本年财政拨款收入	本年财政拨款支出	年末财政拨款结转结余	
	结转	结余			结转	结余			结转	结余
1. 人员经费	—	—	—	—	—	—	180 000	180 000	—	—
2. 日常公用经费	300 000	136 300	—	41 650	—	—	268 960	242 910	315 600	188 400
（二）项目支出	64 500	56 200	—		56 200	−56 200	—	120 700	—	—
1. A 项目	64 500	—	—	—	56 200	—	—	120 700	—	—
2. B 项目	—	56 200	—	—	—	−56 200	—	—	—	—
二、政府性基金预算财政拨款	—	—	—	—	—	—	500 000	500 000	—	—
（一）基本支出	—	—	—	—	—	—	—	—	—	—
1. 人员经费	—	—	—	—	—	—	—	—	—	—
2. 日常公用经费	—	—	—	—	—	—	—	—	—	—
（二）项目支出	—	—	—	—	—	—	500 000	500 000	—	—
D 项目	—	—	—	—	—	—	500 000	500 000	—	—
总计	364 500	192 500	—	41 650	56 200	−56 200	948 960	1 043 610	315 600	188 400